▲

蚂蚁金服在杭州市西湖区万塘路 18 号黄龙时代广场 B 座的办公大楼

▲

支付宝创建初期的员工合影，前排左一为陆兆禧，后排左二为倪行军

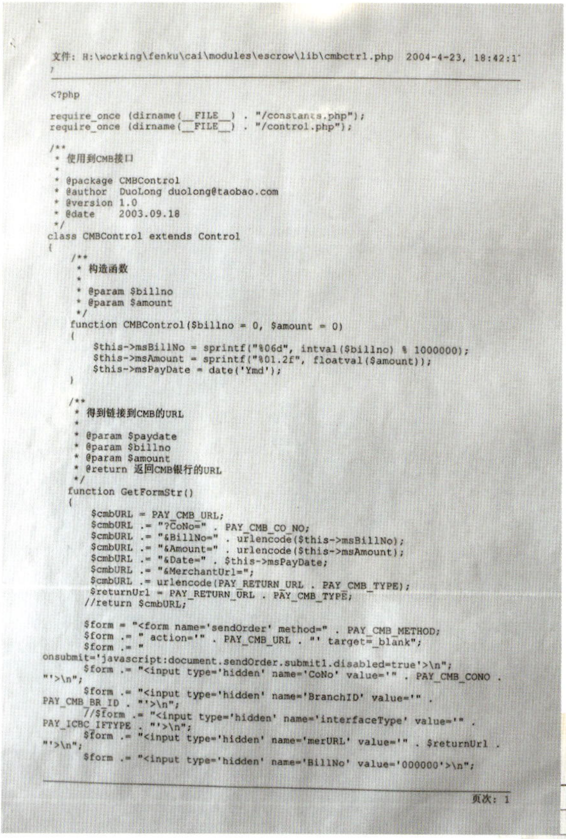

```
文件: H:\working\fenku\cai\modules\escrow\lib\cmbctrl.php  2004-4-23, 18:42:1

<?php

require_once (dirname(__FILE__) . "/constants.php");
require_once (dirname(__FILE__) . "/control.php");

/**
 * 使用到CMB接口
 *
 * @package CMBControl
 * @author  DuoLong duolong@taobao.com
 * @version 1.0
 * @date    2003.09.18
 */
class CMBControl extends Control
{
    /**
     * 构造函数
     *
     * @param $billno
     * @param $amount
     */
    function CMBControl($billno = 0, $amount = 0)
    {
        $this->msBillNo = sprintf("%06d", intval($billno) % 1000000);
        $this->msAmount = sprintf("%01.2f", floatval($amount));
        $this->msPayDate = date('Ymd');
    }

    /**
     * 得到链接到CMB的URL
     *
     * @param $paydate
     * @param $billno
     * @param $amount
     * @return 返回CMB银行的URL
     */
    function GetFormStr()
    {
        $cmbURL = PAY_CMB_URL;
        $cmbURL .= "?CoNo=" . PAY_CMB_CO_NO;
        $cmbURL .= "&BillNo=" . urlencode($this->msBillNo);
        $cmbURL .= "&Amount=" . urlencode($this->msAmount);
        $cmbURL .= "&Date=" . $this->msPayDate;
        $cmbURL .= "&MerchantUrl=";
        $cmbURL .= urlencode(PAY_RETURN_URL . PAY_CMB_TYPE);
        $returnUrl = PAY_RETURN_URL . PAY_CMB_TYPE;
       //return $cmbURL;

       $form = "<form name='sendOrder' method=" . PAY_CMB_METHOD;
       $form .= " action='" . PAY_CMB_URL . "' target=_blank";
       $form .= "
onsubmit='javascript:document.sendOrder.submit1.disabled=true'>\n";
       $form .= "<input type='hidden' name='CoNo' value='" . PAY_CMB_CONO .
"'>\n";
       $form .= "<input type='hidden' name='BranchID' value='" .
PAY_CMB_BR_ID . "'>\n";
       //$form .= "<input type='hidden' name='interfaceType' value='" .
PAY_ICBC_IFTYPE . "'>\n";
       $form .= "<input type='hidden' name='merURL' value='" . $returnUrl .
"'>\n";
       $form .= "<input type='hidden' name='BillNo' value='000000'>\n";

                                                              页次: 1
```

◀

支付宝早期的一段代码

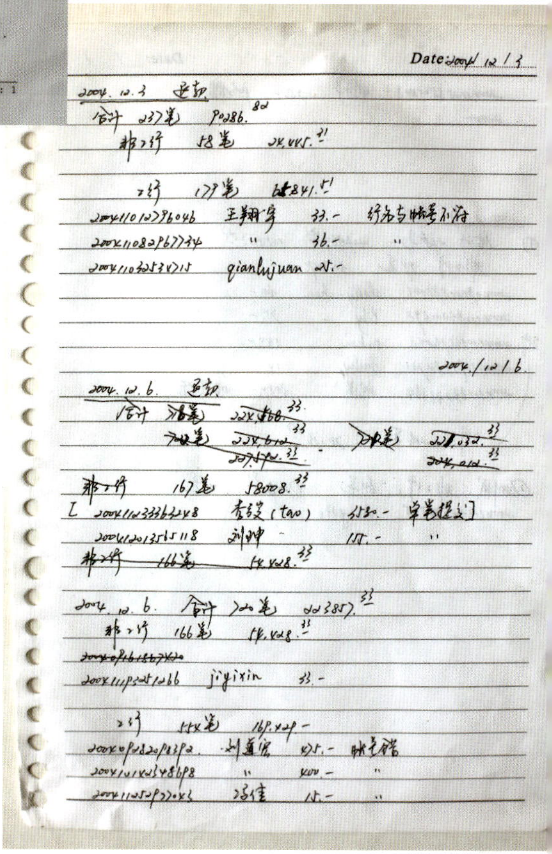

▶

支付宝创业早期的纸质记账本

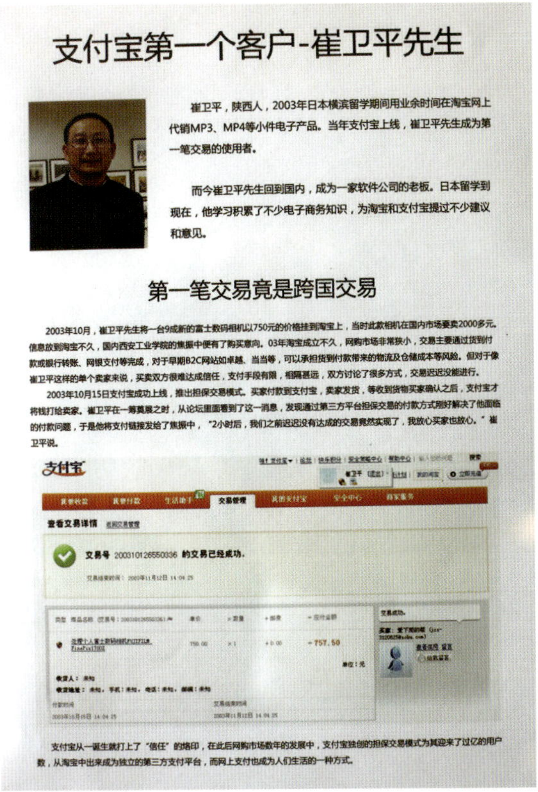

支付宝第一个客户-崔卫平先生

崔卫平，陕西人，2003年日本横滨留学期间用业余时间在淘宝网上代销MP3、MP4等小件电子产品。当年支付宝上线，崔卫平先生成为第一笔交易的使用者。

而今崔卫平先生回到国内，成为一家软件公司的老板。日本留学到现在，他学习积累了不少电子商务知识，为淘宝和支付宝提过不少建议和意见。

第一笔交易竟是跨国交易

2003年10月，崔卫平先生将一台9成新的富士数码相机以750元的价格挂到淘宝上，当时此款相机在国内市场要卖2000多元。信息放到淘宝不久，国内西安工业学院的焦振中便有了购买意向。03年淘宝成立不久，网购市场非常狭小，交易主要通过货到付款或银行转账、网银支付等完成，对于早期B2C网站如卓越、当当等，可以承担货到付款带来的物流及仓储成本等风险。但对于像崔卫平这样的单个卖家来说，买卖双方很难达成信任，支付手段有限，相隔甚远，双方讨论了很多方式，交易迟迟没能进行。

2003年10月15日支付宝成功上线，推出担保交易模式。买家付款到支付宝，卖家发货，等收到货物买家确认之后，支付宝才将钱打给卖家。崔卫平在一筹莫展之时，从论坛里面看到了这一消息，发现通过第三方平台担保交易的付款方式刚好解决了他面临的付款问题，于是他将支付链接发给了焦振中，"2小时后，我们之前迟迟没有达成的交易竟然实现了，我放心买家也放心。"崔卫平说。

支付宝

交易管理

查看交易详情

交易号 200310126550336 的交易已经成功。

-757.50

支付宝从一诞生就打上了"信任"的烙印，在此后网购市场数年的发展中，支付宝独创的担保交易模式为其迎来了过亿的用户数，从淘宝中出来成为独立的第三方支付平台，而网上支付也成为人们生活的一种方式。

▶

2003 年 10 月，支付宝的第一笔交易清单。崔卫平在淘宝上卖出一台二手数码相机，担保交易的付款方式让在线买卖得以实现。随后，这种交易机制使淘宝网销售额大幅度增加

▲

倪行军，花名"苗人凤"，是蚂蚁金服最早的员工之一，现在是支付宝的"副班长"、阿里巴巴集团合伙人。他经历了这家公司一路走来的风风雨雨

◀

2009年12月9日，时任支付宝总裁邵晓锋以“裸奔”的形式庆祝支付宝日交易额突破12亿元人民币。在蚂蚁金服，每当公司取得重大业务进展时，高管和业务团队都会“裸奔”庆祝，这也形成了一种独特的企业文化

▲

2010年初，支付宝在杭州良渚酒店举行了“骆驼大会”，这是蚂蚁金服发展历程中最重要的战略会之一。在激烈的讨论之后，彭蕾明确将提高支付成功率作为公司首要的关键绩效指标。支付宝找回了“用户价值”这个重要的初心

▲

2013 年 3 月，小微金服（筹）成立，支付宝从一家支付公司变成一家互联网金融服务集团。随后不久，公司就迎来了移动互联网时代的挑战。图为小微金服（筹）进行的 ALL IN 无线动员会，高管在会上集体亮相

▲

2013 年 6 月，余额宝上线发布会在北京 JW 万豪酒店举行。樊治铭说：“余额宝上线是‘金融行业的一小步，互联网行业的一大步’。”

▲

樊治铭，花名“木华黎”，蚂蚁金服资深副总裁、阿里巴巴集团合伙人。他带领团队做出了快捷支付、余额宝等一系列重要的创新产品

▲

程立，花名“鲁肃”，支付宝最早的技术开发人员之一，现在是蚂蚁金服的首席技术官、阿里巴巴集团合伙人。他与同事一起努力攻关，造就了蚂蚁金服今天在科技金融技术上的领先地位

▲
管理团队与媒体面对面

▲
2015 年 11 月 11 日，程立、倪行军等技术高管一起庆祝支付宝通过“双十一”支付洪峰的考验

▲
曾松柏，花名“蔺相如”，蚂蚁金服人力资源高级副总裁、阿里巴巴集团合伙人。加入支付宝之后，曾松柏协助彭蕾，为蚂蚁金服打造了一套独具特色的企业价值观体系

▲
袁雷鸣，花名“雷鸣”，蚂蚁金服副总裁。2016 年 7 月，他在国家级贫困县湖南省平江县淡江村畅谈农村金融的发展模式

▲

蚂蚁金服投资印度支付公司 Paytm 之后，短短两年时间，Paytm 用户数已经从 1000 万增加到了 2 亿，蚂蚁金服在技术、产品、运营、组织文化方面都对 Paytm 进行了输出和帮助。现在，印度首都德里的三轮出租车可以接受用户通过 Paytm 的支付

▲

2016 年 10 月，在蚂蚁金服的年会上，彭蕾与井贤栋完成了交接，彭蕾出任蚂蚁金服董事长，井贤栋接任公司首席执行官

◀

井贤栋，花名“王安石”，现任蚂蚁金服首席执行官、阿里巴巴集团董事和合伙人，历任公司首席财务官、首席运营官和总裁

▲

积极向上的组织氛围一直为蚂蚁金服所保持，员工之间互称“同学”。图为蚂蚁金服高管与其他蚂蚁金服同学的自拍

蚂蚁金服

科技金融独角兽的崛起

由　曦◎著

中信出版集团 · 北京

图书在版编目（CIP）数据

蚂蚁金服 / 由曦著 . --北京：中信出版社，
2017. 4（2020.10重印）
ISBN 978-7-5086-7323-3

Ⅰ. ①蚂… Ⅱ. ①由… Ⅲ. ①互联网络-应用-金融
-研究-中国 Ⅳ. ①F832. 2

中国版本图书馆 CIP 数据核字（2017）第 041389 号

蚂蚁金服

著　者：由　曦
出版发行：中信出版集团股份有限公司
（北京市朝阳区惠新东街甲 4 号富盛大厦 2 座　邮编　100029）
承 印 者：北京通州皇家印刷厂

开　本：787mm×1092mm　1/16　　印　张：20. 25　　彩　插：10　　字　数：240 千字
版　次：2017 年 4 月第 1 版　　印　次：2020 年10月第13次印刷
书　号：ISBN 978-7-5086-7323-3
定　价：59. 00 元

谨以此书献给我的母亲李艾芳

序　言

技术改变金融

在几十年的金融职业生涯中，我一直关注技术变化对金融的影响。2012年4月，我在中国金融四十人论坛的一个内部研讨会上，首次提出了“互联网金融”这个概念。当时我就感到，互联网将对金融业的发展带来革命性的变化，但我没想到这种变化竟然如此迅猛。

在这一波变革的趋势中，蚂蚁金服是最具有代表性的企业。这家从互联网支付起家的公司，相继做出了阿里小贷、余额宝等一系列创新产品。近几年来，它的前沿实践对传统金融业务和理论都提出了挑战。比如，随着余额宝这种互联网货币市场基金的迅速发展，它所拥有的既可以作为投资品获得收益，又能作为便捷支付工具的优势，给银行存款，特别是活期存款造成了很大的冲击。

“理论是灰色的，只有生命之树常青。”技术正使现实交易媒介越来越多样化，并促使我们对传统货币理论提出疑问。我在2013年提出，在技术高度发达、没有法律限制的条件下，基金、债券等金融资产可以和传统货币一样作为支付工具。目前，中国和一些国家的中央银行已经开始研究数据货币的可行方法。

事实上，类似余额宝这样跨界的创新在互联网金融的创新实践中还有很多。它们发挥了一种“鲇鱼效应”，触动和启发了传统的金融行业，客观上推动了金融的市场化改革。但与此同时，这些创新也对监管提出了挑战。我们在欣喜于互联网金融创新的同时，也看到了不断发生的风险事件和种种披着创新外衣的“骗局”。因此，如何在创新和风险之间进行适度的拿捏，将考验监管机构的智慧。

想理解互联网金融，蚂蚁金服是最好的样本。多年来，我对蚂蚁金服的观察一直是从金融的专业视角出发。在本书中，作者给我提供了一个不同的叙事视角。他用通俗易懂的语言、生动鲜活的故事，描述了蚂蚁金服十几年的创业历程：蚂蚁金服今天的成功不仅得益于对时代机遇的把握，更在于其强大的组织能力和一整套经营企业的正确方法论。

技术总会带来挑战和机遇。若干年前，当我还在中国投资有限责任公司任副总经理（2007 年 10 月至 2015 年 9 月）时，就关注到阿里巴巴的金融服务前景。当时我们很看好它的发展，中国投资有限责任公司在 2012 年入股阿里巴巴。后来的事实证明，那时我们的眼光是准确的。如今，这笔投资已经获得了很好的回报。

展望未来，人工智能又将对金融行业产生更大的颠覆和革命，我们应该再一次做好拥抱未来、拥抱变化的准备，从中寻找新的机遇。

是为序。

谢　平

清华大学五道口金融学院教授

中国投资有限责任公司前副总经理

2017 年 3 月

自 序

亲爱的读者朋友，您现在打开的是市面上第一本关于蚂蚁金服的传记，它讲述了蚂蚁金服十几年来的创业历程。在当下注意力稀缺的碎片化时代，任何能静下心来花费时间阅读的人，都要付出很大的机会成本。我相信，这本关于蚂蚁金服的书一定不会浪费您的时间。

用“现代管理学之父”彼得·德鲁克的话说，一个社会里最重要的不是静态的多数，而是动态的要素；不是大多数的事实，而是一个社会模式中组织事实的象征事物。因此，如果我们想理解现在所处的社会和时代，从形塑这个时代的典型企业入手就是一个很好的路径。

在彼得·德鲁克身处的工业社会，代表性的企业是如通用汽车等大型跨国公司，它们用商业的力量增进了社会的福祉，提高了普通人的生活水平。而在互联网时代，谷歌、脸书、亚马逊、阿里巴巴等企业，正在引领人类走向新的未来。

脱胎于支付宝的蚂蚁金服集团，也是这样一家带有深刻时代烙印的企业。从担保支付到虚拟账户，从快捷支付到余额宝，蚂蚁金服用技术和创新不断拓展商业边界，持续地给用户带来价值。过去的十几年，这家企业使中国金融业的面貌发生了巨大的变化。

因此，记录它的过往，搞清楚它运行的内在逻辑，也是在记录这个时代。更重要的是，通过还原一个真实的蚂蚁金服，分享其经验，吸取其教训，将有助于今天中国的创业者走好自己眼前的路。

回顾支付宝和蚂蚁金服的发展历程可以看到：从 2004 年成立开始，第一个三年，支付宝以服务淘宝网等阿里系公司为主，初步建立了网上的信任体系；第二个三年，支付宝是全社会的支付宝，开始服务更多的线上商家，为消费者提供了更多不同场景的支付服务；第三个三年，支付宝实现全面移动化，建立了一个全球服务人数最多的移动支付体系；第四个三年，以支付宝为基础，蚂蚁金服集团成立，坚持以用户为中心，坚持开放，与所有合作伙伴一起为用户提供支付、理财、信用、保险，以及小微企业融资等服务。

在写作的过程中，我力图忠实地记录蚂蚁金服一路走来的重要节点，如支付宝的诞生、快捷支付的酝酿、余额宝的推出等。您在本书中可以看到，蚂蚁金服的每一次重大创新，都要克服不少困难，经历很多曲折，并非一蹴而就。在记录这些事件时，我试图把它们置于公司成长，乃至中国互联网和金融发展的大背景下来看待。

经由一系列的商业实践，蚂蚁金服锻造了一个有战斗力的组织，形成了企业特有的文化价值观。在我看来，这才是这家科技金融企业的核心竞争力。因此，从组织的角度理解蚂蚁金服可以更好地读懂这家企业。

除了对组织本身的强调，书中还穿插介绍了很多蚂蚁金服成功的“秘诀”，例如对用户价值的极致追求、对业务复盘的重视、对企业内部沟通交流的鼓励等，这些都是蚂蚁金服长期发展总结出来的经验。

尽管在外人眼中，蚂蚁金服是一家成功的企业，但是公司高层的危机感依然很强。在他们眼中，蚂蚁金服还是一家创业公司，仍要经历严酷的考验。比如，在2016年末至2017年初，蚂蚁金服遭遇了一系列的挑战，包括支付宝的“校园日记”事件、招财宝平台上的产品出现逾期风险、熟人修改登录密码的漏洞等，公司一度处于旋涡之中。此外，来自竞争对手和新技术的挑战也从未停歇。

此时，蚂蚁金服的企业文化和价值观，特别是自省和纠错能力将起到关键作用。任何企业在成长的过程中，都会遇到各种挑战。在过去的十几年中，蚂蚁金服经历的挫折也不计其数，但每次克服困难的过程，也是其成长的过程。

2017年，蚂蚁金服将进入发展过程中的第五个三年。公司将迎来数字普惠战略的落地，并将以支付为底盘，构建“信用体系”、“小微企业的综合金融服务”、“全球化”三大核心战略。

蚂蚁金服能取得今天的成绩，也得益于近20年来中国互联网业和金融业的快速发展。特别是近年来的金融改革，让更多的民营企业和互联网企业开始有机会涉足金融行业，这在十几年前支付宝刚诞生时是不可想象的。

正如麻省理工学院经济学教授德隆·阿西莫格鲁在《国家为什么会失败》一书中指出的那样，一国维持长期繁荣稳定的关键在于不断有新经济的产生，而新经济之所以可以源源不断地冒出来，最终是要依靠好的制度。上一个30年，改革开放所形成的制度红利和人口红利罕见的相遇，创造了中国的经济奇迹，亿万老百姓摆脱了贫困。上一个15年，中国加入世界贸易组织，融入了全球经济，外需和投资继续维持了中国经济的高速增长。上一个10年，互联网的蓬勃发展使一大批像蚂蚁金服这样的企业迅速成长起来。

西谚有云："稳定是创新之母。"长期稳定的政治经济环境和政府对创新的包容，使今日之中国在面临外需不足、内部经济结构转型的经济"新常态"之际，依然保有"大众创业、万众创新"的火种。像蚂蚁金服这样的互联网企业，正通过输出云计算、大数据等技术，服务更多企业和个人，将自身的能力外化成全社会的能力，从而在谋求自身发展的同时，拓展商业的边界，让创造和创新的火种形成燎原之势。

用技术和数据去重构金融产品和服务，去服务那些没有得到服务或者没有被服务好的80%的人，是蚂蚁金服对未来、对全球所承担的使命与责任，这将成为其未来持续发展的不竭动力。

最后，希望这本书能让您了解一个真实的蚂蚁金服。如果它还能激发您的灵感，并让您获得一些精神上的愉悦，那就更好了！

是为自序。

由　曦

2017年3月

目　录

引　子

历经三十多年的高速增长，中国面前“低垂的果实”还没有全部摘完，但已不再像过去那么多。中国不妨选择进一步完善法律体系及增强人与人之间的互信，因为随着经济的不断增长，越来越多的收益将源自“无形”。这意味着需要更能够容忍试错、更多的相互信任，以及更多的耐心。

——泰勒·科文

引 子

这是一个关于梦想和信任的故事。

杭州市西湖区万塘路 18 号黄龙时代广场 B 座，是目前蚂蚁金服的总部所在地，这座多次获得中外建筑大奖的乳白色建筑，沿天目山路东西方向伸展开来。在大楼顶层的外立面上，分别有中文“支付宝”和英文“Alipay. com”的字样。今天，人们更习惯将其称为“支付宝大楼”。

这是 2015 年初一个冬日的上午。

冬日的暖阳透过大厅南侧的玻璃，洒向墙壁上的白色相框，相框里放着写满了数字和符号的格子纸，这些密密麻麻的字符就是支付宝最初的几行代码。

写这些代码的人就是倪行军——支付宝的创业元老。2003 年加入淘宝的他，取了金庸武侠小说《雪山飞狐》中大侠“苗人凤”①的名字作为花名。现在，人们更习惯叫他“老苗”。他见证了支付宝从淘宝网上的担保支付工具发展成蚂蚁金服这样一家互联网金融服务集团的全过程。

“当时支付宝就是在淘宝上担保交易的流程，不像现在这么复杂，我一个星期就能删去重写好几遍。”在和我谈及这些颇具历史感

---

① 本书出现的支付宝或者蚂蚁金服的人物，会根据具体的语境交替使用真名和花名。

的代码时，老苗笑了笑。

支付宝改变了老苗的命运。2014 年，他成为阿里巴巴集团的合伙人，达到了职业生涯的一个阶段性的巅峰。如今，他是蚂蚁金服支付事业群技术部门的负责人，也是支付事业群的副班长，直接或者间接向他汇报工作的有 800 多人。

如今，老苗依然保持着十几年前创业时的那股劲头，加班到深夜是家常便饭。而每晚灯火通明的支付宝大楼也早已成为杭州一景。

抚今追昔，老苗感慨颇多："当年创业的时候，没有人想到支付宝会发展到如此大的规模，我估计马总（马云）本人也没有想到。"

从几个财务人员、一张电子表格，到今天拥有八千多名员工的全球估值最高的科技金融企业，这个由淘宝网结算部门发展而来的支付企业，用短短的十几年，让中国金融服务业的面貌发生了巨大的变化。今天，消费者在路边小摊可以用手机扫码支付，老百姓用一元钱也可以理财，小微商户仅凭信用就能迅速获得贷款。的确，在 2003 年，没有人会相信眼前这一切会发生，而促成这种巨变的，正是像老苗这样的一批年轻人。

十几年间，老苗及其同事一同见证了这家公司从无到有、从小到大的过程，一起成就了一个由梦想和愿景驱动的组织。作为从创业之初就在公司工作的老员工，老苗经历了蚂蚁金服所有的坎坷和挫折。阿里巴巴有一句老话叫作"一年香，三年醇，五年陈"，即员工在公司越久，受组织文化影响越深，公司价值观就越深入骨髓，而老苗已经在公司待了十几年。

现在，就让我们从老苗这里开始讲述这个关于信任和梦想的故事。

第一章　构建信任体系：担保交易

信任、互信是人类最大的未开发财富。

——马云

支付宝[1]最早就是淘宝网担保交易的流程。淘宝团队为了解决用户交易时的信任问题，想到了担保交易的方式，由此所构建的信任机制如同一把钥匙打开了淘宝网买家和卖家之间的心结，促进了淘宝网和中国电子商务的发展。幸运的是，马云在第一时间意识到了它的重要性。

初入淘宝

2003年9月的一天，身穿浅色衬衫、黑色西裤，脚踩皮鞋，提着公文包的倪行军，根据事先沟通好的地址来淘宝面试，绕来绕去之后，出现在他眼前的是住宅小区里的一幢两层小楼，他心里直打鼓："难道走错了地方？"

情急之下，倪行军拨通了联系人的电话号码，电话那端传来很大的传话声——"汪奶奶，有人面试"。片刻，一个二十多岁的小姑娘跑了出来。事后，倪行军才知道，这位被称作"奶奶"的姑娘，花名"蓝凤凰"，是当年淘宝网的第一代HR（人力资源）[2]。

淘宝网创立于2003年5月，这家目前在中国家喻户晓的公司，

---

① 支付宝既是产品名称，也是公司名称。作为公司的"支付宝"成立于2004年12月8日，它是蚂蚁金服的前身，而蚂蚁金服于2014年10月16日成立。

② 张洁. 淘宝十年：淘宝"倒立者"和他们的记忆［J］. 天下网商·经理人，2013（5）.

创业之初的办公室就在杭州市湖畔花园的住宅小区。

湖畔花园位于杭州城西，是阿里巴巴的“龙兴之地”。阿里巴巴集团创始人马云在20世纪90年代末，买下了湖畔花园小区16幢1单元的202室，这间150平方米的住宅，在1999年成为阿里巴巴创业的办公地点，现在网上流传颇广的“阿里巴巴十八罗汉”[①] 开会的合影和视频，就是在这里拍摄的。在阿里巴巴成功之后，2003年，马云又让淘宝的创业团队在湖畔花园一幢两层别墅里秘密地开始了新的创业。

此时，距离互联网首次进入中国已经过去了16个春秋，新浪、搜狐、网易等门户网站正大红大紫，而以即时通信为主业的腾讯、以搜索为主业的百度和以游戏为主业的盛大等公司也开始崭露头角。在电商领域，2003年6月，全球最大的电子商务网站美国的eBay公司以1.5亿美元全资控股易趣，高调宣布打入中国市场。

当时以B2B（企业对企业的电商模式）业务为主的阿里巴巴，在中国的互联网企业里还排不到第一梯队。eBay进入中国的消息，刺激了阿里巴巴创始人马云的神经，他开始仔细思考创建C2C（消费者对消费者的电商模式）网站的问题。这就是现在闻名天下的淘宝网。

关于马云决定做淘宝网的原因，阿里巴巴前高管波特·埃里斯曼曾回忆：当时马云认为，eBay在大举开展中国业务时，会先选择

① 即阿里巴巴的十八位创始人，分别是：马云、孙彤宇、金建杭、蔡崇信、彭蕾、张瑛、吴泳铭、盛一飞、楼文胜、麻长炜、韩敏、谢世煌、戴姗、金媛影、蒋芳、周悦虹、师昱峰、饶丹丹。

从零售开始，再转向与阿里巴巴争夺大宗批发业务，在竞争不可避免的情况下，阿里巴巴如果想拖住 eBay，唯一能做的就是启动一个 C2C 网站，先和 eBay 展开直接竞争。然而当时谁也没有料到，马云的这个被动应对间接造就了支付宝。

2003 年 4 月 7 日，马云从当时的阿里巴巴 B2B 业务条线中挑出十几位员工，要求他们立刻签署一份英文的保密协议，① 马上离开公司，在最短的时间内做一个 C2C 的商品交易网站。随后，他们就被带到了老苗眼前这幢两层别墅里。

2015 年 12 月的一个工作日，我来到了杭州市湖畔花园小区。这个建于 20 世纪 90 年代末的住宅区，现在依然安静、整洁而有序。在小区的中心广场，几位居民在悠闲地散步。正北方向，余杭塘河从西向东缓缓流过，水面上间或有鸟儿飞过。今天这里所呈现出的一切，已经很难让人将其与当年淘宝网的创业联系起来。

2003 年，这群年轻人在这里干得热火朝天。财务行政人员在一层，技术人员在二层，虽然用来办公的两层别墅很拥挤，但大家还是尽可能地利用空间，甚至连厨房都用上了。

这群年轻人的负责人是花名“财神”的孙彤宇，这个经常叼着烟走来走去的年轻人是马云的得力干将。1996 年春，他加入中国黄页②，开始跟随马云。1998 年，他随马云北上创业。1999 年初，他和马云回到杭州再次创业。他是“阿里巴巴十八罗汉”之一，在淘宝网创业之初，他做出了巨大的贡献。巧合的是，他还有一个广为

---

① 子柳．淘宝技术这十年［M］．北京：电子工业出版社，2013.

② 中国黄页是由马云在 1995 年创办的网站，主要业务是给企业做网站，具体的做法是说服企业提交产品样本，然后由马云寄到美国，在美国做好主页后放到网上，并打印一份送给国内的企业。1997 年，马云离开了中国黄页。

人知的身份——现任蚂蚁金服董事长彭蕾的丈夫。

除了马云和孙彤宇，淘宝网最初的创业团队成员主要包括周岚、虚竹、三丰、多隆、二当家、小宝、阿珂、杨过。其中，师昱峰（花名“虚竹”，时任淘宝网技术团队负责人，现在阿里巴巴管理部任职）、姜鹏（花名“三丰”，时任淘宝网开发组主管，后来出任淘宝网 CEO，现任阿里巴巴荣誉顾问）、蔡景现（花名“多隆”，现任阿里云飞天八部专家）三人是开发工程师，二当家是 UED（用户体验设计）工程师，小宝、阿珂、杨过是运营工程师。

当天面试倪行军的就是负责技术开发的主管“三丰”。

花名文化

倪行军毕业于浙江财经学院会计专业，他读大学时正值世纪之交，互联网在中国的发展方兴未艾。在大学里，倪行军自学了计算机知识，毕业论文写的是《信息化条件下会计信息失真的问题》。有趣的是，将“信息”与“会计”结合，也是他今后在支付宝的工作主线。

在来淘宝网面试之前，倪行军曾经创办过公司，后来到杭州市的一家医药国企工作，这家由医药局改制而来的企业官僚气氛太重，刚到的时候，他还有一些 ERP（企业资源计划）的工作可以做，但项目做完之后就无所事事了。

国企的工作让他很郁闷，在一次大学同学的聚会上，大家天南海北地谈论各自的经历，倪行军也总算有了倾诉的机会，酒过三巡之后，他推心置腹地和老同学谈起自己的担忧。

倪行军呷了口黄酒说：“最怕在二十五六岁时就开始养老。”这句话与其说是讲给同学听，倒不如说是给自己打气。他的想法很简单：自己身上的技术，只有在互联网公司才有用武之地，再找工作还是要去互联网企业。

说干就干，倪行军马上开始投简历。在 2003 年，杭州市的互联网公司屈指可数，在将简历投递给阿里巴巴之后，很快就有了开头面试的那一幕。淘宝网正好处于用人之际，既懂技术又懂会计的倪行军，很快就拿到了录用通知书。

在用两个月的时间办完离职手续后，2003 年 11 月下旬的一天，倪行军正式加入了淘宝网。入职当天，他的师傅茅十八拿了几张抬头上写着“金庸武侠人物关系图”的纸，让他从中选择花名。看来看去，在被人挑剩的名字中，他选择了《雪山飞狐》里的大侠“苗人凤”。

讲到这里，有必要介绍一下阿里巴巴的花名文化。在淘宝网成立之初，马云就要求每位员工以金庸武侠小说中人物的名字作为花名，[①] 后来这个传统在蚂蚁金服得以延续。马云是金庸迷，他的喜好促成了花名文化的诞生。马云的花名是“风清扬”。

“真名是别人起的，花名是自己起的。”我在与蚂蚁金服员工的接触中发现，有的花名反映了他们本人的真性情，有的花名则寄托了对自我人生状态的一种期冀，武侠人物的言行和担当，帮助他们在现实世界之外，建构了虚拟的意象和精神榜样，让他们在现实工作中多了一份理想、情怀和拼搏精神。

花名不仅好听、好玩，在客观上也起到了淡化等级、方便记忆

---

① 后来，由于阿里系员工人数越来越多，金庸武侠小说里的人物名就不够用了，花名取名的范围就大大放开了，比较常见的包括历史人物和文学人物。

等作用。对淘宝网和支付宝很多普通员工而言，即便某人是你的上级、上级的上级，你也可以直呼其花名，这在一定程度上消除了职位高低的权力感差异，营造了一种亲昵的人际交往氛围，对公司的管理体制形成了有益的补充。

比如，有一次“苗人凤”在公司里遇到了自己的女儿“苗若兰”。

“来，赶紧叫爹。”同事在旁边打趣道。

逗趣大笑中，团队成员之间的关系更加轻松和融洽。

久而久之，很多员工之间只知花名而不知真名。同时，公司也形成了一种特定的文化。比如，淘宝网的“玩”性很重，这种“玩”性灵动多变，正好与互联网创新的特质相符。

正是看到了花名文化这种隐含的力量，阿里系的很多前员工在创业时也都刻意模仿，这让花名文化在中国的很多互联网公司生根发芽。

现在，蚂蚁金服的很多人已经不知道倪行军的真名，因为大家更习惯叫他“老苗”，而“老苗”也是蚂蚁金服为数不多的见证了公司发展全过程的员工。

解决信任难题

2003 年，在老苗刚入职时，解决用户之间的信任问题是淘宝网面对的第一个难题。

在淘宝网创办之初，团队充满了灵动和率性，大家拼劲儿十足，整个网站也很活跃，有很多用户在论坛上发帖，用户咨询业务也很热情，但就是没有交易，这当中有一个重要的问题，即买卖双方之间缺乏信任。

在中国人传统的商业思维中，“一手交钱，一手交货”是天经地义的事情，而在网上交易中，这种传统的交易模式遇到了难题。卖家担心货发出去了而没收到钱，买家担心钱付出去了而没收到货。用户对于全程线上交易这种模式很谨慎，而当时也确实出现了一些骗子收了钱不发货的现象。

受此影响，淘宝网早期的很多交易是在同城进行的。比如，杭州的买家在网上拍下了同城卖家的货，之后双方约定线下见面成交，这时沿用的依然是“一手交钱，一手交货”的传统交易模式。为了降低用户上当受骗的风险，淘宝网当时也鼓励这种“线上下单，线下成交”的方式，但这种交易方式的局限性很大。比如，一个广州的买家和一个杭州的卖家之间很难实现交易。

因此，淘宝网若想进一步发展，就必须先在买家和卖家之间建立互相信任的关系。

淘宝网的负责人孙彤宇也一直在琢磨解决问题的办法。为了想办法解决问题，他看了很多关于网上安全支付方面的资料，还让团队不断地收集信息，了解国外同行 PayPal 的支付方式，但发现这并不能解决问题。他也曾想到模仿腾讯 Q 币搞出一个淘宝币，后来发现也不行。①

用孙彤宇的话说：“越想越复杂，越想越钻进了牛角尖儿。”

一次，孙彤宇在逛淘宝网论坛时发现，不仅淘宝网团队为此头疼，淘宝社区中的买家和卖家也在讨论这个问题，他就主动发帖和这些用户讨论。一来二去，他的思路越来越清晰。孙彤宇想，既然用户最关心的是钱，那么只要保证资金安全，用户就敢用淘宝网了。

---

① 子柳. 淘宝技术这十年［M］. 北京：电子工业出版社，2013.

因此，如果能在淘宝网推出一种基于担保交易的支付工具，问题就解决了。

所谓“担保交易”，是指买家在下订单之后，将钱先打入一个由银行托管的第三方账户（淘宝网在银行的对公账户），淘宝网收到买家的付款信息后，通知卖家发货，在买家收到货物并确认货物与描述相符时，淘宝网才会将钱打给卖家。

其实，这种担保交易的模式曾在阿里巴巴 B2B 的交易中尝试过，但企业和企业之间的交易远比个人之间的交易复杂得多，付款方式和物流方式均有明显的不同，所以这种模式在 B2B 的交易中并没有得到推广，但是淘宝网的创业团队觉得这种交易模式在 C2C 的交易上可能会有用武之地。

在人类发展的历史上，建立信任关系一直是一件重要的事情，因为它关乎贸易的开展和人类的协作。以色列学者尤瓦尔·赫拉利在其畅销书《人类简史》中写道：“如果没有信任，就不可能有贸易，而要相信陌生人又是件很困难的事情。今天之所以有全球贸易网络，正是因为我们相信一些虚拟实体，例如美元、联邦储备银行，还有企业的商标。而在部落社会里，如果两个陌生人想要交易，往往得先借助共同的神明、传说中的祖先或图腾动物建立信任。”①

淘宝网的这些年轻人无意间的探索，触碰到了金融的本质。金融的基础是交易，交易的本质就是信任机制，担保交易正好提供了这样一种信任机制。有了信任，陌生人之间才可以做买卖，商业的行为才会突破地域的限制，其作用不容小觑。很多国家的电商之所

---

① 尤瓦尔·赫拉利. 人类简史［M］. 林俊宏，译，北京：中信出版社，2014：36.

以发展不起来，就是因为缺少创新机制。直到今天，淘宝网依然维持着担保支付的交易模式，它已经成为淘宝网安身立命的基础，没有人敢想象缺少了担保交易的淘宝网会是什么样的。

从产品角度看，担保交易不是一个重大的创新，只是一个交易流程的改变，但有时突破性的创新就是从不起眼儿的小创意开始的，这个微小的改变开辟了中国电子商务的新时代，成为支付宝创业的起点。

正如哈佛商学院欧内斯特·L. 阿巴克尔工商管理教席教授罗莎贝斯·莫斯·坎特所说："有些公司在创新时采取了错误的策略，认为只有新产品才算创新，没有把新服务和流程改进当作创新，拒绝那些乍看上去并不起眼儿的机会。但实际上，很多小创新会给公司带来巨额利润和实质性的改变。"

当时，孙彤宇等人为这个点子绞尽脑汁，淘宝网团队还采纳了论坛上用户的意见。担保交易的创新就是淘宝网所有人集思广益的成果。孙彤宇回忆说："支付宝是大家讨论出来的，而不是某个人的灵感。"

后来，淘宝团队把这个基于担保支付的服务取名为"支付宝"。说到这里，有必要提及"支付宝"这个名字的来历。淘宝团队的阿珂（花名）最早想到"支付宝"这个名字，[①] 当时她的这个提议获得了团队成员的一致肯定。有意思的是，阿珂是个取名达人，淘宝网的名字也是她取的。那时知道支付宝的用户还很少，客服接到用户电话时，常有人把"支付宝"听成"吃不饱"，把"阿里巴巴支付宝"听成"阿里爸爸吃不饱"。

---

① 子柳. 淘宝技术这十年［M］. 北京：电子工业出版社，2013.

当担保交易的流程设计好之后，所有人都在静待第一笔交易的产生。

第一笔交易

很快，它就来了！

2003 年 10 月，在日本横滨留学的崔卫平将一台九成新的富士数码相机，以 750 元的价格挂到了淘宝网上，当时此款相机在国内的售价是 2000 元左右，信息发到淘宝网上不久，西安工业大学的焦振中就有意购买。

2003 年，淘宝网刚成立不久，国内网购市场还非常小，C2C 网站电子商务交易额只有 11.6 亿元左右，[①] 交易的付款方式主要有货到付款、银行转账或者网银支付等，崔卫平这种个人卖家一般很难得到买方信任。因此，针对付款方式问题，崔卫平和焦振中在网上聊了很久，一直没有谈拢。

就在崔卫平一筹莫展之际，他在论坛上看到了淘宝网推出担保交易的消息，心想，担保交易可能是一个解决信任问题的好办法。于是，他就将支付链接发给了焦振中。

这时，在杭州淘宝网的办公室里是另一番情景。

“来了笔业务，快确认。”一位淘宝财务姑娘跑进了担保交易小组的办公室。结算员程英眼前一亮，她意识到，这是担保交易的第一笔交易。可惜高兴劲儿还没过，这位姑娘又跑回来说：“买家后悔了，要求退款。”

---

① 参考 https://zhidao.baidu.com/question/535369685.html。

如果焦振中退款了，第一笔交易的产生就可能推后。这位小姑娘没有放弃，为了博得一个好“彩头”，她坚持劝说焦振中不要退款。这位小姑娘是广东人，她认为做买卖就要打响头炮。在软磨硬泡之下，她最终说服了焦振中。

关键时刻，焦振中没有退缩，他选择信任这种新的交易机制。

两个小时之后，淘宝网的第一笔担保交易诞生了。这是支付宝历史上第一笔交易，崔卫平成了支付宝的第一个用户。更有趣的是，十几年前的这笔交易竟然还是一笔跨境支付。这笔在淘宝网编号为“200310126550336”的交易清单，今天还挂在黄龙时代广场 B 座支付宝大楼一层大厅的墙壁上。

其实，当时的支付宝就是淘宝网支付结算的工具，这项工作由淘宝财务部来承担，工作团队由三个财务人员组成，即一个财务经理、一个会计员和一个出纳员，工作平台就是三张小学生课桌大小的办公桌，上面有三台台式计算机，工具是 Excel 表。好在刚开始时，业务并不多，几个人就能将财务工作和结算工作做完。

这样的情况对于今天支付宝的用户来说很陌生，甚至连公司的员工也不曾有过同样的体验。而这个简单的担保支付流程，就是今天支付宝的雏形。

短短的十几年后，在 2016 年的“双十一”当天，支付宝累计处理交易笔数达到了 10.5 亿笔，支付峰值为 12 万笔/秒，这个数值早已超过了支付界的巨头 VISA（维萨）。而在 2003 年担保交易刚上线时，每天的交易额只有几百元，一个月的交易笔数只有 30 笔。

就在那时，有一个人看到了这个微小业务广阔的发展前景。

他就是马云。

马云的远见

2004年1月，瑞士小镇达沃斯白雪皑皑，世界各地的政商显贵再次齐聚于此，出席一年一度的世界经济论坛。在匆匆忙忙的人群中，有一位个子不高的中国人，他就是阿里巴巴的创始人马云，这已经是他第四次来到达沃斯。

这个出生于20世纪60年代的杭州人，是今天中国炙手可热的企业家。他在1999年创立的阿里巴巴集团，深刻地改变了中国的营商环境。这家发誓要做102年的民营企业从B2B业务起家，逐步衍生出电商、金融服务、云计算等一系列业务。今天，它服务于千万小微商户和个体创业者，正在为中国和世界打造互联网领域的商业基础设施。

2001年，马云第一次来达沃斯，当时舟车劳顿了16个小时的他，曾在路上满腹抱怨，但是一进入论坛就被迷住了。后来他回忆道："达沃斯虽然是一个说'空话'与'狂话'的地方，但是总能给我方向感。"① 马云是一个善于学习的人，在年轻时，为了学外语，他曾经在西湖景区为外国人做免费导游。1995年，他在美国西雅图第一次接触互联网，这给了他巨大的触动。随后，这个既不懂商业，也不懂互联网技术的年轻人，回国开始了与互联网有关的创业。

2004年再次来达沃斯，马云的脑子里一直思索一个问题：如何使淘宝网上的用户更加活跃。当时创立不久的淘宝网虽然非常热闹，但是真正的交易并不多，因为很少有人愿意相信陌生人。当一个人思考时，周边的人和事总会对他有所启发，达沃斯论坛对马云来说也是如此。

---

① 参考 http：//www.dl-expo.com/davos_info.asp？NId=387。

在会场，马云发现所有人都在谈论企业的社会责任。这个话题最初令马云有些失望。表面上看，这种讨论无法解决淘宝网所面临的具体问题，但当深入思考后，他隐约感到了“企业的社会责任”这几个字的分量。

马云当时也许还不知道，在管理学之父彼得·德鲁克的思想体系中，“企业的社会责任”是一个非常重要的概念，这个概念是“社会、企业和个人”三者关系的枢纽，赋予了企业以具体内涵。在德鲁克看来，理解任何企业都要看它所处的社会环境，企业作为社会的一员，其自身目标与其在社会中发挥的功能有密不可分的关系。① 事实上，我们已经看到，在之后阿里巴巴和蚂蚁金服的发展过程中，“使命”或者“解决具体问题”的初心，而非利润，成为公司前行的目标和驱动力。当企业完成了时代的使命，解决了当下的问题，或者尽到社会责任之后，公司的利润水平和市值便会自然而然地提升。

当时，在达沃斯的马云并未考虑这么多，但是他已经开始盘算，淘宝网之所以发展不起来，缺少的正是人与人之间的信任。推而广之，中国的电子商务要想发展起来，也必须有一个公开、透明、公正的信用体系，如果支付宝不去做这件事情，总会有人去做。对淘宝网来说，这样做虽然有一定的风险，但是绝对值得去尝试，因为若想在中国做电子商务，就必须做真正有价值的事情，给社会带来实质性的进步，这正是淘宝网存在的价值和意义。

当时，这样做有很大的风险。在2004年，中国的金融行业还是以

---

① 彼得·德鲁克关于企业社会责任的论述，可以参考其早期著作《公司的概念》的第一章“一国之内的资本主义”。

国有企业为主，电子支付牌照也并没有放开，自己建立一个支付系统既面临法律的风险，也面临技术的难题。

为此，马云和淘宝网最初也曾尝试寻找与传统金融机构合作，但都无功而返。靠别人不行，要构建“信任”，必须自己先去闯。

想到这里，他没再犹豫，当天晚上就从达沃斯给国内的同事打电话。

“立刻，现在，马上启动支付宝。”马云说。

末了，还不忘加一句：“如果要坐牢，我去。”①

这是一个重要的决定。即便在今天，这个决定在马云的心中也很有分量。2016 年 5 月，他在给新加坡荣誉国际研讨会的视频录像中说，这是他在阿里巴巴所做的最重要的决定之一。

阿里巴巴前高管波特·埃里斯曼回忆，马云曾对他说：“支付宝和 eBay 的 PayPal② 不同，不是提供买卖双方直接的支付功能，而是提供一个类似第三方的服务，这将克服中国电子商务的一个最大障碍，即买卖双方之间缺乏信任。”

支付宝和蚂蚁金服的发展证明，马云的这种眼光很超前。事实上，不仅支付宝，阿里巴巴集团很多重要的战略方向，最初都来自

---

① 参见马云在 2016 年 5 月 19~20 日于新加坡举行的荣誉国际研讨会的视频演讲录像。

② 马云和波特·埃里斯曼谈话中所提到的 PayPal（贝宝），是当时世界上领先的支付公司，也是全球电子支付领域的领袖公司，这家公司成立于 1998 年，由彼得·蒂尔和埃隆·马斯克创办（PayPal 实际上是由 PayPal 和 X. com 两家公司合并而成的，X. com 的创办人是埃隆·马斯克）。PayPal 最初是为了解决拥有平板电脑 Plam 的用户之间的支付问题，但平板电脑的用户只有几百万，这个市场不够大，推广的效果也不尽如人意，后来 PayPal 创造了用电子邮件作为身份认证，将电子邮箱与信用卡绑定完成支付的方式，意外地发现了 eBay 网上拍卖支付的场景，趁电子商务发展之际，PayPal 用户规模迅速提升。2002 年，eBay 收购了 PayPal。在 PayPal 从 0 到 1 的发展过程中，eBay 的电商场景对扩大用户规模起到了很大的作用，而这和支付宝的情况类似。

马云的直觉。[1] 波特·埃里斯曼指出，当时的马云很自信，坚信一旦支付宝发展到一定规模，就可以开展直接支付服务，而随着支付宝的普及，有一天，它将成为中国最大的银行。[2]

说这番话时，马云还对银行一窍不通，甚至在若干年后，他在一次和工商银行前董事长姜建清的对话中，还不知道“做银行需要资本金”等金融监管专业知识，但是这并不妨碍蚂蚁金服进入金融这个专业领域，并在后来用科技的方式改变和提升了整个行业。[3]

迅速流行

老苗入职淘宝后，当时的主管三丰非常看重他的财务背景，把他分配到淘宝网担保交易的升级优化工作中。他就跟着师傅茅十八边干边学，后来开发到一半时，茅十八去上海读 MBA（工商管理学硕士）了，[4] 接下来开发的任务就由他接手。

在 2003 年 11 月老苗加入淘宝时，担保交易的系统虽然已经有

---

① 比如，阿里巴巴在云计算上的战略坚持，就被很多人称道。2009 年，阿里巴巴集团的 CTO（首席技术官）王坚力主做云计算，但是这个方向几乎所有人都不看好，那时候云计算还是一个模糊的概念，没有人知道怎么将其具体落实。从 2009 年立项开始，直到 2012 年，每一年的总裁会，云计算都会成为阿里巴巴内部的众矢之的。有人质疑这位心理学教授出身的 CTO 是骗子，是不会编代码的“大忽悠”。在马云出席的多次会议上，大家都有过激烈的争吵。当时百度和腾讯已经在云计算上折戟了，唯有阿里巴巴坚持了下来，其间的辛酸，只有经历过的人才深有体会。今天看来，如果没有云计算，阿里巴巴就没有现在的核心竞争力。

② ［美］波特·埃里斯曼. 阿里传［M］. 北京：中信出版社，2015：112.

③ 在带领企业进入一个新的领域时，马云很少受条条框框的约束，如在一次央视《对话》栏目中，当主持人陈伟鸿抛出马云和王健林谁懂足球这样的问题时，马云说：“懂足球并不重要，中国懂足球的至少有 500 万人，把足球搞起来了吗？没搞起来。懂足球改革很重要，我们不懂零售，我们不懂互联网金融，也许因为不懂，也许因为没有纠结，反而我们能改革。”

④ 子柳. 淘宝技术这十年［M］. 北京：电子工业出版社，2013.

了雏形，但只有交易的主干流程，其中最重要的退款功能仍不具备，因此亟须升级优化。

那时交易金额也很少。老苗向三丰汇报交易笔数时，一天只有几单，如果金额超过了三位数，那就是很亮眼的数据了。2004 年春节，老苗问领导“用不用加班”，得到的回复是“不用，直接把担保交易停掉就可以了”。

从三丰的口气中可以看出，当时担保支付在淘宝网中并没有那么重要，如果今天支付宝停止担保支付，那将对淘宝网甚至对中国整个电商交易产生重大的影响，不要说停止，即使支付宝出现短时间的故障，媒体也会铺天盖地地进行报道。但在担保支付推出之初，它的交易量还很小，远没有流行开来，甚至在 2004 年上半年，担保交易还不是淘宝网的标配，只是买卖双方可以选择的多种支付方式之一。

对于千百年来习惯了“一手交钱，一手交货”的卖家而言，担保交易虽然解决了信任问题，但在用户中的接受程度还不高，很多人对“货寄出去了但没有收到钱”仍不习惯，很多卖家宁愿不做生意，也不敢冒此风险，多数人都选择观望。

但总有敢第一个吃螃蟹的人。随着卖家数量的增加，淘宝网上的竞争越来越激烈，卖家想要从人群中脱颖而出，必须给消费者更多的好处，而当时最简单的方式，就是接受担保交易付款。比如，同样几家销售茶叶的店铺，只要有一个卖家选择支持担保交易，交易量就会迅速往这个卖家集中，这时其他商家不会坐以待毙，只能选择跟进。就这样，担保交易迅速在淘宝网上蔓延开来。

为了进一步取得消费者的信任，2005 年 2 月 2 日，支付宝承诺，如果用户在使用支付宝的过程中因受到诈骗而产生损失，支付宝将全额赔付，这就是后来广为流传的“你敢付，我敢赔”。2005 年 7 月 6 日，支付宝对外正式公布“你敢付，我敢赔”的支付联盟计划，将“你敢付，我敢赔”扩展至所有由支付宝提供支付服务的网站上。

信用是电子商务交易的前提，如果缺少信用，交易就无法达成，支付宝用自身的承诺帮助整个交易环节上的买家和卖家更快地建立起了这种信任关系。用马云的话说，“网上其实并没有那么多骗子，绝大部分的卖家和买家都是有信用、讲诚信的人”。如果有一套机制来制约，这种诚信度就会更高，用户在使用支付宝时也会更放心。

事实上，在做出这个承诺之前，担保交易的托管模式已经降低了买卖双方的风险，但是支付宝觉得这依然不够，于是就用“你敢付，我敢赔”的承诺，将用户因欺诈而产生的风险降至最低。

“你敢付，我敢赔”对支付宝的意义不仅在于让用户支付时更放心，其对后来支付宝的产品创新也具有重要的方法论意义。概括来说，基于“用户第一”的理念，将风险留给自己，将信任传递给生态，激活原本隐含的信任关系，将极大地促进交易的达成，后来的快捷支付等产品都遵循了这种思路。实践证明，在把握风险的前提下，这种“将窗户纸捅破”的做法通常会使产业格局为之一振，也会给公司带来更广阔的发展前景。

很快，淘宝网上 70% 以上的商品选择了担保交易的方式，因此淘宝网下定决心，将担保交易变成标配，规定在淘宝网上做生意必须使用担保交易的方式。担保交易从此迎来了爆发性的增长。

第二章　支付宝的独立

现在回头看，虚拟账户真是救了我们的大命。

——倪行军

虚拟账户体系是蚂蚁金服发展历史上一个重要的里程碑，也是支付宝区别于很多其他第三方支付公司的关键。有了虚拟账户之后，支付宝的支付效率得以大大提升，而与此同时，虚拟账户又使用户的交易数据得以沉淀。正因为有了数据，今天的蚂蚁金服才能更好地了解用户的需求，从而提供智能化的服务。

不堪重负

担保交易爆发性的增长也为支付宝带来了“幸福的烦恼”：结算量上升之后，结算效率的问题出现了。

当时，支付宝是以“担保支付”的功能出现在淘宝网上，除了少部分买家在线支付外，大部分买家仍通过银行、邮局汇款等方式付款，他们将钱打到支付宝在各大银行的对公账户上，然后由支付宝作为中间人协调交易进度。

淘宝网负责结算的员工需要每天盯着公司的账户，每入一笔账都要以手工形式记录下来，再根据汇款信息里备注的淘宝 ID（用户代号）和订单编号匹配买家的实名信息，核对后再通知卖家发货。但这样做也会产生问题，例如有的买家汇了款却没有写备注，有的买家虽然写了备注，但是经过跨行转账到支付宝账上时，备注信息没有了。这样，转过来的钱就无法和交易对应，淘宝也无法通知卖家发货，整个交易流程只能被迫中断。有时，为了找到付款的买家，老苗他们还在淘宝网首页挂出一个“寻钱启事”，但这样做的效果也不好，有时候找到买家了，商品却下线了。

说到这里，有必要回顾当时国内零售支付的环境。自20世纪90年代以来，央行对支付工具进行了全面改革，建立了以汇票、支票、本票等票据为主体的支付工具体系。其中，银行汇票和支票是使用最普遍的非现金支付工具。支票主要通过同城清算所进行处理，使用范围较小，而汇兑、委托收款、托收承付等支付方式的使用更为普遍。那时的银行卡大多数是借记卡，信用卡的使用量较小。进入21世纪，随着信息技术在金融领域应用的拓展，支付工具电子化趋势明显，银行卡普及率和支付产业的创新能力不断提高，预付卡、互联网支付与移动支付发展迅猛。

在担保支付诞生之初的2003年，央行的大额、小额支付系统还没有形成一定规模，银行体系支付结算效率还比较低。一旦涉及跨行转账，就需要客户将银行、卡号、姓名和开户行等信息填全，开户行甚至要精确到分理处，否则银行在“落地”时就找不到联行号，找不到联行号就进不了央行的跨行系统。因此只要有一个信息匹配不上，到账的时间就漫无边际，最长可能是三个月，有时还有可能被退回来，所以当时的出错率很高。

最初，支付宝员工将大部分精力都放在了对账上。今天在支付宝大楼16层的大厅里，还专门展示了一个笔记本，上面用手工记录着2005年以前各家银行交易处理的异常数据。起初，这种人工的方法还可以维持，但随着交易笔数的增加，这项工作变得越来越困难。

买家备注信息不全只是影响交易效率的一个方面，由于支付宝当时是通过其在银行的对公账户向卖家付款，对公账户开户行工商银行的交易处理能力也很重要。

为了得到银行的支持，2003 年 10 月，淘宝网负责人孙彤宇带着财务总监念慈等几位同事，来到工商银行杭州分行西湖支行，找到了该支行个人金融部的负责人。

这次见面开启了支付宝和工商银行的合作。当时，在国有大型商业银行中，工商银行在创新方面总是领先同行。这家现在被称为“宇宙行”的商业银行当时就是同行模仿的对象，而工商银行杭州分行西湖支行在工商银行系统内非常有名。地处浙江省省会中心城区的西湖支行，赢利能力、业务水平和创新意识在工商银行系统内闻名遐迩，工商银行体系内很多干部都出自该支行，现在被人所熟知的就是工商银行现任董事长易会满，他的职业生涯就是从当时工商银行杭州分行西湖办事处计划处计划员开始的。

这位负责人把孙彤宇一行人引荐给了当时西湖支行的葛勇荻。那时，葛勇荻是西湖支行的大客户经理，同时负责电子银行业务。

2003 年，银行的主要营收还是息差收入，支付结算只能算是边缘业务，更何况当时国家并没有对网上支付出台任何法律法规，这方面的业务定性还是一片空白。当时淘宝网刚起步，业务规模非常小，工商银行和淘宝网合作就要一切从头摸索，肯定要搭上人力、物力和时间。如果当时西湖支行只盯着眼前的利益，则其与淘宝网的合作并不划算。但葛勇荻和西湖支行的领导具备浙江人的营商远见。

葛勇荻觉得，淘宝网的业务量多少没有关系，重要的是先把业务关系建立起来。工商银行的电子银行业务始于 1999 年，当时葛勇荻在西湖支行负责电子银行业务的推介，但是这项业务一直不温不火。对葛勇荻来说，与电商网站合作也是一种尝试。

随后，工商银行和淘宝网的合作就开始了，最初的合作方式是工商银行帮助淘宝网提供网上支付的接口。

之前，银行中没有人真正跟大型电子商务网站合作过，也不知道这中间会出现什么问题，当合作真正开始后，葛勇荻发现，这项业务对银行来说是很大的挑战。因为一旦出现故障，葛勇荻就要马上和淘宝网沟通，可淘宝网那时候只有两条电话线，其中一条是客服线，一直打不通。所以，他就要隔三岔五地往淘宝那里跑，当时工商银行杭州西湖支行的办公地点在延安路，而淘宝的工作地点在城西的湖畔花园，如果路上堵车，来回就要一个小时。

在葛勇荻眼中，那时在湖畔花园办公的淘宝还不像“正儿八经”的单位，虽然办公场地很简陋，但是员工工作起来显得很开心，别看大家平时忙忙碌碌，也会抽空开个玩笑聊上几句。那时，办公室里的白板最引人注目，上面写写画画了很多密密麻麻的东西，很多业务的思考和讨论都在这上面呈现出来。

别墅二层的露台是吸烟区。葛勇荻就是在这里第一次碰到了老苗。多年以后，他依然记得第一次见老苗时的印象：“身体比较单薄，头发少，谈吐显得很资深，说起业务时总是娓娓道来。”

做过多年客户经理的葛勇荻很会察言观色，他喜欢与能力比较强的人沟通，老苗的沉稳持重给他留下了深刻的印象。每次去淘宝，他总是找老苗抽烟聊天，一来二去，两个人很谈得来。通过老苗，葛勇荻也了解了阿里巴巴和淘宝网的一些情况。

葛勇荻对淘宝网的业务模式很感兴趣，他隐约感觉到这是未来的发展方向。不久，随着淘宝网业务量的激增，他开始真正对这个合作伙伴刮目相看了。

老陆来杭

此时，支付宝自身正在酝酿一次重要的创新。

随着业务量的增长，支付宝的转账成本迅速提升。当时，支付宝对公账户每转出一笔都需要手续费，2004 年上半年，这个问题逐渐凸显出来，转账的成本越来越高，包括老苗在内的支付宝团队都在想用什么办法可以在提升结算效率的同时，降低公司的成本。想来想去，大家意识到，如果无法将零星的转账规模化，公司的转账成本就无法降下来。

在淘宝网创业之初，老苗除了做技术开发外，还做淘宝网的客服，他经常逛论坛来搜集用户的反馈。时不时就有用户在淘宝网论坛上留言："你们淘宝网挺好，款别退了，搁你们那儿，反正还要买。"用户有将钱存入淘宝网的需求，可问题是，这些钱能放在哪儿呢？

这时，虚拟账户进入了老苗的视野。在 2004 年上半年，老苗和同事开始对虚拟账户进行认真的思考。学会计出身的他深知账户体系的重要性，当时他边做研发工作，边设计账户体系。在几个月的准备工作之后，2004 年六七月的一天，老苗、蔡景现和淘宝网的另一位同事一起向孙彤宇汇报工作。

听汇报时，孙彤宇点了一根烟说道："老苗，想法很好，但现在还不成熟，先将资料封存，暂停。"

"封存？"老苗瞪大了眼睛，满以为会获得全力支持的他，顷刻间被当头泼了一盆冷水。但老板发话，不理解也要执行。

其实，当时老苗还不知道，马云已经开始考虑将支付宝独立的事情了。

在虚拟账户这个想法被搁置后一个月，马云到广州见了阿里巴巴 B2B 公司广东销售大区负责人陆兆禧。

“老陆，知道 PayPal 吗？”马云一见面就问。

“什么？……”陆兆禧一头雾水。

马云一听，反而高兴了。他告诉陆兆禧，现在公司要做一个全新的东西，叫作“支付宝”，是通过担保交易的功能来解决淘宝买家和卖家的信任问题，而老陆就是支付宝的第一任负责人。

筹备支付宝

2004 年 9 月，陆兆禧赴杭州上任，成为支付宝历史上第一任总裁，也正是在那时，老苗第一次见到了老陆。

直到今天，这次会面的情形还刻在老苗的脑子里。那时，淘宝网已经搬到了位于杭州西湖区文三路 477 号的华星科技大厦，孙彤宇把老苗叫到办公室，向他介绍了陆兆禧。孙彤宇希望老苗帮助陆兆禧把公司筹建起来，这时老苗才知道，老板不是不想做账户体系，而是想把支付宝从淘宝中的一个结算部门变为一家独立的公司来运营。

随后，一个由陆兆禧、蔡崇信、程英、老苗等人组成的支付宝筹备小组成立。虽然这个小组的成立时间很短，但是几个人还是利用这段时间讨论了一下公司未来的愿景和使命，并进行了业务上的分工。

葛勇荻也正是在此时第一次见到陆兆禧。作为工商银行专门负责淘宝网的客户经理，他之前主要和孙彤宇打交道，后来听说支付宝独立出来做，还有人专门负责，就赶来拜会了陆兆禧，两人的第一次见面是在陆兆禧位于华星科技大厦八楼的办公室里。

初次见面，陆兆禧显得谦逊而腼腆，待人接物很有分寸。两人聊得很投缘，颇有一见如故之感。后来陆兆禧在杭州买了房子，还和葛勇荻做了邻居。随着接触的不断加深，葛勇荻感到，陆兆禧虽然不懂金融和支付，但是他很善于学习。

出生于 1969 年的陆兆禧，在来支付宝后的很长一段时间都是公司里年纪最大的人。在知乎网站上，一位叫“黄捷”的网友写下了早年陆兆禧留给他的印象：“我总会看到一位年龄偏大、背着包的‘电修工’从面前快速走过。后来直到公司年会，我才知道这位行色匆匆的‘电修工’就是支付宝的总裁。”

这种“电修工”形象恰恰与陆兆禧务实的作风相似，这个从酒店服务生、销售、主管一路走来的中年男士有很强的执行力，他低调、实干的性格与马云的“天马行空”恰好互补。除了支付宝总裁外，陆兆禧还担任过淘宝网 CEO 兼总裁，以及阿里巴巴集团 CEO 和阿里巴巴董事局副主席等职务。

陆兆禧的学习能力确实很强，在他的带领下，这家成立不久的公司在支付领域迅速展开了探索。更难能可贵的是，作为销售出身的他，有一种从客户角度看问题的思维，这种思考问题的方式在这家初创公司身上留下了深刻的烙印。

随着陆兆禧的走马上任，搭建虚拟账户系统的工作又被提上了日程，而与此同时，淘宝不断上升的交易量也开始让工商银行越来越吃不消了。

与工商银行合作

为了将交易量降下来，2004 年 10 月，工商银行杭州西湖支行的领导找到陆兆禧，希望支付宝能够将信息相同、银行卡账户相同的卖家的代收款项合并后一笔打过去，这些做法虽然牺牲了卖家的对账体验，但是会减少交易笔数和系统压力。

陆兆禧将这个任务交给了老苗。“领命”之后，老苗奋战了几天，将当时每天 8000 笔的交易量降到了 4000 笔。但是这时业务量已经呈现快速增长的态势，一个半月后，合并以后的业务又上升到了 8000 笔。

这一招是行不通了。西湖支行在和支付宝紧急沟通后，又将情况反馈到浙江省分行以寻求支持，浙江省分行调动了辖区内十几个支行的员工一起帮忙，最不可思议的是，支付宝这边十几个人，对应工商银行的二三百人，他们一起做交易结算，集中解决积压的业务。

但好景不长，2005 年上半年，在淘宝网进行营销活动之后，交易量又突然呈几何级数增长，原来人工对账的办法又行不通了。那时，葛勇荻不管走到哪里，都会听到工商银行其他支行同事的“抱怨”声：“你们弄的淘宝快把我们累死了。”之前，从来没有一家企业能给这家中国技术系统能力最强的“宇宙行”带来这么大的压力。

那时，很多淘宝网卖家的账户没有开在工商银行，买家在打款之后，资金首先进入支付宝在工商银行的对公账户，支付宝收到款项之后，再通过工商银行进行跨行转账，这种跨行转账都要通过人民银行来转接，工商银行要求所有的跨行业务都要“落地处理”。所谓“落地处理”是指跨行转账资金不直接通过系统转账，而是工作人员先将凭证打印出来，将凭证上的关键信息输入人民银行的系统，再通过人民银行的系统转发到其他银行。随着业务量的剧增，这项工作变得“非常可怕”，大量的转账凭证不得不用麻袋来装，工商银行内部的几台高速打印机因不停地工作而变得发烫，面对“堆积如山”的转账指令，后台的工作人员根本做不完，因此，大量业务被积压了下来。

这种看似烦琐的规定其实和工商银行的业务处理流程有关。此前，工商银行处理的都是银行本身的业务，转账汇款的流程都是客户填写单据，再由银行柜员进行录入操作。但是淘宝网是互联网企业，它给工商银行的单据本身就是电子信息，按照原来的操作流程，需要将电子信息打印出来给银行，再由银行来进行操作，这就造成了不必要的麻烦。事实上，在收到电子信息后，工商银行是可以进行直通式处理的，只要支付宝和工商银行双方约定一个接口，将数据加密，再做一个数字签名，就能实现整个交易流程“不落地”。

开发一套不需要落地处理的系统就可以解决这个问题，这样工商银行在收到支付宝的转账指令后，便可以直接分发出去，但这个事情并非想象的那么简单，当时工商银行自身系统研发任务很重，再抽出人手来做这样的开发实在很困难。这时，西湖支行再次显示了其在行内强大的影响力，它说服总行出面协调。当时，工商银行总行调动北京、珠海和浙江三地的技术中心一起开发。尽管如此，开发系统也需要一定的周期。

可用户那边等不及了，收不到货款的卖家就在淘宝网的论坛上发帖投诉，而客服电话也几乎被打爆。葛勇获见状，亲自在淘宝网论坛上发帖子说明问题，他向用户解释银行转账的流程以及系统开发的时间。后来，这个帖子还被长期置顶。

2005 年 12 月，系统改造完成，转账的压力才得到了极大的缓解。在此之前的 2005 年 3 月，支付宝与工商银行签订了战略合作协议，这是支付宝第一次和银行展开战略合作。后来，淘宝的业务量持续增长，带动了支付宝交易规模的迅速提升，客观上使工商银行电子银行业务量大为提高，也正是在这个时候，支付宝的业务基本上由总行接管。葛勇获再也不用为业务规模达不到目标而发愁了。

任何企业的成功都有其必然性与偶然性，当我们今天回过头来重新审视这段合作的历史时，恐怕或多或少要说支付宝运气好。工商银行当时面对一个规模几乎为零、法律界定模糊不清的新业务时，并没有直接拒绝，而是善意地打开后台，先尝试接触。在看到业务规模提升后，又尽全力配合进行系统升级，这在当时并不是任何一个银行都能做到的。

那时，工商银行浙江省分行是全国最优秀的省级银行，而杭州的西湖支行又是浙江省分行里最优秀的支行。所以，能遇到这样的合作伙伴，也是支付宝发展之幸运。

这让我想起了曾担任上海市委书记的俞正声“为什么上海出不了马云”的经典之问。在支付宝发展初期，任何轻微的风吹草动都有可能使这棵“幼苗”“胎死腹中”。从这个意义上讲，支付宝能够茁壮成长与其地处中国营商环境最好、对民营经济最友好的浙江省有莫大的关系，正所谓“橘生淮南则为橘，橘生淮北则为枳”。

工商银行是第一家与支付宝签署战略合作协议的银行，与工商银行的合作，为支付宝与其他银行的合作做出了示范。此后，支付宝又分别与招商银行、建设银行等银行展开合作。

这种与金融体系的合作关系一直持续至今。事实上，从蚂蚁金服十几年的发展过程来看，它始终离不开和银行体系的合作：2004~2006年，成立之初的支付宝和多家商业银行的网银系统进行了对接，使用户实现了电商平台的在线支付；2007~2009年，“出淘”阶段的支付宝作为多家银行网银产品的代理，给其他网络商家提供“插线板”式的一站式服务；2010年，支付宝用快捷支付将各家银行联系起来，建立了一个小额借记系统；2013年，余额宝作为一款货币市场基金，趁“钱荒”之际，在银行间市场上“调剂余缺”；从2009年开始，每年的“双十一”则成了银行和支付宝共同的“演出日”。在此过程中，蚂蚁金服跟传统金融机构之间的关系，更多的是开放、创新的共创，而不是颠覆性的破坏。

系统发布

在工商银行系统完成改造的同时，支付宝自身的系统升级也迎来了攻坚的时刻。

当时支付宝主要分为财务和技术两条线，老苗领衔技术这条线，他的工作任务是满足整个产品链上买家和卖家的需求，使淘宝的交易过程能顺畅地完成，同时他还负责解决进出两条线的资金核算与对账等问题。那时，阿里巴巴B2B业务一天有一千多笔收入，对账的工作已经让员工焦头烂额了，但支付宝是10万甚至20万笔交易，仅打印出来的账单就很长，老苗每天对账直到很晚。当时支付宝的技术人员只有老苗一个人，他不分昼夜地开发，但活儿依然做不完，好在淘宝有外包的技术团队在协同，这分担了他的一部分工作。

2004 年下半年，随着淘宝交易量的迅速提升，原本简单的PHP+MySQL 的架构已经捉襟见肘，需要用新的架构和系统来代替，阿里巴巴集团在集结内部最强技术力量的同时，还请了外部的合作伙伴 SUN 公司。当时 SUN 公司也聚集了一批资深的架构师，这个外包的技术团队，在做淘宝网新架构项目的同时，也在为支付宝做基础平台的搭建工作。

有意思的是，这个项目中的很多人后来加入了支付宝。比如，当时项目总架构师是 SUN 公司的李静明，他后来一度担任支付宝的 CTO。在 SUN 公司的外包团队中，还有一位来自上海交通大学的在读博士程立（花名“鲁肃”），他正是在这个项目之后，放弃了在读的博士学位，加入了支付宝。现在他是蚂蚁金服 CTO 和阿里巴巴集团的合伙人。

这个项目耗时很长，一共做了三期。第一期和第二期做淘宝网，这两期把淘宝网的新架构建了起来，第三期做支付宝。程立在做完前两期后，开始协助老苗一起做支付宝。当时，他和老苗一起为这个系统写下了四千多行代码。

那时，很多淘宝网的用户都希望尽快使用新系统，程立还记得，当时有一个淘宝用户在论坛里面发帖说：“冰天雪地，360 度裸身跪求支付宝上线。”

经过几个月的紧张开发，2004 年 12 月 29 日，支付宝独立的会员账户体系终于上线，然而系统刚上线却遭遇“难产”，几经周折才发布成功，发布的时候已经是清晨，多日劳累的老苗终于能睡一会儿了。那天，杭州正好下了一场大雪，在杭州这个不经常下雪的城市，很多人都记得那场雪格外大。

后来，陆兆禧回忆起这段往事时，不无感慨地说：“当时能够挺过来，最重要的是因为大家相信这件事情能做成，就坚持熬过来了，熬到最后系统准备好了，以往的问题就不是问题了，我们又开始面临新的问题。”

“事情就是这样做出来的。”陆兆禧说。

虚拟账户的意义

2015 年 12 月末，当我跟老苗再次谈到虚拟账户时，他说：“现在看来，虚拟账户体系救了我们的大命。”在他看来，虚拟账户体系对支付宝有很特殊的意义：如果公司仍沿用最早的网关支付模式，根本就无法支持现在的交易量。

老苗给我算了一笔账，在支付宝刚开始的那几年，电商交易额的增长十分陡峭，但是银行体系的转接清算系统能力发展得比较缓慢，二者之间的缺口很大，虚拟账户模式解决了支付的容量和效率等各方面问题，经过十几年的发展，现在淘宝网每天有约一亿笔交易。若是没有账户体系，支付宝每天就要报给银行一亿笔交易申请，这将是公司一笔巨大的成本。有了虚拟账户，一亿笔交易就能压缩到两千万笔，业务量降下来之后，成本也随之下降了。从这个角度来看，虚拟账户就像一个蓄水池，既减轻了银行转账的压力，也增强了支付宝自身的系统弹性。

和老苗一起搭建账户体系的程立，也是在多年后才看出虚拟账户的重要意义：“刚开始的时候只觉得它可以提高支付的便捷性，后来才发现意义远不止于此。”

账户体系是支付宝不同于网关型的支付、不同于VISA等支付清算组织的关键之处。首先，用户将钱放在支付宝的虚拟账户会产生一定的用户黏性，因此用户的使用频率就会大大提升；其次，用户消费行为的数据会自然沉淀下来，有了数据的沉淀和积累，支付宝和后来的蚂蚁金服才能做风控和数据运营。现在，由交易和支付而沉淀的数据，已经构成了蚂蚁金服提供金融服务的核心数据。因此，只有依托账户体系，蚂蚁金服才能了解用户、服务用户。

随着虚拟账户体系的建成，支付宝有了自己的网站、会员和账户，而支付宝在法律意义上的独立，是在账户体系发布的二十多天前。2004年12月8日，浙江支付宝网络科技有限公司成立，支付宝终于开始了自己独立的成长之旅。

第三章　“出淘”

马上到客户身边去。

——樊治铭

2007~2009年，支付宝经历了公司历史上著名的“出淘”阶段。在这段时间里，支付宝开始迅速拓展淘宝以外的商户和场景，分别在北京、上海、深圳建立了分公司，但在快速扩张规模的同时，支付宝也第一次感受到了淘宝之外激烈的竞争压力。

马上到客户身边去

2007年8月的一天，支付宝商户事业部的员工接到通知：马上到公司的一间会议室里开会。当人们进入会议室时，发现商户事业部的主管樊治铭和支付宝总裁陆兆禧早就到了。

“一定是有什么重要的事情要宣布。”大家的心里犯起了嘀咕。这时距樊治铭到商户事业部任职刚刚过去一天，都说“新官上任三把火”，樊治铭的这把火会烧向何方呢？

答案很快就揭晓了。樊治铭要求负责业务拓展的同事在最短的时间内分赴北京、上海、深圳三地，在这三个城市组建支付宝的分公司。

“你们几个去北京，你们几个去上海，剩下的人去深圳。”樊治铭分兵派将。他在会上要求下属用一天时间安抚家属，第二天就出发。那天他说的最多的话是：“我们要到客户的身边去。”

突如其来的决定让所有人都有点犯蒙。虽然大家对这个新领导雷厉风行的作风有所耳闻，但是一下子把几十人都派出去还是出乎所有人的意料。

2007 年 5 月，樊治铭刚加入支付宝，那时支付宝成立还不到三年，这家新成立的支付公司，在服务淘宝网的同时，也有拓展更多外部商户的想法。其实，这也是马云将支付宝从淘宝网中独立出来的一个原因，他希望支付宝在服务淘宝网的同时，也能够服务更多的网站，并最终在中国建立一个公开透明的信用体系。支付宝向外拓展商户的过程，就是后来人们所说的“出淘”。

在“出淘”之初，开展业务非常困难。当时主要的互联网公司都在北京、上海和深圳三地，而地处杭州的支付宝在这些地方没有分公司，BD（Business Development，业务拓展）人员在拓展业务时就很困难，通常他们要先打电话和客户沟通，再利用出差的机会拜访客户，尽管很努力，但是接触客户的频率还是太低。所以，樊治铭就想到让 BD 人员直接去各地驻点。

樊治铭并不因初来乍到就不敢拍板。凭直觉决策、快速执行是他身体里的基因。

其实，在 2007 年加入支付宝之前，樊治铭就一直关注这家公司。支付宝在担保交易流程上的创新让他眼前一亮，而公司的文化和拼搏精神又是他所向往的，他感觉自己在支付宝一定会有发展空间，甚至觉得自己就是属于这家公司的，于是决定从北京来杭州毛遂自荐。

樊治铭的花名是“木华黎”。木华黎在历史上是成吉思汗铁木真手下的骁将，为元朝的江山立下了汗马功劳，这与樊治铭在支付宝中的角色类似。在蚂蚁金服的发展历史上，樊治铭是一个很有个性的领导者，他“打打杀杀，一身血气”，带领团队做出了很多有重要意义的创新，例如快捷支付、余额宝、支付宝无线客户端都是他作为“主帅”的作品。现在，他是蚂蚁金服资深副总裁和阿里巴巴的合伙人。更多的时候，蚂蚁金服的员工喜欢叫他“老樊”。

我第一次近距离接触樊治铭是在 2015 年 10 月的蚂蚁金服分享日。当被台下记者问到支付宝 App 的产品逻辑时，他并没有正面回答。“做产品，我并不看重逻辑，看重的是人性。”在说出寥寥数字后，樊治铭放下了话筒，随后顽皮地眯了下眼睛，冲着台下“狡黠”地笑了笑，如同一位聪明的学生被问到一个胸有成竹的问题时，既想说出正确答案，又怕过多的语言掩盖了智慧的锋芒。

2016 年 11 月，我在樊治铭位于支付宝大楼 21 层的办公室里见到了他。那天，他衣着轻松，上身是一件灰白两色条纹的衬衫，下身搭配的是一条牛仔裤。在聊天的过程中，他会时不时地将穿着布鞋的双脚随意搭在沙发前面的茶几上。他的办公桌稍显凌乱，上面摆满了大大小小的相框。在采访过程中，樊治铭总爱用一个黄色的“夹子”来按摩头部和颈椎，这两个身体部位是长时间从事高强度脑力劳动的人很容易出问题的地方，这个叫作“夹脖子按摩球”的东西，在淘宝上的售价约为 12.7 元。

我很好奇樊治铭的领导套路，他说了三条原则：一是以身作则，二是公平，三是直接。樊治铭对于公平有异乎寻常的坚持，他不会在考核时因为下属跟自己的亲疏远近而有任何差别。这给了下属一个可预期的原则，业务做得好的人就会有奖励。另外，樊治铭的工作方式简单透明，在他手下干活没有什么是不可以沟通的，公平和透明的团队环境使下属很愿意在他的领导下工作，团队的战斗力和凝聚力也得到了加强。

2007年，樊治铭派员工奔赴各地时，真是应了那句老话："没有条件，创造条件也要上。"那时，支付宝在北京、上海、深圳三地都没有办公室，他们便借用兄弟公司阿里巴巴在各地的办公室。如果还不行，就索性在租住的民房里办公。

去深圳的同事租了一套三居室的民房，白天用来办公，晚上用来睡觉。那时公司的预算很少，两个大男人就挤在一张床上。夏天深圳的夜晚炎热潮湿，那种感觉实在难以言说，但所有人都挺了过来。两人挤在一张床上睡觉的情形，在北京也有。去北京的第一批支付宝员工，最早在四惠的通惠家园开始了他们的合租生活。而去上海的人则在曹家渡找了一间两室一厅的民房。

同事刚出发不到一个月，樊治铭便到各地慰问，每到一地他都会请当地公司的同事吃饭。那时大家的工资都不高，都盼着樊治铭能来请大家吃顿好的。樊治铭就一个地方接一个地方地跑，和员工同吃同住。

在樊治铭的带领下，支付宝走出了杭州。

价值观之源

今天回忆当时的情景时，樊治铭依然很感动。他清晰地记得当年和陆兆禧送大家"出征"时的场景，那时尽管条件艰苦，但是所有人都士气高涨。在"出征"前，他们一起合影留念。有的同事走的时候老婆刚怀孕，直到孩子快出生时，才匆匆回家看一眼，之后马上又返回岗位。

在公司上下的共同努力下，"出淘"取得了长足的进展，外部商户对支付宝的了解逐渐加深，业务拓展团队也渐渐摸到了门路。那时，每当遇到重点商户时，樊治铭就让下属先谈，等到差不多时再亲自出马搞定。像京东这样与淘宝有竞争关系的电商网站，也曾选择接入支付宝，樊治铭记得，为此他还曾经到北京见了两次刘强东。

一个新来的领导人在这么短的时间内就把几十名员工派到各地，在很多公司这恐怕连想都不敢想，但支付宝就是这样一家迅速行动的公司。现在，蚂蚁金服也需要经常根据市场反应快速应对。虽然“船小好掉头”，但是蚂蚁金服这艘大船很多时候比小公司掉头还快。

樊治铭认为，当时公司能如此快速行动，一方面与他个人的性格和决断力有关，另一方面也得益于公司的文化。支付宝的文化特别简单，所有人都在想办法做事情，大家对自己考虑得并不多，常常是公司让干什么，员工拿个包就出发了。正是在这样的文化下，樊治铭个人的决断才能立刻变成组织的行动。

“这就是支付宝的文化、老阿里的文化。”樊治铭说。

樊治铭所言不虚。作为一家以价值观为基础导向的企业，蚂蚁金服的组织文化令人印象深刻。在采访和写作的过程中，我一直在思索这种文化的源头。

蚂蚁金服的前身是支付宝，支付宝最早是淘宝的交易结算部门，因此谈及蚂蚁金服的文化和价值观，恐怕还要从阿里巴巴说起。

在阿里巴巴的发展历史上，关明生是一个值得铭记的人。这位被称为“阿里妈妈”的公司早期高管，曾接受马云的邀约出任阿里巴巴集团首席运营官，正是他帮助阿里巴巴梳理了企业的使命、愿景和价值观，阿里巴巴的组织文化由此形成。这套体系从阿里巴巴传承至淘宝网，又传到了今天的蚂蚁金服。也正是这套价值观体系，构成了阿里系企业的最特别之处。

若干年后，关明生在香港的一次论坛上讲述了这套价值观体系形成的背后故事。

关明生清晰地记得，2001年1月13日，星期六，马云和关明生在一起，在场的还有蔡崇信、吴炯、金建杭和彭蕾，马云当着大家的面讲阿里巴巴的文化。这时，关明生随口问了他一句："我们的文化这么厉害，有写下来吗？"马云停了大概一分钟，想了一会儿，然后说："没错，没有写下来。"关明生接着说："现在是不是可以写下来？"马云说："好。"

于是，这些人就开始一起写阿里巴巴的目标、使命、愿景和价值观。

马云一口气说了很多价值观。金建杭拿了几十张纸，上面写满了各种各样的价值观。关明生跟彭蕾一人拿一半，花了七个小时把这些价值观写在玻璃板上。最后，几个人把众多的价值观缩减为九个，马云和关明生都是金庸迷，就取了"独孤九剑"这个名字。当时，这九个价值观分别是：激情、创新、教学相长、开放、简易、群策群力、专注、质量、客户第一。同时，他们还定下了公司的目标："80"、"10"、"1"。"80"是指发展80年的企业，"10"是指十大网商之一，"1"是指只要是商人就要用阿里巴巴。后来，发展80年的企业改成了102年。因为阿里巴巴成立于1999年，马云发现102年是一个最短的可以跨越三个世纪的时间。而公司的使命是"让天下没有难做的生意"，愿景是"只要是商人就要用阿里巴巴"。

这个价值观用了四年。2005年，阿里巴巴又开了一个员工大会，三百多人挤在一个小小的会议室里，花了一整天的时间，把九大价值观浓缩为六个，将“独孤九剑”变成了“六脉神剑”。其中最重要的是“客户第一”，“团队协作”和“拥抱变化”是支持“客户第一”的公司行为，个人行为上还有“激情”、“诚信”、“敬业”。这些价值观从2005年一直沿用至今 。

与此同时，公司还制定了一套员工考核标准。在这个标准中，业绩和价值观考核各占50%的权重，公司希望员工能做到业绩高，价值观也好。在阿里巴巴，业绩高而价值观好的是“明星”；有价值观但没有业绩的是“小白兔”；价值观和业绩都不好的是“狗”。这样的考评每三个月做一次。这就让所有人时刻受到业绩和价值观的双重检视和鞭策。这套考评体系直到今天仍为蚂蚁金服所用。

如果再追问“阿里巴巴的价值观源自哪里”，那么我们将看到通用电气前董事长杰克·韦尔奇的身影。关明生在通用电气工作了十几年，深受杰克·韦尔奇公司管理理念的影响。当年这位通用电气的掌门人带领36万人，管理遍及全球二百多个国家和地区的员工，背后靠的就是对价值观的宣扬和坚持。

现在回顾蚂蚁金服和阿里巴巴这种先进的价值观管理法，可见其受到杰克·韦尔奇的思想和实践的影响。当然这种文化也有本土的改造，但不可否认，这种公司文化和价值观的形成，与阿里巴巴创业早期就聘用高水平人才，进而接触国际最优秀的企业思想实践密切相关。而如果再进一步去追溯这种开放与连接的基因，我们恐怕总会找到那个年少时就在西湖边上主动与外国人打招呼的少年——马云的影子。

关明生不仅帮助阿里巴巴梳理文化与价值观，还帮助阿里巴巴在早期迅速扩张之后，裁减冗余的人员，减轻开支的压力，并与管理团队一起梳理出了公司的商业模式。那时，公司最重要的资金来源是阿里巴巴“中国供应商”团队。

后来，这支团队既成为集团主要的资金来源，也因其敢打硬仗而被称为“阿里铁军”。在阿里巴巴草创之初，他们靠挨家挨户地上门推销而一度成为集团内的“现金奶牛”。这不但成就了今天的阿里巴巴，培育了中国第一批互联网商家，还塑造了一大批优秀的互联网创业者和阿里巴巴的高管，如滴滴打车的创始人程维就出自“阿里铁军”，而现在阿里巴巴的合伙人吴敏芝、方永新等也都在这里锻炼过，“超强执行力”和“有情有义”是“铁军文化”的基因。“铁军文化”后来不仅深深地影响了阿里巴巴，也在淘宝、支付宝等企业中生根发芽。在开拓外部商户这件事情上，支付宝的BD团队做了和当年的“阿里铁军”一模一样的事情。

现在，我们依然会看到一些“阿里铁军”早期培训员工的视频，其中包括员工一起鼓掌、大喊口号的影像。起初阿里巴巴的销售团队坐在一间大办公室里，每当有人接到单，他座位旁边的灯就会闪烁，然后这个人会站起来，接受其他销售人员的鼓掌。在很多人看来，这种画面和互联网公司标榜的气质有很强的违和感。

然而，这种直觉很容易忽略一个关键性的问题，即阿里巴巴其实是在用这种“土办法”培养组织的凝聚力和战斗力。管理学大师彼得·德鲁克认为，企业的本质是人的组织，而非设备和技术的集合。在他的眼中，企业的任务就是将人组织起来，完成特定的社会功能和责任。在此过程中，优秀的企业会使用各种技术和手段来完成目标。从这个角度来说，只有充分发挥人的能动性，企业才有发展前景和希望。

当然，“阿里铁军”的这种培训方法是特定时期的产物。现在的蚂蚁金服，高学历的员工很多，年龄结构也以“80后”和“90后”为主，提升员工凝聚力已经不再用“阿里铁军”那样的“土办法”，然而即便如此，这家公司对人和企业文化的关注是一以贯之的。

阿里巴巴内部有一句话叫作“一年香，三年醇，五年陈”。阿里把新入职的员工比喻成一年新封的美酒，这时的酒悄悄散发属于自己的芬芳；入职三年的员工好比醇厚浓郁的酒；而入职五年的员工就像陈香酒一样，一方面经得起岁月的考验，另一方面也可以“陈香四溢”般影响周围的人。

樊治铭特别认同这句话。刚来支付宝的时候，他内心比较忐忑，虽然有做事情的决心和拼劲儿，但是不知道效果如何。直到2010年，经过和公司三年的磨合，他才觉得自己完全适应了这里的文化，变成了一个真正的阿里人。

现在，蚂蚁金服会为在公司待满五年的员工集体举行授戒仪式，这既是向员工表示感谢，也是在继续发扬和传承组织文化。在2016年11月蚂蚁金服举办的“五年陈”授戒仪式上，很多公司资深的老员工都给新员工戴上了“五年陈”戒指。

“裸奔”文化

蚂蚁金服文化继承自阿里巴巴，但是和阿里巴巴相比也有其特色。说到这里就不得不谈淘宝，因为支付宝最早就是淘宝的结算部门。

淘宝的文化是“倒立看天下”，老苗在刚入职淘宝时，也要经历倒立这一关，但是想练成倒立并不容易。首先是要有恒心，从开始到练会至少需要两周时间；其次是要克服摔倒的恐惧，而且要学会用肩背和手腕、手掌对身体进行控制。当时淘宝的很多人就从靠墙倒立开始，当他们能够通过手指抓地的力量让脚后跟离开墙面时，倒立也就基本上练成了。

万事万物皆同理。一个人在倒立的过程中，看世界的视角就会大不相同，换一个角度去重新审视自己认为已经熟识的东西，往往能有意外收获。这让人想起了苹果公司的经典广告“Think Different”，互联网的创新价值观，就是要与众不同、不随大溜儿，这既是竞争策略，也是创新之道。

2005 年上半年，随着淘宝业务的迅速增长，支付宝的业务量也呈现出几何式的增长。老苗眼看着交易量节节攀升，心里美滋滋的。刚开始时，支付宝日交易额每过 10 万元他就会发邮件通知公司同事，后来就变成了每到 100 万元时通知，随着交易规模的迅速扩大，大家便习以为常了。于是，一次在旺旺上闲聊时，老苗略带调侃地说：“等日交易额突破 700 万元时，我们就‘裸奔’庆祝吧。”

出乎老苗意料的是，正是这句话让他成为支付宝历史上第一个“裸奔”的人。2005 年上半年的一天，在完全没有准备的情况下，同事脱掉了老苗的衣服。“裸奔”的主意是他自己出的，说到就要做到。但回头来看，700 万元的“裸奔”价码是最低的。

从那以后，“裸奔”作为支付宝一种独特的庆祝方式流行了起来。每当一个项目或者目标变成现实时，项目的负责人都会被扒光上衣或者穿上奇装异服，举着标有成绩清单的大牌子在公司大楼里跑一圈，向所有员工报告这个好消息。

后来，葛勇荻从工商银行加入了支付宝。他的第一次“裸奔”是在2006年，那一次公司在塘苗路上的华洋宾馆开季度大会，会场里坐了两三百人，季度会议中间有工作总结和表演节目等环节，最后的压轴项目就是“裸奔”。

在后台，同事脱光了葛勇荻的衣服，只给他留了一条短裤，在他头上插了一朵花，嘴唇上抹了口红，还在他的后背用笔画上了5000万元的字样。这种打扮已经突破他的极限，但当时的他“拼了”。那时，台下的观众都很激动，整个现场也为支付宝迅速提升的交易额兴奋不已。

随着交易规模的增加，支付宝的“裸奔”价码也随之水涨船高，一下子从2006年的日交易额5000万元上升至2009年的日交易额10亿元。2009年12月7日，为了庆祝支付宝的日交易额突破12亿元，支付宝历史上第二位总裁邵晓锋也“裸奔”了一回，他头戴礼帽，身穿黑色佐罗装，身后的牌子上写着“业务量新高1213163891元”。

除了像“裸奔”文化这样自发形成的企业文化外，当时支付宝的高管在文化建设方面也着力很多，后来被人所熟知的“因为信任，所以简单”这八个字，就是公司高管在西湖边上头脑风暴时所提出的，而这八个字至今也伴随着支付宝和蚂蚁金服。

为了进一步提炼企业文化，当时他们还想到用动物的名称来做比喻。现在蚂蚁金服以蚂蚁作为公司的名称，但在支付宝创业的早期，大家最先想到的是狮子，因为狮子代表着进取的雄心。接着，又想到用象声词来表达公司的文化，于是就出现了“哞”、“哇”、“Go、Go、Go”这三个词。“哞”是牛的叫声，是勤劳和专业的代表；“哇”是一个语气词，表达了团队之间相互欣赏的文化；“Go、Go、Go”是“冲、冲、冲”的意思，是团队冲劲的体现。

在2009年阿里巴巴集团十周年晚会上，支付宝在视频宣传片里，讲述了新员工在支付宝要经历的六道考验：第一关，客户第一；第二关，团队合作；第三关，拥抱变化；第四关，诚信；第五关，激情；第六关，敬业。这正是支付宝对员工的价值观要求。

艰难定位

2008年1月，支付宝的高层发生了更迭，邵晓锋接替陆兆禧出任支付宝执行总裁，开始负责支付宝整体业务。这位刑警出身、曾获得“全国特级优秀人民警察”称号的硬汉，于2005年加入阿里巴巴，花名“郭靖”。

与樊治铭“凭直觉决策，快速行动”不同，邵晓锋的思考更加理性和全面，他会先考虑各种可能性，然后找到一个比较稳妥的方案。正是从2008年邵晓锋掌舵支付宝开始，公司开始考虑战略问题，支付宝第一次有了战略蓝图，明确地提出了公司未来要做的一些事情。

邵晓锋时代的支付宝继续着“出淘”的愿景，公司将交易笔数和规模作为最重要的考核指标。在邵晓锋来之前的2007年8月，樊治铭已经带领BD团队在北京、上海、深圳主动出击，尽管这使支付宝拓展外部商户的速度大大加快，但是要劝商户接入支付宝，还不是那么容易。

首先，外部商户对支付宝品牌要有一个认知过程。虽然支付宝于2004年底就已经成立，但是很多人一直到2010年仍然把支付宝当作淘宝平台上的一个支付功能，几乎没有人了解支付宝是一家独立的公司，更没有人知道支付宝账户是做什么用的。

除了外部商户外，普通用户很少专门登录支付宝网站，所以很多人甚至连登录密码都没有设置，他们在淘宝购物时感知到的只是淘宝账户。淘宝尚且如此，更不用说外部商户了，很多用户在用支付宝时根本不知道自己使用的是支付宝。

但是既然选择“出淘”，就不得不面对更多的竞争。当时的支付宝与银行支付产品的分销渠道相似，支付宝先代理了各个银行的网银，再把这些服务提供给外部商户，更多的时候是银行有什么产品，支付宝就代理什么产品。支付宝内部经常开玩笑说它是“插线板”，有了这个“插线板”，外部商户自己不用对接那么多家银行，直接对接支付宝就可以了。

但即便这样，当时支付宝产品的竞争力依然有限，因为同时期市场上的支付公司有很多家，快钱、易宝、首信易等都在拓展商户，而支付、航旅、游戏等不需要物流的行业是各家竞争的焦点，支付宝可以做的事情其他公司也能做。特别是在其他几家相继推出纯网关支付以后，支付宝面临的竞争压力更大，当时对于是否开纯网关支付，支付宝也纠结了很长时间：如果跟进，则会失去自身账户体系的价值；如果不跟进，则很难说服外部商家。后来只能选择“就范”。

这样，用户在线上支付时，除了能看到支付服务提供商名字不同外，感受不到任何实质性的差异。由于产品缺乏独特性，各家支付公司价格战打得很厉害，而支付宝也常常陷入与竞争对手无休止的比较之中，别人的支付流程是三步，如果支付宝是四步，就必须立即优化，这使员工忙得不可开交，也分散了公司的很多精力。当时，为了实现交易规模的目标，对于一些外部商户，支付宝不但免费提供支付服务，甚至还倒贴市场预算，如商户达成多少交易量，支付宝就配给商户多少预算。

事实上，这时的支付宝也想在产品上做一些创新。比如，一些外部商户期望支付宝能给自己导流，而支付宝也觉得对接这么多商户后，需要通过一种方式让普通用户知道，这些外部的网站也可以用支付宝来付款，且付款的便捷性和在淘宝上买东西差不多。所以，支付宝就做了一个类似于导航的搜索框，用户可以在其中输入商品名称进行搜索，结果会显示各个接入支付宝网站相关的商品信息，用户带着支付宝的登录状态就可以去外部商户那里进行交易。

可是淘宝不干了。因为在此之前，淘宝才是购物流量的入口，支付宝只是一个附属的支付工具。淘宝认为，支付宝对淘宝的服务还有很大的提升空间，因此服务好淘宝，支付宝就算尽到了本分，犯不着舍本逐末。当时淘宝的支付成功率只有60%左右，很多淘宝花钱营销来的客户，都在支付环节流失，如果支付宝能提高支付成功率，淘宝就会省下很多营销费用。支付宝做购物搜索之类的事情，在淘宝的眼中完全是本末倒置。

这种说法不无道理，在2007~2009年，淘宝的交易规模一路猛涨，从2006年的230亿元上升到2009年的2000亿元。从交易占比来看，那时支付宝90%以上的业务量都是由淘宝带来的，淘宝的爆发式增长，促进了支付宝的交易规模迅速提升。

然而，这种规模的高速增长并没有掩盖支付宝和淘宝之间的分歧。

不久，这个问题便暴露出来了。

第四章　重拾初心

一个机构的运行效率取决于它有效地组织人们为共同的目标奋斗的效率，以及将人们组织起来实现超越自我的精神。

——彼得·德鲁克

在经历了一段青涩的青春期之后，支付宝迎来了成长过程中的第一次“阵痛”：对业务规模和场景拓展的追求，使公司一度忽略了对用户价值的坚持。2010 年初，阿里巴巴集团首席人才官彭蕾出任支付宝 CEO，她强调回归初心，强调支付宝应该将用户价值放在第一位，并把提高支付成功率作为最重要的 KPI（关键业绩指标）。

马云发火

辛苦了一年的支付宝员工没有料到，原本轻松的年会竟如此沉重。

2010 年 1 月 22 日，杭州人民大会堂，支付宝公司的年会正在这里举行。辛苦了一年的一千多名员工兴致勃勃地来到这里，他们像往常一样准备了各种节目，要在这一年一度的欢乐聚会中彻底“嗨”起来。

但在进入会场时，员工感觉到了一种与以往不同的气氛：没有舞美，没有背景音乐，甚至连灯光也很暗。“这哪像年会啊！”有人心里打起了鼓，一种沉闷的气氛开始在空气中悄然蔓延。

会议开始前寂静无声。突然，扩音喇叭里传来了支付宝的客服录音。

“你们让我活不下去了。”“我再不用支付宝了。”客户的抱怨声接踵而至，有人说钱被偷走了，有人说支付宝不靠谱，有人说支付流程烦琐，话语间夹杂着骂声、哭声和吼声，尖厉的声音如一把把小刀，一道道划开了会场的寂静。

选择在此时播放客服录音，是支付宝高层的主意，他们想借此提醒员工重视用户体验。录音播放完不久，客户中心人员就上台指出了支付宝体验的问题，BD团队则道出了合作伙伴的失望和无奈，连支付宝总裁邵晓锋也上台表达了对用户体验问题的不满。

尽管如此，台下的很多员工还是把这一幕当成公司对大家善意的提醒，就像狂欢前的小插曲，先抑后扬，之后会有更精彩的节目。

但谁也没有想到，接下来马云的登场竟让现场的气氛急转直下。

这位平日随和的阿里巴巴精神领袖，此时神情严肃、目光炯炯。在他环顾会场的同时，台下的声音开始逐渐变小。等到静得连一根针落地的声音都清晰可辨时，马云才终于开了口。

“烂、烂、烂到极点。”他左手拿着麦克风，右手举了起来，标志性的肢体语言加重了语气。马云对支付宝的用户体验提出了严厉的批评。

这位阿里巴巴的创始人一向非常重视产品的用户体验。2014年，他曾受邀参加清华大学经济管理学院2014年毕业典礼并做演讲。在演讲中，马云透露自己从来没有上淘宝买过东西，也从来没有使用过支付宝，正因为不知道怎么使用支付宝，才会竖起耳朵听别人讨论支付宝好用还是不好用。① 这次他发这么大脾气，显然是收到了负面的反馈。

“很多公司活不到五年，活到五年以上的公司没有这么一次疼

① 祝剑禾. 马云：我从未使用过淘宝支付宝［N］. 京华时报，2014-07-01. http：//news. xinhuanet. com/newmedia/2014-07/01/c-126696206. htm。

痛、没有这么一次折腾走不长，今天是支付宝正视自己的问题的时候了，”[①] 马云严肃地说，“淘宝五周年的时候我们真不知道该怎么办，但是淘宝走过来了，阿里巴巴也走过来了，今天轮到了支付宝。”[②]

企业在成长过程中的曲折不可避免。例如，孕育了支付宝的淘宝，在成立五年后，C2C 的模式渐渐遇到了瓶颈，淘宝网随后建立了淘宝商城，引入了包括 Kappa、ESPRIT、Levi's 等品牌店，并在 2012 年将淘宝商城改名为天猫，完成了自身的转型升级。巧合的是，比淘宝晚一年诞生的支付宝，在 2010 年也迎来了自己的艰难时刻。

事实上，当时很多员工对支付宝用户体验下降都有切身体会，但在公司要求大家拼命做大规模时，大多数人有一种有心无力的感觉。2009 年底，支付宝的注册账户总数超过 2.7 亿，日交易量超过了 12 亿元，当年有二百多个新产品上线，在业务快速扩张的同时，每个人都有做不完的任务，很多人已经累到筋疲力尽。

“萝卜快了不洗泥”，谁有时间停下脚步呢？

但对用户体验的忽视，使支付宝处于“腹背受敌”的尴尬境地：外部用户的抱怨声不绝于耳，内部的淘宝抱怨支付宝没有给予自己很好的支持。

葛勇荻和 HR 的一位同事是这次年会的主持人，在听完马云的讲话后，他整个人都“蔫掉了”。

细心的马云还特别注意了会场的布置：“你们像在开追悼会，如

① 刘方远. 马云痛骂支付宝：用户体验烂到极点［N］. 21 世纪经济报道，2010-01-26. http：//it. sohu. com/20100126/n269824990. shtml。

② 参见 http：//www. ebrun. com/online-retail/7575. html。

果再不重视，这就是支付宝未来的追悼会。”马云的这番话让葛勇获察觉到，在会场昏暗的灯光下，舞台边上的一串白字，从远处看如同灵堂中的挽联，这似乎预示着支付宝黯淡的前途。

坐在会场里的程立也感到很沮丧，但是和许多人一样，他也不知道问题出在哪里。在他的印象中，刚刚过去的2009年，所有人都非常努力，当时支付宝的技术总监虚竹，每天都带着技术团队讨论到很晚。

“那为什么仍然做不好呢？”

马云讲完之后，支付宝的管理层走上了舞台，包括邵晓锋在内的很多人都哭了，这位硬汉当场表决要迎难而上，而原本准备好的“高管秀”节目也临时变成了高管狠抓用户体验的轮流表态。

“我们必须改变今天这种不利的局面。”

彭蕾履新

在上台表态的众多高管之中，还有刚刚履新支付宝CEO的彭蕾，她于2009年底来到支付宝。从彭蕾的人事调整来看，马云在年会上的这番表态绝非临时起意。

彭蕾是阿里巴巴创业的“十八罗汉”之一。阿里巴巴官方的纪录片《追梦者》（*Dream Maker*）中，记录了彭蕾在公司早期创业时的画面。在一次客户见面会上，年轻的彭蕾戴着一顶黑色帽子，系着一条丝巾，略显青涩地站在台上发言。对于在阿里巴巴的工作，彭蕾兴奋地说：“我真的是乐在其中，甚至有的时候是非常投入地在做。”

在来支付宝之前，彭蕾是阿里巴巴集团首席人力资源官。她出生于重庆万州，1994 年毕业于浙江工商大学杭州商学院工商管理专业，随后在浙江财经学院当了四年教师。1997 年，彭蕾嫁给了自己的同系师兄孙彤宇，后来孙彤宇结识了马云，并随马云一起北上创业。于是，新婚不久的彭蕾辞职随丈夫前往北京成为“随军家属”。1999 年，马云在北京创业失败之后，回到杭州创办了阿里巴巴，彭蕾便成为阿里巴巴的创始员工“十八罗汉”之一。冥冥之中自有天意，孙彤宇就是淘宝网首任 CEO，而支付宝正是由淘宝的担保支付项目衍生而来的。

命运的力量是无法阻挡的。彭蕾曾是一个发誓不做和金钱有关的工作的人。因为她的母亲曾在农村信用社工作了一辈子，在她的记忆里，母亲是一个特别容易焦虑的人，因为要不停地与钱打交道，账目记错了、收进了假钞、贷款放出去追不回来，都是非常烦心的事情。然而，正是这个不想和钱打交道的女人，后来将蚂蚁金服带到了一个新的高度。

善于用人的马云，在支付宝陷入迷茫之际，想到了跟随自己多年的彭蕾。

“你去做支付宝的 CEO 吧。”马云将自己的想法告诉了彭蕾。

“我不懂，完全不知道金融该怎么做。”当时，彭蕾完全没有料到马云会将自己安排到支付宝。

可是在马云的眼里，不懂金融并不是最大的问题。他半开玩笑地和彭蕾说：“我相信你可以，你就告诉团队一句话，‘我不懂金融，但是有一天我比你们还懂的时候，你们的麻烦就大了’。”①

支付宝和蚂蚁金服后来的发展证明，这又是马云一个非常正确

① 参见马云在 2016 年蚂蚁金服年会上的讲话。

的人事任命。马云经常说："老人做新业务，新人做老业务。"支付宝三任掌门人，陆兆禧、邵晓锋和彭蕾都不是做金融和支付出身的，但是他们都会跳出对传统金融和支付的理解，正是这种跳出来的思考带来了新的碰撞。

2010年，彭蕾的人事任命让支付宝上上下下都犯起了嘀咕，很多人在想，这个HR出身的女人懂支付吗？

彭蕾当时的确不懂支付，但是她的学习能力非常强。自身的天赋和多年的人力资源的工作经验，使她对周围的人和事有一种天生的直觉，特别能洞察人心。她能在短时间内把握问题的关键，很多跟彭蕾汇报过工作的员工，对这一点都印象深刻。在葛勇荻看来，彭蕾很善于和他人发生心灵上的感应，她知道你担心什么、顾虑什么，并会采用适当的方法说服你。

用彭蕾的话说，她的工作就是"看护这一群人以及凝聚他们的那种力量"。因此，她总是希望找到一种能触碰人心灵的方式，以此来激励员工，带动团队，并为公司创造价值。①

彭蕾的履新也向外界释放出了强烈的战略调整意味。在阿里巴巴和蚂蚁金服，战略的改变通常涉及人的改变。因为在马云看来，战略的本质不是"计划的改变"，而是"组织的改变"。马云认为，战略的改变必须落实三个问题：一是谁来干；二是组织要做出什么样的调整；三是怎么去设计考核目标。② 这是马云让彭蕾掌舵支付宝的另一层意思。

---

① 参见 http：//paper. people. com. cn/rmwz/html/2015-03/01/content-1553849. htm。

② 《湖畔大学三板斧：马云及阿里合伙人首次公开创业心法》之"马云：从使命到战略，从战略到组织"，喜马拉雅 App。

而此时的支付宝正处在一个“战略迷茫期”。

2003~2005年，支付宝的目标是很清晰的，那就是服务好淘宝。那时公司甚至不需要思考怎么拓展市场，只要服务好淘宝，使命就完成了，那是支付宝一段“单纯而快乐”的时期。

2007~2008年，淘宝正发展得如日中天，为了迅速扩大活跃用户规模，淘宝投入大量市场广告费进行推广。但是淘宝发现，很多营销来的用户在进入购物流程之后，因为支付失败而流失，在淘宝看来，这种情况是“难以忍受”的。

而同期的支付宝也很迷茫。2006~2009年，支付宝的高层只将支付宝定义在一个支付工具的层面上，所以在接进国内十几家重要银行的网银之后，公司里的很多人突然不知道下一步该做什么。支付宝于是想到拓展淘宝之外的场景，这中间酝酿了很多讨论和思索，如平台和生态的关系、支付场景和支付工具的讨论、服务C端客户和服务B端客户的讨论，但那时支付宝的竞争对手很多，自身产品的差异化不足，走出去时屡屡碰壁。与此同时，阿里巴巴集团内部对于支付宝定位的争论也很大，有时甚至是自相矛盾的。一些人认为支付宝对淘宝的支持不够，另一些人则认为支付宝外部市场份额不足，在这种摇摆之下，支付宝的高管和员工背负了很大的压力。

现在回过头来看，这个阶段好似“成长的烦恼”，是每个公司在发展中所不可避免的，因此而产生的许多思考，都成为支付宝甚至蚂蚁金服未来发展的思想源泉。比如，快捷支付、余额宝等产品最早的想法就是在那时形成的。

然而，在彭蕾履新时，很多东西还不像现在这样清晰。当时，公司很多人还不理解马云的批评，大家都感觉很委屈。在人们的惯性思维里，“支付宝”不是“用户宝”，只要把支付业务规模和营收搞好，就已经很不错了。“何况，支付作为一个工具，哪来的用户？说到底还是需要依靠淘宝。”

这种纠结和迷茫也困扰着彭蕾，甚至在2011年彭蕾履新一年半之后的支付宝股权变更记者会上，她还曾表示过对支付宝业务模式的担忧。当时她说：“支付宝在发展当中还面临很多不确定性。比如，业务的来源比较单一，最主要成长的源泉还是基于淘宝平台。”她甚至指出，支付宝直到那时还没有找到成熟的商业模式和赢利模式。①

而在2010年，对初来乍到的彭蕾而言，眼前的任务更是千头万绪。她一方面需要迅速在员工中凝结共识，让支付宝回到正轨；另一方面还要尽快熟悉支付这个陌生的领域，增强自己的领导力，为公司的未来发展指明方向。

这位HR出身的女高管，在支付宝的关键时刻会发挥怎样的作用呢？

骆驼大会

化繁为简是领导力的体现。这时，彭蕾想到了公司的愿景、使命和价值观。作为阿里巴巴的创始员工和阿里巴巴集团当时的首席

---

① 支付宝2011年6月14日媒体沟通会实录，http://tech.sina.com.cn/i/2011-06-14/18495647582_2.shtml。

人才官，彭蕾深知人的重要性。[①] 只有将人凝聚了，事情才能做好，才能达到理想的效果。

阿里巴巴集团合伙人曾鸣在湖畔大学的授课中曾经指出，企业所处的发展期不同，战略也不一样。曾鸣将一个企业的战略阶段分成“战略尝试期”和“战略成型期”。在他看来，“战略尝试期”一定要允许从下往上的尝试和思想，这段时间企业一定要允许一定程度上的“混乱”，但经过这一段时期的经验总结之后，迎来的是“战略成型期”，这段时期企业一定要寻求一种战略共识。[②]

当时支付宝的发展正在从“战略尝试期”走向“战略成型期”。彭蕾想做的正是尽快凝聚思想、达成共识。在她看来，支付宝最重要的使命是将网购用户的客户体验、信用体系、安全体系做到极致。这是支付宝存在的意义和价值的底线。[③]

彭蕾决定在春节之后，展开一次深入的业务讨论，这便是支付宝历史上有名的“骆驼大会”。对支付宝和蚂蚁金服来说，这次会议的重要性再怎么强调都不过分。如果说 2010 年马云参加的支付宝公司年会让所有员工意识到了问题所在，那么随后的骆驼大会则让员工彻底放下了“包袱”，达成了共识，找回了“初心”。

骆驼大会在位于杭州莫干山路 2349 号的良渚大酒店开了整整四

---

① 阿里巴巴和蚂蚁金服今天的成功，在很大程度上得益于对员工能力的提升。在阿里巴巴创业之初，公司的人力资源部门就曾投资 100 万元，对员工和管理层团队进行培训，这套培训制度被称为“百年阿里”。那时，公司就把很多资源放在对员工和管理团队的培养上。很多年之后，阿里巴巴仍然得益于此。

② 《湖畔大学三板斧：马云及阿里合伙人首次公开创业心法》之“曾鸣：战略思考的关键要素”，喜马拉雅 App。

③ 支付宝 2011 年 6 月 14 日媒体沟通会实录，http://tech.sina.com.cn/i/2011-06-14/18495647582_2.shtml。

天，支付宝 P8（8 级）以上核心员工全部参会，白天是业务交流，晚上是吃饭、聊天和谈心。

在骆驼大会之前，很多支付宝员工都很迷茫和纠结，那时阿里巴巴 B2B 业务在香港上市了，淘宝的业务发展也蒸蒸日上。相比之下，支付宝的压力非常大。一些员工觉得阿里巴巴集团对支付宝不够重视，而马云不久之前的那次严厉批评，更加重了每个人身上的压力，有的人无所适从，有的人满腹委屈，有的人开始闹情绪。当时，很多人主观上想把工作做好，但感觉组织环境不支持大家把事情做好。

胡宸宇在 2008 年 5 月 21 日加盟支付宝，在支付宝工作了四年。虽然她现在已经离开公司自主创业，但是当她回忆在支付宝的点点滴滴时，印象最深刻的就是骆驼大会第一天的晚饭。

那天晚上，胡宸宇刚落座，就看见每个人面前都放了一瓶红酒。不胜酒力的她当时就傻了眼："难道要大喝一顿吗？"

后来的情况和她料想的一样。

彭蕾带头，这位履新不久的 CEO 几乎和每一个人都喝了酒。

在中国，酒桌是一个能在最短的时间内拉近人与人距离的地方。中国人习惯用喝酒的方式来增进相互了解，在酒精的作用下，人们往往能够放下平时的戒备心，用一种更坦诚的方式沟通，把之前不好意思、不敢说出口的话讲出来。

彭蕾初来乍到，她需要在最短的时间里熟悉团队，酒桌就成了一个很好的沟通场景，在这种氛围下，人人都放下了戒备心，敞开了心扉。

酒过三巡之后，天色渐晚，气氛活跃了起来，大家开始互相敬酒。推杯换盏之间，酒越喝越多，话也越来越多，碰杯的声音、谈笑的声音、哭诉的声音等夹杂在一起，每个人都很亢奋。

在餐桌旁，有人已经“倒在了地上”，彭蕾自己也喝了很多，她索性就坐在地上，继续和大家聊天。酒精宣泄着情绪，很多人谈着谈着就哭了，一些老员工更是不能自已，他们讲支付宝的过往，讲支付宝一路走来的艰辛，也讲支付宝为什么会变成这样。

葛勇荻在那天晚上也喝了很多酒，其实早在 1 月 22 日的支付宝年会后，马云对支付宝的批评让他一直很委屈，他的心情一直很沉重。但在这时，酒精打开了内心的闸门，所有积攒的情绪像水库泄洪般喷涌而出。

上洗手间时，他掏出了手机，给当初力劝他加盟的支付宝首任总裁陆兆禧打通了电话。

“老陆，我当初是因为你来的，可是现在成了这样……”葛勇荻边哭边说，脑海中则不断浮现支付宝创业之初的艰辛。

电话的那头，老陆静静地听着，不时地说一些安慰和鼓励的话。老陆知道，这时葛勇荻需要的是一个能够听他说话的人。

再后来，清醒的人越来越少，葛勇荻已记不清自己是怎么回房间的，会议结束后看照片才知道是两个同事把他扶回去的。

胡宸宇也记得，那天晚上他们讨论业务的时间并不多，更多的是同事在相互谈心。那时她才突然意识到，虽然平日里和同事在工作中经常接触，但对彼此的了解并不多。也正是在那次会议后，她才真正地了解了身边的很多同事。

后来，彭蕾喝得已经站不起来了，胡宸宇和 HR 的同事把她搀扶回酒店的房间。在房间里，彭蕾又吐了很多次，她不停地吐，胡宸宇和同事给她倒了一点水，以便让她醒醒酒。

在骆驼大会之前，彭蕾刚刚重组了支付宝的产品部。产品部的两个负责人一个回到了淘宝，另一个离开了公司。在和产品部“大佬”的告别宴上，彭蕾也喝了很多酒。这次她又喝了很多，着实不易。

回归用户价值

第二天早上九点，彭蕾准时出现在会场，从她的脸色可以看出，当时她很不舒服，但依然在坚持。

彭蕾不断地向支付宝员工灌输一种危机意识，她告诉员工，提升用户体验是第一要务。

“不要以为支付宝可以垄断淘宝的市场，别人进不来，如果支付宝做不好也有可能随时被换掉。”彭蕾告诉员工，如果做不好，甚至连淘宝都会“另谋高就”。事实上，当时淘宝已经开始尝试引入银联商务①的电话支付服务。

为了唤醒同事对用户体验的重视，在白天的业务讨论环节，老苗计划通过案例来说明问题。他要找一个产品来“解剖麻雀”，于是就选了 2009 年刚做完的，也是用户抱怨最多的“收银台”产品。

当时，用户在淘宝上购物结算用到支付宝时，会遇到一个银行渠道的选项，支付宝所有的支付工具都叠加在此，这个区域也是支付宝最核心的区域。按理说，用户在选择银行之后，输入密码再点

① 银联商务有限公司是中国银联控股，专门从事银行卡受理市场建设和提供综合支付服务的机构，成立于 2002 年 12 月，总部设在上海市浦东新区。

击确认就可以完成支付，但这些支付工具没有被很好地集成。支付步骤不同，银行渠道稳定性不同，对用户的要求也不同。收银台本来是要化繁为简，但是由于在集合不同银行的支付产品时，不可避免地夹杂着各种各样的因素：业务的要求、金融渠道运营的诉求、合规的要求、技术的要求，以及客户自身锁定性的要求。当这些都罗列在一起之后，谁都讲不清楚“收银台”到底是怎么一回事，最后的结果是几十个收银台的开发体验全部不一样，导致用户到处“乱跑”。

事实上，将用户体验做好本身就是一种创新。比如，国际知名的支付公司PayPal就曾为商户推出PayPal Pro版本，商户通过这个版本，可以设置ALL-IN-ONE（一体化）的收单模式，这样商户就不需要和不同的卡组织单独签合同，只要用了PayPal，就可以对来自维萨、万事达、美国运通等信用卡组织以及其他PayPal账户的转账进行收单，PayPal也会帮助用户覆盖绝大部分支付渠道。因此，对买家而言，即使没有PayPal账户，也可以使用其支付服务。但当时的支付宝没有意识到这个问题。

老苗选“收银台”这个案例，就是觉得这个产品最典型，也最有说服力。为了使讲述更具感染力，他找来了一位做收银台项目的骨干替自己讲述。他们精心准备了PPT（演示文稿），并取名为“收银台的告白”，负责演讲的同事采用拟人的方法，绘声绘色地以收银台的口吻“现身说法”。

令老苗没有想到的是，PPT讲完后台下已经是一片哭声。

当时大家感到既委屈又自责，委屈的是自己过去一年付出了那么多还受到如此严肃的批评，自责的是为什么即使这样也没有把最重要的用户体验做好。

事实上，当时支付宝也在努力地解决用户反映的问题，公司内部有一个名叫“杀虫剂”的小组，专门负责解决系统里影响用户体验的故障，但是问题在于，这种改进用户体验的工作，没有渗透到产品研发的各个环节。从宏观的角度来看，2010 年前的一两年，支付宝过多地强调战略，做了很多用户价值不是特别突出的事情。

多年之后，当老苗再次回忆起“收银台”时，仍然感慨良多，用户的体验和价值是他提及最多的。在他看来，支付宝在“收银台”这个产品上犯了错误，当时过多地考虑业务拓展，速度虽然较快，但是横向统一性的体验就没有了。用户面对不一样的支付工具时会感到很迷惑。

就这样，支付宝的中高层和骨干员工连续讨论了四天。

今天已经成为阿里巴巴集团合伙人的老苗，经常要参与公司对新员工的培训，每次在这个场合，他都不断地向新员工灌输面向客户思考的价值观。在工作中，他也要求团队站在客户角度设计产品。在老苗看来，用户体验不仅是产品和技术团队的事情，所有蚂蚁金服的员工都必须具有“面向客户思考”的思维。他认为，这才是支付宝真正创新的源泉，只有公司和团队在潜意识中固化这个意识，才能够抵挡利益的诱惑，做出用户真正需要的创新。

现在，蚂蚁金服在做任何决策时，都要先试图将所要做的事情和用户价值联系起来。首先看能否提升用户价值，其次看能提升多大的用户价值。蚂蚁金服的任何创新和新业务，基本上都遵循这个决策过程。

比如，今天在蚂蚁金服内部，经常会听到“正确地做事”和

“做正确的事”。表面上听起来区别不大，但两者实际上完全不一样。如果员工仅仅从 KPI 出发，是“正确地做事”；但如果是从用户服务、团队内部整合或者业务创新出发，就是“做正确的事”。这两者虽然都是可以达到的目标，但是“做正确的事”的影响和结果要远远大于“正确地做事”。

尹铭是蚂蚁金服保险事业群的总裁。在加入蚂蚁金服之前，他曾经是一家传统保险公司的副总裁。经历了传统金融机构和互联网公司的他，对此深有感触。

在传统的保险公司，公司经营目标就是保费收入的多少。上级给他下达的指标，或者他向下级下达的指标，都是看保费收入。但是，这种激励机制不可避免地会导致用户价值的减损。比如，1000 元车险就能解决的问题，保险公司总是希望用户保得越全越好，因为这样可以增加保费收入。

蚂蚁金服最看重的是用户的价值，这种价值取向决定了蚂蚁金服的业务创新要以用户价值为皈依。现在，尹铭从不给下属定业务规模的指标。保险团队在他的带领下，从用户价值出发，逐步做了很多基于大数据的消费保险业务，取得了良好的效果。他认为，如果在创新中追求用户价值，就经常会有一种“众里寻他千百度，蓦然回首，那人却在灯火阑珊处”的感觉。

在骆驼大会上，彭蕾重申了支付宝对用户价值的重视。

“重拾初心！我们可以忘掉 KPI，忘掉战略，但一定不能忘掉客户价值！”这是彭蕾在骆驼大会上讲得最多的一句话。

在骆驼大会后，所有人都释放了积压的感情，卸掉了对未来的包袱，支付宝开始重新审视用户的价值，而几乎所有人都意识到，他们可以抓得住的东西就是用户体验。从此，“用户体验”成了一把悬在所有蚂蚁金服员工头上的利剑。今天的蚂蚁金服所有产品的设计都要注重用户体验，公司不管做什么创新和试验，都不能以牺牲产品的用户体验为代价。

在彭蕾的组织下，骆驼大会这个原本用来讨论支付宝未来的愿景、使命和“大图”的会议，变成了所有人的一次“回归初心之旅”。它不仅开启了支付宝产品形态上的转型，也是支付宝重新重视客户体验的开始，这次会议为支付宝今后的发展确立了路线和方针，因此也成为蚂蚁金服发展史上的一个重大转折。

彭蕾将用户体验一竿子插到底。后来，有人因此称她为支付宝最大的“客户检验官”。彭蕾自己也认为，她在支付宝最大的价值，就是衡量团队的工作有没有偏离底线，保证团队持续给用户带来好的价值和体验。①

提升用户体验不是一句空话。对于支付宝而言，将这个目标落到实处，最重要的是提升支付成功率。骆驼大会以后，支付宝的考核指标从支付业务规模和营收，转化为支付成功率和活跃用户数。

此后，彭蕾要求各个业务线每个月都要跟她开一次会议。最初，不少员工还对彭蕾有所怀疑，很多人抱着一种向老板汇报工作的心态，但几个月过后，大家对彭蕾就很佩服了。很多人都记得，彭蕾每次在会上都说：“我这个问题可能问得很傻，你们听听看。”但听完之后，大家觉得彭蕾每次问得都很犀利，经常直指业务的核心。

在复杂的情况下，彭蕾从外行的视角切入，将旧有的思维定式抛诸脑后，专注于产品的用户价值，直接抓住了问题的关键。因为

① 参见 http：//www. iceo. com. cn/renwu2013/2014/0325/285407. shtml。

很多时候战略即用户价值，做提升用户价值的事情，一定是企业最好的战略。

为了铭记骆驼大会，老苗特意买了一个骆驼玩具来时刻提醒自己。

从此之后，“将用户的价值放在第一位”成了蚂蚁金服不变的准则。

第五章　快捷支付

质量比数量更重要，就像一个本垒打胜过两个双打。

——史蒂夫·乔布斯

快捷支付是蚂蚁金服发展历史上最重要的产品之一。从微观角度看，快捷支付大大提升了支付宝的支付成功率，完成了彭蕾在骆驼大会上提出的目标。从宏观角度看，支付宝用商业的力量，在中国二百多家银行之间，做了一个事实上的小额借记系统，完成了银行与银行之间的连接。更重要的是，快捷支付为今天的中国移动支付发展奠定了坚实的基础，将整个行业提升到了一个新的水平。因此，快捷支付的重要性足以载入中国支付业发展的历史。

提高支付成功率

在骆驼大会上，彭蕾将提升支付成功率作为公司最重要的 KPI 目标，支付宝随即将优势兵力集中于此，准备打一场攻坚战。为什么提升支付成功率要上升到整个公司层面上呢？这还要从当时支付宝的支付模式说起。

支付宝的支付模式是担保支付，买家首先要将购物款转到支付宝在银行的对公账户中，支付宝会在买家确认收货之后，再将货款转给卖方。支付宝刚创立时，通过网上支付的用户占比还很小，大部分是通过邮局汇款或者转账电汇[①]。负责结算的员工就要每天盯着公司的账户，每入一笔账都用手工记录下来。

后来，支付宝逐渐完成了和中国十几家最重要商业银行的接口连接，因此用户在淘宝上购物，就可以选择用网上银行向支付宝账户转账的方式完成付款，这就是网关支付的方式。

很多老淘宝用户还有这样的印象：在购物结算时，需要先选择银行卡的种类（信用卡或者借记卡）和发卡银行，点击页面按钮之后，网页会跳转至发卡银行的网银页面，用户再根据不同银行的使用要求进行操作。不同银行的付款流程可谓千差万别，用户体验也参差不齐，有的发卡行需要用户输入卡号和密码，有的需要插入U盾，有的要输入动态口令。通常情况下，为了完成支付，用户不得不跳转多个页面。

当时，很多用户厘不清头绪，支付宝客服电话每天都要回答很多这样的问题。为了解答用户的问题，客服“小二”就把所有银行的网银流程都截图，遇到问题时便直接参照回答。即使这样做，支付的成功率也很难提高。

这与网银支付的机制有关。网银支付本质上是客户端完成所有操作，通过网页的跳转把支付结果告知支付宝。在这个过程中，任何一个环节出现问题，都会阻碍信息的传输，这就会出现“掉单”的现象。“掉单”是指客户的钱被扣掉了，但是支付宝没有收到成功付款的消息。

---

① 通常来说，电汇是汇款人将一定款项交存汇款银行，汇款银行通过电报或电传给目的地的分行或代理行（汇入行），指示汇入行向收款人支付一定金额的一种汇款方式。转账是指不直接使用现金，而是通过银行将款项从付款账户划转到收款账户完成货币收付的一种银行货币结算方式。

当时，支付宝做过统计，每多跳转一个页面，客户支付流失率就增加5%，频繁的页面跳转大大降低了支付成功率。另外，用户使用不同的浏览器也会对支付成功率产生影响。比如，直到现在，大部分网银还是只能支持IE浏览器和Windows系统，导致一些使用其他浏览器的用户经常遭遇支付失败。因此，对普通用户而言，网银支付的门槛一直比较高。比如，马云认为插U盾这样的事情他从来就不会做。

为了解决这一问题，支付宝想过很多办法，如输出解决方案。他们曾经想先帮助银行提高网银支付成功率，但在实践中，很多银行配合度并不高，效果也很一般。比如，支付宝曾经花费很大力气帮助农业银行将网银支付成功率从50%提高了几个百分点，但是这离淘宝80%~90%的支付成功率要求仍相去甚远，如果继续这样做，付出再多成本也解决不了问题。

“支付宝卡通”登场

这条路已经走到了死胡同，解决问题只能另辟蹊径。

此时，“卡通”业务进入了人们的视野。2006年前后，支付宝曾对客户做了一次调研，主要内容是了解他们希望得到的服务，一些用户建议支付宝帮他们办一张卡，这样他们往卡里充钱就可以进行消费，省去了开通各种网上银行的麻烦。于是，支付宝就有了和银行一起发联名卡的想法，这个业务后来被叫作“支付宝卡通”。

“支付宝卡通”采用三方协议的方式，让银行和持卡人、支付宝和持卡人、银行和支付宝三方两两签订协议。协议安排规定，一旦持卡人在支付时出现资金损失，这个损失就由银行和支付宝来共同承担。

然而这种模式的问题在于，银行对风险极度厌恶，每当谈到风险这个环节，谈判就很难继续下去，谈来谈去只有建设银行愿意合作。

2006年10月，支付宝首先联合建设银行推出一款名为“支付宝龙卡”的联名卡，这张卡实现了银行账户和支付宝账户的绑定。用户去建设银行柜台办理“支付宝龙卡”时，只要把自己的支付宝账户填写完整，完成与银行卡的绑定，在支付时就不需要跳转网银。初期，这个业务在全国五个省市试点，第二批试点的省市就增加到了12个，最后才慢慢推广至全国。①

随后发生的一件事至今让很多支付宝员工记忆犹新。一位安徽的淘宝网用户购物时，尝试七次网银付款都失败了，最后他坐了两个小时的火车，从马鞍山跑到南京建设银行办了一张支付宝龙卡。这位客户的举动，一方面让支付宝员工很感动，另一方面又让他们很心酸。感动的是，用户竟然在尝试七次付款失败之后，为了完成支付，坐了两个小时的绿皮火车。心酸的是，用户解决支付问题的需求这么迫切，说明支付宝的支付体验一定还有可提升的空间。

虽然“支付宝卡通”恰好满足了这部分人的需求，但是这种模式也并非没有问题。

首先，能够为了在淘宝网支付而去办一种新卡的用户毕竟只是少数，大部分客户还是嫌麻烦。对于银行而言，建设银行当时同意做这个业务，也是出于发展新用户的考虑，因此这个业务只能在新卡上开通，用户要开通该业务，必须办一张新卡，先跟银行签约，

① 在与建设银行合作之后，支付宝在2007年10月，与刚刚挂牌成立的邮政储蓄银行合作，推出了“淘宝绿卡”。后来，无论是建设银行的“支付宝龙卡”，还是邮政储蓄的“淘宝绿卡”都取得了不错的成绩。

再与支付宝进行绑定签约。虽然办完后用起来很方便，但办理过程非常烦琐，这就限制了用户数目的增长。此后三年间，这项业务只发展了两三千万用户。

其次，虽然“支付宝卡通”业务将支付成功率大大提升到了85%以上，但是一个新的支付失败原因又出现了，即卡内余额不足。由于这张“联名卡”是新卡，并不是工资卡那样的收入账户，用户经常忘记充值，这就使“卡内余额不足”成为支付失败的首要原因。当时建设银行向支付宝反馈的数据显示，虽然“支付宝龙卡”的活跃度很高，但是账户内的平均余额不足500元。因此，支付的成功率依然没有得到显著提升。

这个摸索的过程虽然很艰辛，但是大家收获很多。比如，支付宝的员工发现信用卡的“卡通”支付成功率很高。2010年1月，支付宝和中国银行做了一个联名信用卡，叫作“中银淘宝卡”。这张卡本质上也是“卡通”业务，但是由于不存在余额不足的问题，支付成功率就高了很多，达到90%以上。这件事情让支付宝团队意识到，“卡通”账户绑定的模式，确实可以有效解决用户的支付成功率，但是需要找到一个正确的做法。

为了找到问题的答案，公司上下又做了一次细致的梳理。

这时，一个意外的发现进入了支付宝员工的视野。

大家发现，当时几乎每个银行都有类似“卡通”的业务，这类业务的流程是银行卡用户先通过网银做一次绑定，然后就能开通代扣付款流程。这个业务在工商银行叫“缴费站”，在中国银行叫“支付通”，在建设银行叫“易付通”，本质都是“一次性签约，多次使用”，当时这类业务的使用场景主要是代扣学费、水电费等费用。此时，支付宝的员工意识到，既然银行卡可以有代扣的功能，那么理论上银行也可以把支付宝的代扣功能加进去。这样，用户在签约完成、将支付宝账户绑定后，就可以通过支付宝发起扣款。

这是一个让所有人眼前一亮的发现。

谈判高手

接下来的工作就是与银行谈判。

袁雷鸣是蚂蚁金服的副总裁，他思维缜密而富有逻辑，对业务十分专注。2010 年 7 月，袁雷鸣从支付宝的商户事业部来到金融事业部，他转岗后的一个重要的任务，就是和银行谈合作，继续优化“卡通”的业务模式，从而提高支付成功率。

毕业于北京大学法律系的他，在 2005 年 7 月加入了当时成立不到一周年的支付宝。在此之前，袁雷鸣在中国银联工作。那时中国银联刚刚在上海成立，业务的发展如日中天，公司给员工的福利也很优渥。在当时的上海，这是一份令人羡慕的工作，但是像很多国企员工一样，年轻的袁雷鸣要想得到晋升，需要有更多的耐心。

喜欢上网的袁雷鸣爱尝试各种新事物。2004 年 9 月，他完成了自己在淘宝上的第一笔交易，那是用招商银行的信用卡买了一个三十多元的三星手机数据线。像数据线这么小众的商品，在淘宝上都能很方便地买到，这给他留下了深刻的印象。后来，袁雷鸣就成为淘宝的“常客”，他在购物过程中，还比较了同期易趣的网站，感觉还是淘宝做得更好。

也正是在这时，支付宝开始寻求与中国银联进行合作，虽然最后合作没有谈成，但是袁雷鸣因此更了解这家企业，也开始了对自己未来职业生涯的思考。

2005年，互联网在国内发展势头迅猛，腾讯和百度等互联网公司都已经上市，[①] 这两家公司每年的业务增幅都超过了100%，股票价格上涨得也很快。袁雷鸣觉得，在互联网公司里，年轻人可以参与企业的价值创造并分享价值，这种激励制度是传统企业所不具备的。

那时，袁雷鸣还有一个基于自身专业的判断。在他看来，通用网络会取代专用网络，通用终端也会取代专用终端，这就像IP电话替代传统电话，IP电视替代有线电视网络。而用于收单的金融POS（销售终端）机，属于专用的终端，长期来看也一定会被基于互联网的支付方式所替代。因此，基于互联网的支付才是未来发展的方向。

虽然支付宝那时还没有什么名气，未来的不确定性也很高，但是面试以后，袁雷鸣觉得这家公司有他想要的东西。年轻的他想法很简单，“光脚的不怕穿鞋的”，看好一件事情，在年轻没有资本时，只有把自己先投进去，才能换取更大的可能性。

进入支付宝之后，袁雷鸣先后做过法务、产品以及行业商户业务拓展等。在“出淘”阶段，他所负责的物流、保险、直销等垂直行业，从交易量和交易笔数来看，成绩都相当可观。然而在骆驼大会之后，支付宝的关键绩效指标从支付规模变成了支付成功率和活跃用户数，袁雷鸣的岗位也因此发生了变化。

当时，袁雷鸣深知身上的担子沉重，但要想谈好，首先要懂业

① 腾讯于2004年6月16日在香港交易所上市，上市时的发行价为3.7港元，上市时总市值为62.19亿港元；百度于2005年8月4日在美国纳斯达克上市，上市时的发行价为27美元，上市时总市值为39.58亿美元。

务。履新不久的袁雷鸣，开始和浙江建设银行来谈如何优化“卡通”业务的流程。当时，支付宝想让没有网银的用户也能进行支付，但苦于没有好思路。

2010 年下半年，支付宝团队注意到，在航旅业务中，有一种叫作 MOTOpay① 的支付方式，用户通过电话或者网络进行支付时，只需要填写自己的姓名、信用卡卡号、有效期及 CV2 码（安全校验码），平台在获知这些信息以后，就可以进行代扣。在这个过程中，用户甚至不需要输入取款密码，更没有网银跳转的过程。当时，国内主流的航旅平台携程便使用这种支付方式，且支付成功率很高。

为何不借鉴这种做法，将 MOTOpay 与“卡通”业务结合呢？这样用户就不需要开通任何网银，只要一张信用卡就可以完成支付。

袁雷鸣当然不会放过这个机会，他马上和银行进行了沟通。

但在当时，这种支付方式的风险非常高，因为只知道卡号、有效期与 CV2 码，任何一个人都可以盗刷别人的信用卡。如果支付宝想用类似的方式，就必须找到一种安全的解决方案。

其实，在海外也有类似的收单方式可供借鉴。但问题是海外市场的环境与国内不同，国外对于消费者的保护做得比较好，如果出现非本人操作而钱款被扣的情形，一般由商户来承担责任，这时用户打一个电话就能够拿到退款。这种退款的比例非常高，国际卡组织维萨和万事达用的基本都是这套规则，但在国内并没有这样的安全保障机制。

当时，苹果手机刚刚推出，苹果的 iTunes 账号绑定信用卡也是

---

① 信用卡远程收款系统 MOTOpay 的全称为 Mail Order and Telephone Order payment，主要为商家与消费者解决非面对面交易的支付问题。

同样的流程，用户只要将卡号、有效期与 CV2 码填写好后，验证完成就可以绑定 iTunes 账号。在 iTunes 刚推出时，盗号的现象特别严重，为了防范这种风险，有些银行就在用户绑定银行卡时，马上致电核实。如果是用户本人操作的，就通过绑定；如果不是，就马上冻结。

这一点启发了支付宝团队。在将“卡通”业务与 MOTOpay 结合时，可以在用户绑卡时，通过用户在银行预留的手机号码进行核实，证明是否是用户本人，这实际上就是把银行原来的人工核对变成机器自动来做。

在网上支付的流程中，用户验证是一个非常重要的环节，这个过程归根结底就是要证明“我是我”，因为银行要根据支付宝的指令，对用户的账户进行代扣，所以为了防范风险，支付宝必须能够对付款指令是否由用户本人操作进行验证，但这首先要获得银行的协助。

这个谈判非常困难，银行对客户信息的保护非常严格，觉得帮助支付宝验证就泄露了用户信息。

“我们需要开通一个验证接口。”

“难，你知道，银行最注重用户隐私。”

这是袁雷鸣和银行之间一场典型的对话。几个月下来，就快捷支付的事情，袁雷鸣和同事想了不少办法，先是内部讨论，寻找解决方案，再和银行反复沟通，谁也没有想到，最后竟卡在了用户验证这道关口上。

“不需要告诉我任何信息，只要是或否，姓名、身份证号码、卡号都是在我这里填写的，你就是帮我确认下是否匹配，不匹配就返回。”袁雷鸣苦口婆心地向银行解释，支付宝不需要银行提供任何用户信息，只需要银行帮忙确认用户所填写的信息和留在银行的信息是否匹配。

经过几个月的艰苦谈判，一些银行的卡中心或者分行与支付宝达成协议，开通一个接口给支付宝去校验用户的手机号码是否与其留在银行里的相匹配。

当然，商业谈判不仅是说说而已，也需要实际的利益让渡。对于银行来说，在上一个新产品或项目之前，一定会投入很多资源，也会考虑其成本和财务回报，哪怕只是为了快捷支付开一个接口，银行都有可能投入几十万甚至上百万元，加之未来业务规模无法预测，在没有看到回报之前，很多银行迟迟没有行动。它们担心的是，如果以后这项业务规模上不去，之前的工作就“打水漂”了。

为了消除银行的顾虑，得到公司充分授权的袁雷鸣就先讲道理。他向银行保证，快捷支付是公司力推的产品，支付宝对于这项业务的未来市场潜力和规模很有信心，只要银行支持这个产品，支付宝一定会协调众多资源力推。

比如，在和建设银行上海分行谈判的过程中，袁雷鸣就拍着胸脯保证，快捷支付的业务在三个月到半年时间内就能超过这家银行当时最大的客户携程。他告诉银行的领导，携程业务局限于航旅，而淘宝是海量业务，交易笔数是携程的数倍，只要能够将快捷支付运用上，流程就会变得极其顺畅，业务量就一定会提高。果然，几个月后，支付宝快捷支付的业务量就超过了携程的 MOTOpay。

在和银行谈判的过程中，支付宝还经常利用“存款”这个谈判筹码。2010 年，受监管当局贷存比和资本充足率的考核要求，存款一直是银行的一种稀缺资源，特别是对于那些资金紧张的银行来说，没有存款，其他资产业务就无法开展，各个银行都在总行和分支行层面下达了存款指标，并进行严格的考核。

为了取得银行的支持，支付宝运用了一个“简单粗暴”的办法，当时和银行达成的条件是，银行给支付宝开接口，支付宝向银行提供存款或者预付手续费，这就让银行提前锁定了收益，解决其后顾之忧。因为银行已经拿到收益，所以可以下决心去推进，而市场不确定性的风险则由支付宝承担。

控制资损率

在消除了银行对于业务规模大小的担忧后，袁雷鸣与团队人员还需要打消银行对快捷支付资损率的担心。

熟悉中国金融业的人都知道，国有商业银行对于风险十分厌恶，特别是涉及客户资金安全方面的问题，更是非常谨慎。一些银行提出了非常高的标准，要求支付宝要保证快捷支付的资损率不高于十万分之一，这种线上收单的资损率，比银行卡线下盗刷可容忍的资损率还要低。

为了说服银行，支付宝的BD团队提出两种解决方案：首先，支付宝在银行放一笔保证金，出了问题银行可以随时扣掉；其次，双方在协议中约定，如果快捷支付的资损率超过十万分之一，支付宝必须马上整改，银行也可以随时停掉此业务。

更进一步地说，支付宝决定在与银行的协议中砍掉一个风险，将原来“卡通”业务的三方协议变成两方协议，支付宝同银行签订协议，客户同支付宝签订协议，前台的验证工作由支付宝负责，后台由银行负责结算，只要支付宝的验证通过，银行就放款，由此产生的风险由支付宝来承担。后来，银行慢慢认可了这种说法。

在技术和商业的问题解决之后，支付宝和银行的谈判进入攻坚阶段。当时，银行卡收单业务的权限在分行，所以支付宝首先要和分行谈妥。2010 年，支付宝在北京、上海、深圳、成都开了分公司，BD 团队就分进合击，分别找当地的银行去谈判。当时公司提出了一个基本要求：每家全国性股份制银行至少要接两家分行，每家四大行至少要接三家以上分行。只有这样才能支持支付宝全国性的业务，如果只跟一个分行对接，就会缺少备份，一旦出现意外情况，就会影响业务的正常进行。

在和分行谈完后，还要获得总行的首肯，这就需要高层的“公关”。为了推动快捷支付的谈判，马云在一年中拜访各大银行的董事长和行长不下十次，这在袁雷鸣的印象中是绝无仅有的。

功夫不负有心人。2010 年底，支付宝最先和工商银行、建设银行、中国银行合作，这三家银行在自己发行的信用卡中，给支付宝添加了类似 MOTOpay 的功能，这就是后来被人所熟知的“快捷支付”。

出于审慎的考虑，起初快捷支付只对风险比较低的商户开放，例如销售实物类商品的商户。虚拟商品由于风险太高，一开始没有开放。后来等到快捷支付业务量做到足够大时，才将虚拟商品在额度范围内开放。而用户可以进行快捷支付的额度，也经历了一个从小到大逐步放开的过程。

这样，银行就消除了对支付风险的担忧。随着业务的推进，银行发现绑定了快捷支付的银行卡活跃度大大提高，与之相适应的是，银行内部的考核指标也从新开卡的多少变成了存量卡的活跃度，这种合作方式开始被更多银行所接受。

快捷支付由此迎来了爆发式的增长。

快捷支付的意义

支付就是在安全性和便利性之间寻找平衡。与传统银行的网银支付相比，快捷支付在开通环节省去了持卡人到银行渠道（柜面或者在线）签约的环节。在开通后，银行无须对每一笔支付进行验证，只需根据支付机构统一批量提交的指令来完成扣款。

而持卡人在开通快捷支付时仅需要提供姓名、身份证号码、银行卡号、手机号四项信息，通过手机验证码进行身份认证，就可以把支付机构账户同银行卡进行绑定，在完成绑卡之后，持卡人在支付时只需要输入手机校验码或者手机校验码和支付密码。

这就大大提升了持卡人的体验，也使支付宝网上支付的成功率从原先的60%大幅提升到90%以上，彭蕾在骆驼大会上提出的问题有了最终的解决方案。后来，快捷支付业务发展得很快，规模迅速扩大。与此同时，先前银行所担心的资损率过高的问题也没有发生。目前，支付宝快捷支付的资损率是百万分之四，离十万分之一还有很大的空间。

而今，快捷支付在支付宝和蚂蚁金服发展史上意义重大。蚂蚁金服起家于支付，没有支付，就没有数据的沉淀，也就很难了解用户，更没有今天的各种金融服务。从这个角度看，快捷支付是这家公司发展过程中最重要的基础之一。

作为一种跨系统平台、跨终端、跨浏览器的支付方式，快捷支付在无形中打破了中国金融体系中很多看不见的“墙”。与美国ACH[①]、VISA等支付系统不同的是，中国虽然有大小额支付系统[②]，但是这个系统最开始只能做贷记业务[③]，而不能做借记业务[④]。简而言之，用户从A银行向B银行转钱可以，但如果想从A银行发起操作，从B银行扣款转入A银行，那基本上是不可能的事情。

其实，借记业务系统的开发难度并不大。2010年8月，中央银行推出了连接各家网银系统的“第二代支付系统”，又称“超级网银”。超级网银既支持用户实时的跨行汇兑，也支持用户实时的跨行扣款，这相当于在各家银行网银间修建了一条双向收付的高速公路。

但是“存款立行”的思维使银行之间画地为牢，很多银行担心存款的流失，对这个系统并不买账。在银行的传统思维里，从他行转进钱来可以，但不能跨行从本行扣钱，一些银行为此设置了额度的限制。所以，“超级网银”在资金归集和跨行扣款上一直没有做起来。

在这方面的尝试不只“超级网银”，中国银联也有“柜面通”产品。“柜面通”是由银联为加入机构提供的跨行柜面金融服务，持

---

① ACH（Automatic Clearing House，自动交换）中心是美国处理银行付款的主要系统。

② 大小额支付系统指大额支付系统和小额支付系统。其中前者指中国人民银行现代化支付系统的接入系统，是以电子方式实时全额处理跨行及跨区支付业务的应用系统，大额支付系统指令逐笔实时发送，全额清算资金；后者是中国人民银行现代化支付系统的重要组成部分，主要处理跨行同城、异城纸质凭证截留的借记支付业务，以及金额在规定起点以下的小额贷记支付业务［目前人民银行暂定为5万元（含）限额以下］，实现不同地区、不同银行营业网点的资源共享。

③ 贷记业务就是由本行客户发起的，本行进行发起操作的，减少本银行资产（存出存款）的业务。

④ 借记业务就是由本行客户发起的，本行进行发起操作的，增加本银行资产（存入存款）的业务。

卡人可在开通本业务的银行柜面对他行卡进行查询、存款、取款、转账等业务操作，而这个业务也没有开展起来。因为大银行担心，如果开通“柜面通”，其网点的优势就凸显不出来。

从这个角度看，快捷支付相当于在中国二百多家银行之间，用商业的力量，做了一个事实上的小额借记业务系统，虽然不同银行的额度不同，但是至少可以通过支付宝实现从银行账户扣款。

“如果当时我们没有捅破这层窗户纸，今天也就不会有微信支付和移动支付，其他第三方支付也会步履维艰。”在经历了支付宝风风雨雨的老苗眼中，支付宝蹚出的这条路对中国支付市场来说绝对是革命性的。没有快捷支付，就没有今天移动支付的繁荣。

老苗此言不虚。即便在今天，一家公司要想完成这样一种和二百多家银行的连接是非常困难的，更不要说在2010年。当然，如果不是支付宝先做出快捷支付，其他公司也一定会做出来，但是中国移动支付和互联网金融发展的速度则有可能放缓。

今天，如果你不是金融专业人士，那么你在用手机进行移动支付时，恐怕不会察觉到其中很大一部分是快捷支付。我们可以运用逆向思维去想象没有快捷支付的情形：当你在超市购物用手机付款时，如果必须在手机页面输入一遍卡号和密码，重复一遍之前在PC（个人电脑）机时代网关支付的流程，那么这种体验恐怕非常让人难以忍受。

第六章　私有化争议

这是一个不完美但正确的决定。

——马云

在管理学大师彼得·德鲁克的眼中，组织的本质是各种关系的集合，其中包括公司与社会的关系，以及公司内部的关系，比如，股东和股东、股东和管理者、股东和公司之间的关系，这些关系处在一个动态平衡的过程中。当它们需要理顺的时候，通过协商一致的方式进行调整，保证公司能够继续健康、持续地运营，是符合所有股东最大利益的做法。

面对诘问

2011 年 6 月 14 日下午两点，杭州下起了倾盆大雨，支付宝股权变更说明会在杭州淘宝总部六楼会议室举行。这是自“支付宝私有化”事件以来，马云第一次正式公开做出回应，来自全国六十多家媒体的记者将原本不大的会议室挤得水泄不通。说明会前一天，马云刚刚从美国回来，“支付宝私有化”事件影响之大超乎想象，面对所谓媒体的“误读”和“误解”，马云觉得，必须马上站出来回应。

在当天发布会上，马云穿着白色条纹衬衫，在右手腕上，一串佛珠清晰可见。在他身旁，分别是当时支付宝 CEO 彭蕾和支付宝 CFO 井贤栋。

“不完美，但这是当时当刻唯一正确的决定。”马云开门见山地回应。这时，他紧握话筒的左手青筋暴突，右手则不断做着强调的手势。

在“支付宝私有化”事件后，马云感受到了前所未有的压力。

这场发布会之前几天，在洛杉矶举行的D9数字大会上，他刚刚接受了《华尔街日报》专栏作家卡拉·斯韦什尔（Kara Swisher）的访问，后者尖锐地问他为何将支付宝从股东的手中“偷走”。而几乎同一时间，国内最有影响力的媒体人胡舒立，也以《马云为什么错了》为题，在专栏中批评马云违背了契约精神。

这是马云创业以来最困难的时刻。相比之前的坎坷，这次的压力更大。对像他这样曾经为人师表又经常在各种场合提及价值观的人而言，媒体关于诚信的指控令其如鲠在喉。

在看到胡舒立的批评文章后，马云第一时间发短信和胡舒立辩论，抱怨对方在没有了解清楚真实情况时就妄下结论。而在与卡拉·斯韦什尔的对话中，当对方问及马云和股东关系缓和的原因时，马云说：“因为我是一个好人。”

“好人”是马云对自己的认知。

在阿里巴巴创业之初，马云很在意别人对他的看法。曾任阿里巴巴集团副总裁的波特·埃里斯曼记得，在阿里巴巴创业早期，公司因遭遇互联网泡沫危机而被迫裁员，并逐步关闭硅谷办公室。那时，马云曾给他打过越洋电话，带着哭腔问他：“我是不是一个坏人？”在那之前，他从未见过乐观自信的马云动摇过。①

但这样一位“好人”，为什么会做出令天下大哗的所谓“不完美而正确”的决定呢？

事后复盘，“支付宝私有化”是在央行颁发第三方支付牌照的当

① ［美］波特·埃里斯曼. 阿里传［M］. 北京：中信出版社，2015：66.

口，阿里巴巴管理层进行的一次股权结构调整，这样做一方面是为了适应央行的监管政策，另一方面说明支付宝的股权架构本身就面临内在调整的需求。

因此，若干年后谈及此事，还要先从中国电子支付市场的发展和规范说起。

斩断 VIE

中国的电子支付市场发端于 2000 年前后。那时一些商业银行开始搞互联网支付，央行等监管机构也开始准备单独规范这一领域，然而在那时，线上电子支付业务量还比较少。当时，市场上最大的支付公司是 1999 年成立的上海环讯支付，而脱胎于淘宝的支付宝也是在 2004 年诞生的。

对于新兴的在线支付领域，央行一开始考虑用电子支付指引的方式来规范。比如，银行电子支付主要是基于网络银行，商业模式相对清晰，所以央行在 2005 年就发出了《电子支付指引（第一号）》，原本计划分别针对支付公司和其他主体接着发出第二号和第三号等，但是由于这些新兴的公司商业模式还不确定，监管机构还需要进行一段时期的政策观察。

到了 2010 年，支付公司的商业模式逐渐清晰，形成虚拟支付账户、银行卡快捷和网关三种主要模式，国务院高层也觉得规范时机成熟，于是有了《非金融机构支付服务管理办法》（〔2010〕2 号令，以下简称 2 号令），这给了支付公司一个法律认可的名分。在 2 号令的第九条中，有一款针对外商投资支付机构的规定：“外商投资支付机构的业务范围、境外出资人的资格条件和出资比例等，由中国人民银行另行规定，报国务院批准。”

这项规定成为马云和阿里巴巴管理层眼中“支付宝私有化”最重要的原因。2004 年 12 月，马云将支付宝单独成立公司。2009 年 6 月以前，支付宝中国网络技术有限公司，也就是牌照申请公司，由阿里巴巴集团旗下的 Alipay E-commerce 公司完全控制，后者是外资公司。

2009 年 4 月，央行要求从事支付清算业务的非金融机构，须在 2009 年 7 月 31 日之前按要求进行登记。尽管央行表示，登记的结果仅作为制定有关政策的参考依据，但用时任支付宝 CFO 井贤栋的话说，当时支付宝认为，如果是外资公司，就可能会遇到申请牌照的麻烦，于是在 2009 年 6 月做了第一次股权转让，将支付宝 70%的股份转至马云和谢世煌全资拥有的浙江阿里巴巴电子商务有限公司，同时将支付宝的注册资金增加至 5 亿元。2009 年 7 月，支付宝做了相关的备案登记。

在第一次支付宝的股权转让后不久的 2009 年 7 月 24 日，阿里巴巴董事会纪要明确授权管理层通过进行股权结构调整来合法获取支付牌照，但这个授权是以协议控制为前提的，即股权调整后成立的支付宝内资公司只是用来持牌，而支付宝的所有收益和财产权利将通过协议控制转移至阿里巴巴集团，换言之，阿里巴巴集团可以合并支付宝的报表。

第一次转让之后，在 2010 年 6 月出台 2 号令以后，马云和管理层在当年 8 月把剩下 30%的股份转让给内资持牌企业，使其变成了 100%的内资。总之，支付宝的两次股权转让，一次发生在 2009 年 6 月 1 日，另一次发生在 2010 年 8 月 6 日，两次转让的总价约为 3.3

亿元。至此，马云将支付宝从阿里巴巴集团中剥离出来，转移成纯内资公司，由自己和谢世煌分别持股80%和20%。

如果支付宝股权变更只是停留在这个阶段，即将股权转让给内资持牌公司，再由阿里巴巴集团通过VIE（可变利益实体）结构对其进行协议控制，雅虎和软银作为大股东也是乐意看到的，因为这也是在前述董事会授权中的意思表示。

“VIE结构”也称为“协议控制”，是指境外上市实体与境内运营实体相分离，境外上市实体通过协议的方式控制境内运营实体，使该运营实体成为上市实体的可变利益实体。这种安排可以通过控制协议将境内运营实体的利益转移至境外上市实体，使境外上市实体的股东（即境外投资人）实际享有境内运营实体经营所产生的利益。“协议控制”模式由新浪网在纳斯达克上市时所创造，后被普遍运用于互联网、出版等“外资禁入”行业的企业境外红筹上市。

雅虎和软银本想通过协议来延续其对支付宝的控制，但是在2011年第一季度，马云和阿里巴巴管理层在完成了股权转让之后，单方面终止了协议控制，正是这一举动把为获得牌照而做的“假离婚”变成了法律意义上的“真离婚”。

井贤栋在记者会上解释称，促成阿里巴巴管理层结束协议控制的触发点是在2011年第一季度，支付宝收到了央行发来的函件，央行要求支付宝对整个协议控制做一个说明，阿里巴巴管理层认为这是“千钧一发”的时刻，就在这时终止了协议控制。

而正是这个决定掀起了轩然大波。

事后，马云在发布会上称：“假如支付宝没拿到第一批牌照，结果会怎么样？支付宝就是一家非法经营公司。那六亿用户该怎么办？

淘宝80%以上的交易是支付宝交易，是靠支付宝支撑的，中国还有几十万个小网站靠支付宝支撑。假如没有拿到牌照，支付宝将变成一家非法经营机构，后果也将不堪设想。”

而用彭蕾的话说：“这个事情我们不能有任何侥幸心理，我们今天必须用200%的努力去确保一个100%正确的结果。”

但另外一个常常被阿里巴巴股东提起的事实是，其他与支付宝有类似VIE协议控制的支付公司，也都顺利拿到了央行的支付牌照。而这正是软银总裁孙正义所不理解的：“为什么其他公司都可以，唯独支付宝不行？”

利益调整

试图回答这个问题，还要从阿里巴巴集团的融资历程谈起。

1999年3月，马云和他的团队回杭州，以50万元人民币开始了新一轮创业，创立了阿里巴巴。1999年10月，由高盛牵头的一批投资银行向阿里巴巴投资了500万美元，这是阿里巴巴获得的第一笔“天使投资”。在获得投资的同时，当时在高盛工作的蔡崇信也因看好阿里巴巴的前景而加入了该公司。蔡崇信的加入，使马云团队在成立的早期就有了顶尖的投行专才，蔡崇信也成为公司后来在资本运作方面的股肱之臣。

在一年之后的2000年，阿里巴巴又获得了来自软银、富达、汇亚资金等风险投资商共计2500万美元的投资。其中，软银领投2000万美元。

在这次投资中，软银总裁孙正义在北京听马云演讲了六分钟就决定重金投资的故事，一度在投资界传为佳话，孙正义也在此后与马云亲密无间。2004 年 2 月，阿里巴巴在第三轮融资中再获 8200 万美元的巨额战略投资，其中软银出资 6000 万美元，其他资金来自富达创业投资部、寰慧投资和 TDF。

孙正义是一位具有传奇色彩的韩裔日籍投资家，身高约 1.5 米，曾在 20 世纪 90 年代互联网泡沫的雅虎估价最高时，一度超过比尔·盖茨成为世界首富。而其在 21 世纪初对阿里巴巴集团数次投资，也获得了惊人的回报，两次合计 8000 万美元的投资，在阿里巴巴集团在美国上市时变成了五百多亿美元市值的股票。

用马云的话说，成立淘宝就是他跟孙正义两个人的君子协定。马云全力以赴谋发展，孙正义给予资金支持，放手让创业团队进行业务拓展。因此，后来成立支付宝、成立阿里云都没有决议。

这次投资之后的一年里，马云和阿里巴巴又迎来了其历史上最重要的一笔投资。2005 年 8 月，雅虎入股阿里巴巴，以 10 亿美元收购阿里巴巴 35%的股份，成为阿里巴巴的大股东，与此同时，决定将雅虎中国的资产注入阿里巴巴。

至此，阿里巴巴集团的股权结构也发生了重要的变化：雅虎持股 40%左右，而软银持股 29.3%，马云及管理层共持股约 30%，三方在董事会中形成1∶1∶2的格局，雅虎的杨致远、软银的孙正义和阿里巴巴的马云与蔡崇信各占董事会的一个席位。

一个不容忽视的事实是，虽然阿里巴巴在多次融资过程中获得了未来发展充裕的资本，但是其管理层的股份不断地被稀释，这个问题在公司发展的初期并没有显现，伴随着阿里巴巴旗下淘宝和支付宝等业务的快速扩张，股东和管理层之间的利益诉求有了进一步理顺的需要。

这种情况不难理解。创业之初，由于阿里巴巴公司前景并不明朗，资本对于阿里巴巴是极其稀缺的，可是随着业务规模逐渐扩大，公司的价值越来越清晰，创业团队的作用越来越突出，资本的作用开始下降，客观上产生了利益调整的需要，这时如果双方协商不成，就有可能发生一些问题，在支付宝这样一个未来有巨大潜力的优质资产上，这种张力更加明显。① 软银和雅虎对阿里巴巴的入股，均在 2005 年之前，那时支付宝刚刚成立，商业前景和模式并不明朗，而随着时间的推移，支付宝的价值逐渐凸显，各方对其必须重视起来。

从旁观者的角度看，阿里巴巴管理团队可能觉得，支付宝是我们一手干起来的，不能跟我们没有关系，或者不能让创业团队所有的股权不足以反映其对公司的贡献。但软银和雅虎作为出资方可能认为，出资人是股东，按照受托责任，管理层有义务打理好公司。

在这样的背景下，有了央行发放支付牌照的事情，股东之间的利益分配机制就迎来了再次调整的契机，因此获得牌照是硬币的一面，而硬币的另一面是马云和阿里巴巴管理层希望与大股东达成新的利益分配机制。

---

① 关于资本和创业者的关系，罗辑思维创始人罗振宇在他 2015 年跨年演讲“时间的朋友”中，借用生物学中“两性繁殖”来比喻。一个理想状态下的假设是，在商业社会没有资本介入的时候，任何商业经营主体，好比“寒武纪”之前“孤雌繁殖”的生物体，“孤雌繁殖”很难适应剧烈的环境变化，后来进化出了“两性繁殖”，因为每当雄性和雌性结合的时候，就有可能让生物形成更多适应性。罗振宇指出，资本就好比“孤雌繁殖”中分化出来的一支，和创业者进行媾和，在瞬间积聚力量，给原本“孤雌繁殖”的商业个体带来多样性。罗振宇指出，在资本和创业者之间关系的天平，会越来越倾向于创业者，因为资本好像提供精子的雄性，是一瞬间的用力，而创业者好比雌性，需要每天持续努力“将孩子拉扯大”，因此只要创业者能把公司做好，就有与资本进一步谈判的筹码。

补偿协议达成

在这种氛围下，股东各方就支付宝的股权结构的谈判持续了三年，但一直没有结果。马云说，每当谈到支付宝问题时，孙正义就以“下一分钟要走”等为借口逃避。孙正义所逃避的是对支付宝股权结构的调整，当然这也是一种增加筹码的谈判艺术，这位被马云说成“能从蚊子身上找肉”的谈判高手，不会轻易亮出自己的底牌，他要在谈判中使自己的利益最大化。在涉及支付宝的股权谈判中，孙正义只是谈判的一方，另一方雅虎 CEO 卡罗尔 · 巴茨也在谈判中组建了一个超过 20 人的强大律师团。

三方都需要找到一个各自可以接受的利益平衡点。2011 年 7 月 29 日晚，在进行了多个回合的谈判之后，补偿谈判终于落下帷幕。阿里巴巴集团、雅虎和软银三方就支付宝股权转让事件正式签署了一份框架协议。

在与阿里巴巴集团股东达成补偿协议之后，支付宝的股权事件在 2013 年末终于尘埃落定。2013 年 11 月 1 日，支付宝通过官微公开了自己新的股权架构：员工持股 40%，阿里巴巴的员工人人有份，马云个人持股不超过 7. 3%，而另外 60%将引入机构投资者。

此后，在经历几次内部组织架构调整后，2013 年，支付宝的母公司——浙江阿里巴巴电子商务有限公司，宣布将以其为主体筹建小微金融服务集团。除了支付宝，以阿里小贷为主要业务的阿里金融，也被合并进入筹备中小微金服集团。一年之后的 2014 年末，这家筹建中的小微金融服务集团最终被命名为“蚂蚁金融服务集团”，简称“蚂蚁金服”。“蚂蚁金服”在设立后，迅速开始了融资上市之旅。

2014 年 8 月 13 日，阿里巴巴集团在上市前夕，曾修改招股说明书，力图再次厘清阿里巴巴和支付宝之间的关系。更新的招股说明书显示，阿里巴巴董事会、软银、雅虎、蚂蚁金服在上述框架协议的基础上通过了新的协议。

根据这份协议，阿里巴巴集团有权永久要求蚂蚁金服每年支付税前利润的 37. 5%。在蚂蚁金服中国合格 IPO 时（首次公开发行的估值超过 250 亿美元，融资金额超过 20 亿美元），阿里巴巴有权选择继续要求蚂蚁金服每年支付税前利润的 37. 5%，或者终止“利润分享”权利，改为要求蚂蚁金服一次性支付费用，金额为 IPO 时蚂蚁金服 37. 5%股权的总价值（应不低于 250 亿美元×37. 5% = 93. 75 亿美元），或者取得蚂蚁金服 IPO 时 33%的股权。

如果按照蚂蚁金服 500 亿美元的估值计算，假如阿里巴巴集团选择要求蚂蚁金服支付一次性费用，蚂蚁金服给阿里巴巴集团的补偿就达到了 187. 5 亿美元，可谓天价。

支付宝私有化事件可谓支付宝历史上一次重要的事件。2010 年支付宝私有化事件刚刚曝光时，媒体和评论界有许多负面的看法。若干年后，我们再看这件事情时，恐怕会对马云和管理团队抱有更多的理解。

首先，在马云刚刚决定成立支付宝时，他就料到进入金融领域会面临很大的政策风险，所以才有“去坐牢”的心理准备。而当支付宝的业务初见规模之时，特别是要拿到支付牌照时，就更不能出任何的差池，因为这是中国几十年来第一次向民营机构发放准金融牌照，任何人都知道这张牌照的价值。虽然孙正义所说的其他没有斩断 VIE 结构的公司最后也拿到了牌照，但是在逻辑上并不能推导出监管机构也没有对支付宝做出类似的要求。所以，从公司管理层角度看，基于万无一失的考虑，果断地斩断 VIE 结构是情有可原的事情。任何一个理性的公司管理者都有可能做出同样的决定。

其次，支付宝公司在逐渐壮大的同时，作为生产要素之一的资本，其稀缺程度在不断降低，反而创业团队的影响力，即人力资本的权重在逐步增加，在这样的情况下，客观上必然需要在股权结构上有相应的反应。如果这时没有灵活地调整股权结构，那么对公司的发展以及创业团队的积极性都会有所影响。

从这几年支付宝和蚂蚁金服的发展来看，这家公司已经成为炙手可热的“独角兽”公司，其在资本市场的估值令人瞠目结舌。从这个角度看，达成这个补偿协议，对于雅虎和软银来说是十分划算的，支付宝之后几年的发展必会远远超出人们的想象。

第七章　技术攻艰

在支付宝的发展历史中，技术和场景始终在相互促进。

——陈龙

在创业之初，支付宝还是淘宝中的一个结算部门，淘宝的会计人员用两台电脑和一张 Excel 表就能进行结算，那时每天的交易金额是三位数，全天的交易笔数只有十几笔，而如果分摊到每秒钟，则接近于零。2010 年，支付宝每秒钟交易笔数是 300 笔。2016 年的“双十一”时，支付宝的交易峰值达到了每秒 12 万笔。交易笔数提升的背后是蚂蚁金服强大的技术能力。在这十几年中，蚂蚁金服的技术架构不断升级，经历了从“烟囱型”到“面向服务型”，再到“云平台型”三个时期。现在，蚂蚁金服技术团队正在研发第四代系统架构……

“双十一”

2015 年 11 月 12 日零点刚过，蚂蚁金服首席技术官程立从阿里巴巴西溪园区一号楼五层的支付宝团队技术保障室出来，绕过建筑中的天井，快步向位于建筑物五层中部的“双十一”总指挥室走去，在他身旁还有支付宝技术保障团队的其他同事。

零点的钟声响过，意味着他们度过了一年当中最重要的一天。

这时，“双十一”的总指挥室里已是一片欢乐的海洋。在指挥部的大屏幕前，身着红色天猫文化衫的程立，和同事老苗、玄德、童玲等人一起面带微笑地举起双手，用大拇指和小拇指摆出了代表

“双十一”的手势，在他们背后的大屏幕上，显示的是刚刚过去的这个“双十一”的战果：912.17亿元。

对于程立和支付宝技术团队来说，这是一个值得骄傲的时刻，在“双十一”凌晨高峰期时，支付宝和二百多家银行合作伙伴一起，扛起了每秒钟8.59万笔的交易洪峰。这个数字远超目前全球领先的支付机构的限流值，甚至比压测时候的峰值还要高出一万多笔。

短短几年，支付宝的交易笔数从千万级到亿级，数据处理从PB[①]级到EB[②]级的规模，可用性达到了99.99%。“异地多活”架构的支付平台、OceanBase数据库和金融云平台，一起成功地应对了“双十一”的支付“洪流”。

作为支付宝技术发展的见证人，程立既兴奋又感动，他最清楚这一路走来的艰辛，在人们为此欢呼庆祝的时候，他的思绪却不由自主地回到了五年前……

那是2010年的“双十一”。

2010年11月11日零点刚过，坐在电脑旁边的程立突然发现，支付宝的业务量正在快速攀升，一下子高出了平时最高值的三倍，程立清楚，这时系统只有一倍的余量。

刚开始，程立有些侥幸，他觉得大促刚开始时用户最活跃，等白天时，情况会慢慢好转起来，然而直到当天早上六七点，业务量还没有降下来，依然是平时的几倍。

这时，支付宝的技术人员开始着急了，大家意识到，当天的交易量一定会远远超出系统的容量。

淘宝第一次搞“双十一”大促是在2009年。那时，“双十一”

---

① PB，计算机存储单位。1PB＝1024TB。
② EB，计算机存储单位。1EB＝1024PB。

还不像现在这样广为人知，所以 2009 年的交易量并不大。在此之前，支付宝也刚完成二代架构的升级改造，在二代架构做完之后，支付宝的技术团队感觉能解决的技术问题都已经解决了。很多人认为，未来系统也许就可以这样发展下去。因此，在 2010 年“双十一”大促之前，支付宝的系统规划是按照每年增长 100% 余量预估的，即系统永远有一倍的余量。按照当时的估测，大家觉得一倍余量一定够用。退一步说，即使出现问题，也可以等到交易量增长到一定程度时再继续增加资源。

因此，当天突如其来的巨大交易量让人措手不及。

情急之下，支付宝技术团队开始不停地“搬资源”，哪里有富余的计算资源就搬过来应急。如核心交易系统容量不足了，就把一些相对不重要的业务资源拿过来，到后来再不够了，就采用“砍业务”的方法，将那些暂时可以牺牲的业务砍掉，再把资源搬过来。

那天，所有开发人员都坐在电脑前，如临大敌般地处理问题：“到底这个机器是否要重启一下？……这个系统容量不够我要不要调一些机器过来？……”

直到当天的 23 时 59 分 30 秒，眼看 2010 年“双十一”大促就要结束，突然，核心账务系统报警。

“嘀、嘀、嘀……”短促清晰的警报声让在场的每个人都打了一个寒战。

“资源马上耗尽，赶紧杀掉非关键应用！”听到报警声后，负责数据库的同事一边冲过来，一边大喊。

程立倒吸一口冷气，他清楚可能产生的后果。那时支付宝的账务数据库还没有做拆分，而所有交易都经过虚拟账户，一旦核心账目系统出现问题，支付宝所有的业务都会停掉，数据库再想恢复就需要经过很长的时间。如果出现这种情况，对淘宝和支付宝都将是灾难性的。

急中生智，技术团队决定临时把会计的应用杀掉。因为当时支付宝的账务应用和会计应用是在一个数据库中，而会计的应用更多是在交易之后进行，暂时停用还可以恢复过来，这样便可腾出系统的资源，把账务系统的性能提升50%。

情急之下，负责消息系统的文若和几个同事冲上去，争分夺秒地在每台机器上敲上一行行的代码，紧急杀掉非关键应用，确保核心数据库资源。当时，文若是入职刚刚一年的应届毕业生，从没有经历过这样的大阵仗，他敲代码的手一直在抖，靠身体的本能在完成一步步的操作。最后，文若和同事将一个会计系统的应用杀掉，将资源释放了出来，当他敲完最后一行代码，身子便瘫软到了椅子上。

这时，离数据库崩溃只剩下四秒。

尽管过程很惊险，但是那一年的交易量很亮眼。2010年的“双十一”，支付宝全天成功交易1261万笔，平均每分钟有1万笔成功交易。但经过了这次“大考”之后，所有人都在反思，以后每年的“双十一”大促，业务量的增长只会更快，支付宝的系统怎样才能顶得住呢？

事后复盘，当时支付宝的CTO李静明在和技术团队总结时说，所有的资源弹性工作，应该是底层基础设施去做，但是支付宝当时不具备这样的技术能力，只能通过人工来“削峰填谷”，看哪边需要资源，就靠人工去搬资源，做各种各样的调整。

在李静明看来，对于2010年的“双十一”，整个团队都是在做“人肉的云计算”，而系统接下来的改造方向就是使“人肉的云计算”真正变成“底层系统的云计算”，这正是支付宝系统的第三代架构“云支付”的开始。

三代架构

从2005年开始，支付宝的技术架构经历了“烟囱型”、“面向服务型”、“云平台型”三个时期。

“烟囱”是一个形象的比喻，支付宝的第一代架构就像一个个独立的“烟囱”。没有基础架构可言，做一个业务就竖起一个“烟囱”，“烟囱”之间的关联性不大，每做一个新业务就要将一个烟囱进行手动改造，而支持主要业务的“大烟囱”经历了无数次的改动。

2005~2006年，支付宝业务发展得很快，任何一个商业想法，从产生到提供给用户使用的时间都是按天来计算的，如每年“双十一”大促时的支付宝红包，就是程立用四天时间做出来的。

应该说，第一代“烟囱型”的系统较好地满足了小团队开发、业务快速试错的需求，但是这个架构不能支持大团队的分布式研发。在“烟囱型”的技术架构下，每当开发新的产品和功能时，只能允许所有人在一个系统里去写代码，与此同时，它的部署也是集中的，核心系统就是一个集群，数据库也只有一个。因此，随着业务量的上升，这样的数据库和集群都会达到极限。

从2006年开始，支付宝的技术团队意识到，“烟囱”架构无法支持支付宝未来业务的发展，如果要继续拓展业务，必须先把架构分布化，建立底层服务架构，让专业模块做专业的事情。当时，分布式系统在互联网界的应用并不罕见，规模较大的互联网公司系统都分布化了，但是对于金融系统而言，分布化是没有先例的。这是因为金融系统要求高稳定性和高安全性，任何改进都要先保证用户账目上的钱分毫不差。在系统数据分离之后，保证系统之间业务处理的一致性就成了核心的问题。

这时，程立刚从技术团队的主力架构师升至首席架构师，团队主管要求他不必写代码了，而是专注去“画大图”，为团队的未来发展指明方向。可是对程立来说，这是一个完全不同的任务。整整一个季度的时间，他没有画出一张令自己满意的“大图”，KPI 考核只得了 3.25 分，程立甚至一度想辞职。

程立所要画的“大图”，就是支付宝二代的架构。

后来，到了 2007 年初，程立的脑子里渐渐产生了一个想法。与此同时，业界的技术也逐渐成熟，特别是大规模 SOA 系统①中的分布式事务处理标准逐渐明晰，程立就和同事一起，从 2007 年上半年开始准备将支付宝的系统做分布式的改造，现在看来就是把支付宝的架构改成一个分布式服务和分布式架构。

程立选择先拿交易服务来开刀，首先将最复杂的交易服务重构，使交易服务变成“微服务”，这样就能将它拿出来和其他事务打交道，同时还要保持事务和核心虚拟账户业务的一致性。为了解决这个事务问题，他们使用了 WS-Transaction 服务规范②。

2007 年 5 月，项目正式启动。支付宝的技术团队分为几拨人：

---

① 面向服务的体系结构（Service-Oriented Architecture，SOA）是构造分布式计算的应用程序的方法。它将应用程序功能作为服务发送给最终用户或者其他服务。

② WS-Transaction 是由 BEA 系统公司、IBM 和微软开发的 Web 服务规范。WS-Transaction 描述了一种协调类型，这种协调类型用于 WS-Coordination 中的可扩展协调框架。它定义了两个协调类型：原子事务（AT）为个人操作，以及业务活动（BA）为长期运行的事务。在构建要求分布式活动的结果达成一致的应用程序时，开发人员可以使用这些协调类型中的一种或两种。

一拨人写分布式事务的底层框架，一拨人设计新的核心的交易系统，还有一拨人做分布式事务的框架。两个月后，开发完工，系统运转了起来，一切看上去似乎都很正常。

但当程立从系统的复杂度去审视时，他发现了一个问题，原本非常简单的处理过程，现在却变得异常复杂。比如，仅一个消息处理，分布系统之间的消息就有10~20个，如果这样，系统上去是要“死人”的。

进退之际，他想起了自己在2005年做支付宝三期时的经验：如果系统存在问题，就不要抱任何侥幸心理，要敢于面对问题，查找原因，从头再来。项目团队经过反复思考之后，决定把前面的架构推翻重做。

后来，程立又想到了一个简单的架构，他要求同事按照新架构开发。在团队的支持下，到9月底，开发工作全部完成。2007年“十一”长假，他提前三天回来，把代码重新检查了一遍，又加了很多的监控日志。“十一”过后，新系统顺利发布。

二代架构在支付宝技术发展过程中是很关键的一步，因为新系统将原来的大系统拆开了，在当时这个项目叫作“交易服务化”。有“交易服务化”作为基础，后来支付宝又做了账务三期。做完账务三期之后，核心账务系统也分布化了。从2007年开始，支付宝陆续用了三年左右的时间对整个系统进行分布化。

这样，支付宝就夯实了分布式事务的基础设施，核心账务可以分布，核心交易也可以分布，所有的业务都可以分开来做。结果是，支付宝的系统可以伸缩了，每一个系统都是分布式的，如果遇到业务峰值，就可以增加资源。幸运的是，当支付宝的二代架构做完后不久，淘宝就开始搞“双十一”大促了。

支付宝的第二代架构为第三代架构“云支付”奠定了良好的基础，因为如果使用云计算，系统首先要分布，只有这样才能用很多小型机器、云资源作为支撑。

但二代架构过渡到三代架构的过程并非一帆风顺，在二代架构完成后，虽然支付宝把系统拆开了，但是如何让新业务长在复杂的分布式系统上是一个非常复杂的问题，在业务很多的情况下，系统会变成一张复杂的网。

支付宝技术团队想到把业务进行拆分和梳理，从而将系统变成一个边界明晰的云服务平台。比如，系统里有一个支付服务的平台，它的作用是对外提供支付服务，任何一个业务需要用到支付时，直接对接就可以，这样支付的功能马上就可以调用了。类似地，会员服务的系统、运营服务的系统与营销服务的系统纷纷搭建出来，各种服务像“水、电、煤”一样能够即需即用。

总之，第三代云支付架构能够完成两方面的改造。一方面是在底层使用云计算技术，另一方面是在上层把服务变成云服务，这样建立在其上的业务就可以很快地生长。

从二代架构过渡到三代架构，支付宝又花了三年时间，在此期间，支付宝开始自主研发中间件、数据库、大数据平台。正是这个云计算的架构，支撑了近几年淘宝大促的交易，也使后来的“双十一”能够平稳地进行。

用程立的话说，如果这个事情做得晚一点，这几年的“双十一”大促就别想挺过来了。不仅如此，云服务的三代架构也为今天蚂蚁金服的发展奠定了坚实的基础，现在的蚂蚁金融云就是建立在这个架构的基础之上的。蚂蚁金服对此并不满足，现在已经开始研发第四代架构，这是一个适应目前数据开放、互联、全球化的架构。

支付宝三期

和老苗一样，程立也是蚂蚁金服最早的员工之一，伴随着公司的发展一路成长。

2005 年 2 月 1 日，程立坐在阿里巴巴的会议室里，梳着分头、戴着黑框眼镜的他，正等着 HR 分配工作。当时他恐怕怎么也想不到，若干年后自己竟成为蚂蚁金服首席技术官和阿里巴巴集团的合伙人。

那时，虽然支付宝公司已经成立，但是法务、财务、人力三条线还是由阿里巴巴集团垂直管理，所以阿里巴巴集团的 HR 也是支付宝的 HR，这种情况一直延续到 2007 年阿里巴巴 B2B 业务上市。

“叫到名字的跟阿里巴巴的人走。”主持的 HR 清了下嗓子，随后念出了一大串名字，大厅里的人一下子少了不少。

听了一圈发现没有自己，程立有点发蒙：“之前不是说好让我加入阿里巴巴吗？”当时的阿里巴巴在市场上知名度很高，程立最想去的就是阿里巴巴。

“算了，去不了阿里巴巴，去淘宝也行。”程立开始自我安慰。

很快，HR 又开了腔：“叫到名字的跟淘宝的人走。”接着把“张三、李四、王五……”念了一遍后，依然没有“程立”，这时候大厅里的人又走了一批，剩下的人已经很少了。

这时，程立的心里“哇凉哇凉”的，如果说去不了阿里巴巴去淘宝是退而求其次，那么连淘宝也去不了就有点太出乎意料了。

“剩下的跟支付宝的人走……”一声吆喝后，程立最终来到了支付宝。当时，支付宝还是淘宝的一个支付工具，谁也不知道它的前途。因此，被安排来支付宝的程立有点“上当受骗”的感觉。

后来他才知道，最早确实要把他分到阿里巴巴或者淘宝，谁料后来“半路杀出个程咬金”，老苗所在的支付宝技术团队缺人，就把程立交换了过来。当时，老苗对淘宝的 HR 说：“程立是我的搭档，我跟他一起干了一年，熟悉他，把他换过来吧。”

加入支付宝之前，程立是上海交通大学的在读博士，2004 年 2 月，他以外包工程师的身份加入了淘宝网系统升级的项目组，这个项目共做了三期。第一期和第二期做淘宝网的升级工作，通过两期的项目建立了淘宝网的新架构，第三期做的就是支付宝。那时的支付宝还叫作淘宝三期，项目组的工作就是把支付宝从淘宝“挖”出来，做成一个独立的平台。在那个项目快发布时，项目组的经理问程立有没有可能加入阿里巴巴，这位经理来自阿里巴巴的工程部，工程部当时正好需要一位主管，程立感觉在这家互联网公司能学到书本上学不到的东西，就中途退学来到了杭州。

于是就有了上面那一幕，老苗的一句话，让程立与支付宝从此结缘，而当时年轻的程立，马上将迎来在支付宝的第一次大考。

像老苗一样，程立也有花名，他叫“鲁肃”。取这个花名，一是因为他本人的性格就是老好人，这和鲁肃很像；二是他欣赏鲁肃那种不事张扬，却运筹帷幄、兢兢业业的态度。很多人并不知道，“三足鼎立”的战略其实最早是由鲁肃提出的。

作为支付宝最早的员工，他从程序员做起，后来逐步成为主程序员、主力架构师、首席架构师和公司的首席技术官，为支付宝技术的发展做出了卓越的贡献，其坦诚的为人和卓著的专业水平获得了同事的喜爱和尊敬。

2016年，在黄龙国际中心蚂蚁金服技术部的各个角落里，经常会“见缝插针”贴着内推启事，如推荐一个级别为P6/M1的从事Java开发、技术架构、测试开发和用户体验设计岗位的员工，推荐者可以获得税前奖励6000元，在这些新年内推奖金广告的最下方，印着程立写的一句话——“卓越代码成就梦想”，而这句话其实也是程立在支付宝的真实写照。

支付宝三期是程立进入支付宝之后的第一个项目。支付宝一期是在2003年12月，那时，支付宝只是淘宝里面的一个产品。支付宝二期将支付宝独立出来成为一个平台。支付宝三期则承担一个非常重要的使命，让支付宝建立一个真正互联网上开放的支付平台。这个平台不仅要服务于淘宝，还可以服务于互联网所有的电商业务；不仅提供支付的功能，也能够提供担保交易的功能。这样，担保交易的方式就能够通过支付宝的服务推广到所有电商的平台上。

当时，让程立没有想到的是，公司把这个项目压到了他的肩上，让他出任项目技术方面的主架构师。在此之前，程立虽然经常作为主力开发，但也只是架构师叫他怎么做他就怎么做，他自己在公司里从来没有做过主，而这个项目是程立说怎么做其他人就怎么做。直到今天，程立还为公司当时这个大胆的决定而感动。

初生牛犊不怕虎。如同所有刚入公司的年轻人，他紧张而兴奋，要借这个项目一举成名。起初，程立并未觉得这个项目有多大挑战，他把当时一切能够想到的主意都放到了项目之中，设计了一个即使在今天来看也非常具有前瞻性的架构。

当时程立认为，未来的支付宝在担保交易之外肯定会有各种交易流程。因此，新的架构需要支持以后复杂的交易流程。所以，他将系统的底层建立在一个新的技术之上。

项目的工期是三个月。第一个月用于需求的梳理和架构的设计，后两个月进行研发。程立的人生大考就发生在研发中的第三个星期。

刚开始，一切还算顺利。在研发进行到一个星期时，团队已经可以在新架构上实现一些功能。程立陆续听到一些赞扬的话，心里也美滋滋的。但是到了第二个星期，他就感到有点不对劲了。项目组的一些同事发现，底层技术平台上的功能堆砌开始混乱，系统变得越来越难以驾驭。

在一次加班后的晚餐中，一位开发工程师说出了他的疑问："这些架构好像有问题，很难开发下去。"

话音未落，项目主管打断了他："程立是主架构师，他说了算，你们开发就可以了，不要置疑。"

说者无心，听者有意。这句话像种子一样种在了程立的心里。

当天晚上回到家时已经23点了，程立并没有马上入睡，联想到最近开发的种种不顺和同事的怀疑，他翻来覆去地想：架构是不是真的出现了问题？

这时，一股莫名的压力绷紧了他的神经：新系统计划在2005年5月1日发布，这个时间点非常重要，因为腾讯的财付通要在当年6月发布，而一个月之后，PayPal将正式进入中国。从商业角度看，在5月发布，至少可以争取一个月的先发优势，但如果不能按时发布或者发布出去不能支撑业务，对支付宝和他本人而言都是不可承受的失败。

他开始辗转反侧，手心不断地出汗，整个身体就像浸入冰水一般寒冷。

“怎么办？……”

他下了床，到窗边点了一根烟。

夜已经很深了，窗外只有稀疏的灯光。在遇到棘手的问题时，程立总爱吸烟，对他来说，抽烟是一种暂时的抽离，有的时候，略微停顿一下，也许就会有新的想法。

此刻，程立开始尝试从旁观者的角度来考虑问题。他琢磨着同事的提醒，反思着新架构的利弊，思路也渐渐清晰起来：这个架构虽然新，但是开发起来很复杂，未来也很难驾驭，开发人员需要有一个很高的学习曲线，况且这个技术从来没有成功的案例，上线之后能不能扛住这么大的压力，都是一个未知数……

想到这里，程立惊出了一身冷汗。

“我怎么敢用这种技术去支撑一个如此重要的业务呢？”

两个小时不知不觉过去了，程立终于想明白了一个问题：这个架构一定是错了。

但这时，更大的压力扑面而来：在离项目发布只剩一个多月时，要把底层的代码重新推翻，这意味着前面项目组所有的付出都要推倒重来，同事辛苦写出来的代码将全部白费。

接下来的一个小时，程立抽烟的次数越来越多，各种想法反反复复地折磨着他。

他努力让自己保持平静，但一连串的疑问依然接踵而至：如果不去改，系统能不能准时发布？上线系统宕掉怎么办？未来新业务增长不上去怎么办？……

此刻，时针已经指向了凌晨三点。

程立长舒一口气，定了定神。

他意识到，这个架构必须推倒重来，要用新的思路来解决问题。冥思苦想了两个小时后，一个新架构的想法逐渐成熟，接着他打开了电脑，做了概念验证系统，证明将业务放在这个架构上是可行的，这时紧张的神经才慢慢放松了下来。

一夜未眠。

早上八点，程立赶到公司后，第一时间找到了项目主管说："请您召集开会，我有重大问题和大家讨论。"

在会上，程立首先承认自己设计的架构有问题，接着开始在白板上写写画画。这时，他不是在为自己辩护，反而是在证明自己的错误。

发现问题之后，接下来最重要的是解决问题，作为项目的首席架构师，他要带领团队往新的架构走。随后，他在白板上写出了当天凌晨构思的新架构。吸取了上次的教训，在这次沟通中，他耐心地询问项目组成员对于新架构是否有把握，直到获得所有人的认可之后，他才如释重负。

"之前两个星期的工作我负责迁移，大家开发新架构就好。"程立说。为了尽可能不耽误 5 月 1 日发布的时间点，也为了弥补他之前的过失，程立承诺将返工的任务量由他一个人揽下来。

"这哪行，一起来。"团队里不知谁先吭了声。

"对，一起扛。"人群中出现了三三两两的附和声。

面对同事的理解和支持，感情内敛的程立点了点头。当时，所有项目组的成员已经处于严重加班状态了，但是所有人还是义无反顾地和程立一起加班把系统架构切换过来，没有一句责备，也没有一句怨言。

最后，支付宝三期这个项目发布得非常成功，它支撑了支付宝2005~2007年两年多业务爆发式的增长。直到2007年，支付宝才把这个交易系统换到一个新的架构上。

多年之后，程立再次回忆起这段经历时，依然充满感慨。这件事情对他的影响颇深，它给了当时还是新人的程立很多启示：永远不要觉得一个问题太简单，永远对项目重视和怀有敬畏之心。而团队对他的信任和包容，又给了他极大的安全感，这改变了他的做事方式，让他这个内向的人敢于在团队中真实地表达自己。

“在支付宝，对就是对，错就是错，错了也没有关系，马上改正就可以，”程立说，“现在回想起来，如果那一刻我的决定不是‘往左’而是‘往右’，不知道支付宝会怎么样，也许系统会晚发布一个月，也许会有另外一个人把我换掉，但是我肯定就不是现在这个状态了。”

账务三期

如果说支付宝三期对程立有特殊意义，那么“账务三期”则是支付宝所有技术人员共同的记忆。

2007年之后，淘宝业务量呈几何级增长，这对支付宝的系统提出了不断改进的要求。2007年上半年，支付宝计划对系统进行改造，这时公司已经积累了三年多的数据，在诸多待改进的系统中，核心账目系统最为关键。由于记载了用户核心的资金和交易信息，核心账目系统对稳定性要求很高，不能有丝毫差池，甚至连一个比特都不能错，因为错一个比特就是一个亿或者十个亿的差错。

因此，核心账目系统的改造如同一块巨石压在程立的心里，但是为了继续支撑淘宝业务的发展，支付宝的系统迟早要做一个“伤筋动骨”的改造。

这次系统改造有两个主要目标：一是将核心账目系统做一个分布式的改造，二是将记账模式全部改变。支付宝早期的模式是单式记账，收一元就记一元，改造之后要做成一个符合标准的复式记账，简单地说就是收了一元还要知道这一元是从哪里来的。这就相当于重新做了一个账务系统。难度更大的是，在改造期间业务还不能停。

2007 年 10 月，支付宝发布完交易系统以后，所有人没有休息，又都进入核心账目系统的项目中来。当时的计划是花三个月的时间将系统开发完，然后再停机发布。

程立清楚，如果系统发布不成功，导致用户的数据和账目错了，支付宝就将面临灭顶之灾。2008 年 1 月的一天，时任支付宝首席技术官邱昌恒问程立：“新系统可不可以发布。”程立说：“不行，还需要一个星期。”一个星期过去后，邱昌恒再问，程立说：“还不行。”又一个星期过去了，答案依然如此。

邱昌恒急了。为了等新系统，支付宝的很多新业务都暂停了，业务开发的人员想等到新系统发布后再做，但是连续几周的“跳票”，导致很多业务创新不得不暂缓。

后来，邱昌恒拍板：“系统必须发布。”当时，大家对于这个新系统没有十足把握，但箭在弦上，只能硬着头皮上。

老苗的任务是在发布期间将账目系统的资金全部平掉，只有他告诉技术团队可以开放，系统才能发布。他和资金部的葛勇荻开玩笑说："如果这个项目做不好，我们都从 22 层楼上跳下去。""你是资金部，你先跳。但你放心，我马上跟着你跳。"

为了稳妥起见，技术团队申请八个小时的停机时间，他们会利用这段时间，把过去所有的历史数据搬到新的系统里。

2008 年 1 月 1 日零点，系统停机。

停机以后，老苗和技术部的同事开始把原来系统的数据往新系统里换，将数据换入新系统之后，还要做各种各样的变化，如要让原有数据符合新系统的数据格式，公司为此制订的计划是：停机八个小时，前面四个小时调换数据，后面四个小时进行数据核对。

然而在数据核对过程中，大家发现数据无法配平，而如果数据不平，系统就不能发布。接下来的工作就变成了寻找错误的数据，然而在几十亿条数据记录里面寻找出错误，无异于大海捞针。

八个小时很快就过去了，没有人发现错在哪里。15 个小时过去了，问题依然没有解决。直到当天下午三点，技术团队才发现数据转化中存在问题，经过一番努力，修订之后的数据终于可以核平了。

直到这时，所有人才松了口气。大家觉得新系统差不多已经可以发布了。

为了确保万无一失，程立和老苗等人做了一个决定，先将系统发布出去放五分钟，接着马上收回来，这样就可以对数据再进行一次核对。由于系统只放出五分钟，即使出现错误，影响也是有限的。

下午三点，新系统发布。五分钟后，系统准时收回。正当所有人觉得可以高枕无忧时，核算公式检验的结果让所有人都傻眼了——数据依然不对。

离停机发布已经过去了 15 个小时，比原定的结束时间超过了 7

个小时。这时，大家劳累交加，所有人的脑子里面都像装了一团糨糊。

空气凝固了。

到底哪里出了问题？

在这千钧一发之际，程立不由自主地感觉到紧张和茫然，在责任感的驱使下，他下意识地向主控的电脑前走去。

“同学，让一让，我来。”程立拍了拍电脑旁的同事，自己坐了下来，眼睛在长长的公式上扫过，他觉得四周安静极了，只有不断起伏的呼吸声。

在程立身边围着一圈项目工程师，他们的座位组成了二十多平方米的“核心作战区”，这个区域虽然没用挡板或者隔断进行阻拦，但是“核心作战区”四周好像有一条无形的高压线，没有人过来打扰。

两个小时又转瞬即逝。

这时已经到了下午五点。

网络上就炸开了锅：支付宝到底怎么了？说好的 8 个小时，为什么 17 个小时还没有发布？马云是不是携款跑路了？……一时间，谣言四起。最不靠谱的一个谣言是，支付宝的一个“小二”在搬机器时，头不小心碰到了机器，脑子里的水进入机器里，把电路板搞短路了。

但在这时，“核心作战区”的人对这一切并不知情，他们好像在一个隔绝了一切的密闭环境中工作。为了不让项目团队感受到压力，外面的管理层从不进来问，都在一旁静静地等着。

时任支付宝总裁邵晓锋和支付宝首席技术官邱昌恒此时正在外

围，他们知道，在这个时候，不打扰是最大的支持。警察出身的邵晓锋素有硬汉的冷静，但在这时，他只能坐下来，一根接一根地抽闷烟。只有邱昌恒每隔两个小时过来问一下情况。

外面的人紧张，“核心作战区”的技术人员却慢慢平静了下来。因为要专注于解决问题，程立脑子里杂七杂八的想法少了，他开始沉浸在检查公式的过程中。用程立的话说，当他感觉到压力大时，最好的解压方式就是把心中的那个“我”消掉，完全沉浸到这个事情当中去，这时就感受不到压力了。

此刻，程立突然发现，公式里面有两个数值正好差了一倍，把“+”号换成“-”号，数据就平了。当时他也不知道为什么把“+”号变成“-”号，但是这样做以后，一算确实可以调平数据。

在大脑紧张工作了十几个小时之后，已经没有人还有精力去想这一切到底是为什么。

“好，就这样发布吧。”大家在商量之后，做出了决定。

下午五点，新系统发布。

积攒了多时的用户流量像潮水一样涌来，凶猛程度完全超出了新系统的设计容量，系统放出去就“挂”了，“挂”了以后再“起”，再“挂”之后再“起”……虽然局面狼狈了些，但是所有人都清楚，只要数据不出错就是成功。

系统的发布让所有人都松了一口气，人们仿佛已经被掏空了身体，开始慢慢放松下来，但就在这时，意想不到的事情发生了。

突然，尖锐的系统报警声响彻“核心作战区”。

为了确保这个项目不出错，支付宝的技术团队为新系统专门建了一个监控系统，后者可以监测每一笔交易和资金，系统不停地报警，说明核心账目系统出错了，而此刻核心账目系统已经发布多时，几亿甚至几十亿元的资金已经涌入，如果有错误，现在已经不知道错在哪里了，想挽回也只是徒劳。

程立的脸一下子变得煞白。他瘫坐在椅子上，发不出任何指令。一边用残存的一点点力气检查系统是不是真的出错了，一边想“完了，完了，支付宝完了，我完了……”

又过了20分钟，当用户的洪流慢慢泄下，系统稳定之后，程立平静了下来，他又查了一遍数据，最后发现是监控系统本身的问题，账目没有出错。

账目三期发布成功了！

2016年1月，当我和程立谈及此事，他笑言自己的运气不错，现在回过头来看，如果那时系统真的出现问题，或者支付宝没有办法那么快地解决问题，就没有支付宝和现在的蚂蚁金服了。

付出没有白费。2008年1月上线的账务三期系统，直到现在仍在使用，作为支付宝非常关键的核心账目系统，虽然后来经过了一些优化，但是基本的架构没有变。更可贵的是，这个系统是具有扩展性的，很多新业务都可以在其基础上不断拓展。

账务三期是支付宝历史上最有名的项目，这个项目因为曲折艰难，而被很多当时参与的技术人员所铭记。这个项目中培养出来的很多技术骨干，在日后的支付宝技术发展中都起到了关键性的作用。虽然项目的过程非常曲折，但是结果非常好。

敬畏之心

2015年1月，我第一次见到程立，当时他在黄龙时代广场B座

12 层一间朝南的办公室里办公。一年之后，这个办公室的主人已经变成了老苗，程立则搬到了离此不远的黄龙国际中心。2016 年 1 月，我再次见到程立。那天，他上身穿着一件 Play 牌的灰色 V 领针织衫，下身穿着一条蓝色牛仔裤，在办公室沙发前的茶几上，摆着一套茶具和各色小茶壶。

在这次采访之前，我听到了很多关于他的“江湖传闻”。比如，程立在和同事讨论问题时，会一边写毛笔字一边听，经常是同事讲完，他脑子里的对策就想出来了。有人说，几乎所有的技术问题都会在程立那里找到解决思路。

再次见面，我拿这些“江湖传闻”和他求证。

程立认为，很多时候是“当局者迷”，一些同事喜欢找他讨论问题，但是最懂这件事情的还是他们自己，很多时候他只要听就可以了。一些原本准备向他请教的问题，最后往往变成了业务人员自己讨论的问题，而程立就在旁边写字，等字写完了，找他的同事也讨论出来结果了。

每当写字时，他就特别平静，头脑处于一个“接收”的状态。而如果站在人群中听讨论，他往往会迷失。因此尽管他在写字，但也是在听讨论，稍微脱离一点，反而会听得更加清楚。

在一次给湖畔大学的授课中，彭蕾特别提到，程立平时不太爱说话，别看他在开会的时候经常写字，他的“天灵盖”是打开的，始终在接收外部的信息，所以，程立很容易走进他人的世界，和周围的人发生“连接”。①

---

① 见《湖畔大学三板斧：马云及阿里合伙人首次公开创业心法》之“彭蕾：阿里巴巴的人才观，阿里需要什么样的员工”，喜马拉雅 App。

正是出于这种赏识，彭蕾开始让程立承担更多责任。

2013年的一天，程立被叫到了彭蕾的办公室。

“李静明要回美国，由你来接任首席技术官怎么样?”彭蕾开门见山地问。

程立听完后很犹豫：“我从来没有领导过这么大的团队，而且，李静明所表现出的领导气质和做法我根本做不到。”

程立所说的李静明，是当时支付宝的首席技术官，李静明曾在Sun微系统、Unisys等跨国IT公司担任技术总监、首席架构师等职务，在来支付宝之前，曾在阿里云担任副总裁。他作风强势，为了工作的事经常和同事据理力争，有时甚至拍桌子争吵。目睹了李静明领导风格的程立，对自己能否做一个首席技术官产生了很大的怀疑，因为李静明的性格与他截然相反。

听完程立的话，彭蕾没有说太多，只是让他再考虑考虑。

两个星期后的一天，为了劝说程立接任蚂蚁金服首席技术官，阿里巴巴集团首席技术官王坚找他聊天，但程立依然婉言谢绝。理由一样，他还是与李静明做比较，觉得自己还不具备领导这么多人所需要的气质。

王坚当然理解程立的想法，这位曾经的心理学教授，片刻思索之后说：“你永远也成不了李静明，但是你也一定会有自己解决问题的方式。”

这句话给了程立极大的信心，他慢慢觉得自己至少可以先试试看。

从2005年加入支付宝开始，程立在十几年间岗位不断发生变化，每次职责转变对他来说都是一次挑战，当他的角色从单纯的技术走向技术管理的方向时，他开始承担很多过去没有想过的责任。作为领导，团队里每一个人的错误都是自己的错误，但团队里每一个人的成果未必是自己的成果，这时整个人的心态就需要重新调整。

程立坦承自己是个普通人，如果没有支付宝和蚂蚁金服，他可能会在一个工作岗位上兢兢业业地工作，但是支付宝这个舞台给了他很多锻炼的机会。幸运的是，他属于最早加入支付宝的那批员工。在他看来，能够加入一家刚刚起步的公司是一个巨大的优势，和后来加入的同事相比，他会更多地了解一些事情的背景，这样就更明白哪些原则是可以打破的。

用他的话说，十年里犯的错误大部分是在支付宝创业的早期，犯了错误后学到的东西和书本上学到的东西不一样，它不仅可以让人学到经验，也可以改变人的思考方式和做事原则。

然而，在 2013 年真正接手之后，程立才发现，首席技术官工作的复杂程度远远超出了他的想象。在做首席架构师时，同事对他都非常信任，但凡技术问题都是可以解决的，但担任首席技术官之后，他突然发现，不仅这种信任变少了，甚至还有很多人反对他。

2013 年，支付宝内部有一个工程师论坛，其中一个版块叫作“畅所欲言”，在这里，每个人都可以匿名发表对公司、对部门和对团队的看法。程立刚接手那会儿，全都是负面的帖子，很多人抱怨公司，他也不知道问题出在哪里，但是大家只是感觉不爽，这种感觉持续了一段时间后才慢慢好转。

有过此番经历后，程立觉得，最大的挑战在于适应变化。今天，尽管程立已经成为阿里巴巴集团的合伙人、蚂蚁金服的首席技术官，但是他面临的挑战绝不比他刚进入支付宝时少。

2015 年 5 月 27 日下午，支付宝的很多用户发现，从当天下午 4:30 左右开始，支付宝出现网络故障，转账、付款、手机充值等功能均不能正常运行。在进行相关操作时，支付宝会出现“系统错误，请稍后再试”、“网络无法连接”等提示。

巧合的是，当天下午，银监会网站发布了关于浙江网商银行的开业批复，对于一向宣称自己“系统安全性高，灾备能力强”的蚂蚁金服而言，这是一个尴尬的时刻。

当天晚上 6:05，支付宝钱包官方微博解释称，这次事故是“由于杭州市萧山区某地光纤被挖断”而“造成目前少部分用户无法使用支付宝”。支付宝表示，运营商正在抢修，工程师正在紧急将用户请求切换至其他机房。支付宝还特别强调，用户的资金安全并不会因此而受到影响，交易数据不同步的情况也会在修复后恢复同步。

金融领域的系统安全一直是监管机构工作的重点。2013 年 6 月，某大型国有银行在系统升级时也曾出现全国大面积瘫痪的情况，根据当时媒体报道，全国多地用户在登录网银系统时均出现了“登录失败，因系统原因暂无法获取当前交易结果”的提示，但是所有问题在 1~2 个小时内便处理好了，系统的回退也很快。即便如此，这次事故也被监管机构当作案例来反复“敲打”各家银行重视系统安全。对于涉足金融领域的蚂蚁金服来说，系统安全的问题当然也是重中之重。

从当天下午五时许到七时许，持续了两个小时左右的故障最终被排除，虽然时间不算长，但是由于支付宝在互联网金融领域的系统重要性，以及其独特的基于云计算的 IT 技术架构，这次故障仍备受关注。

各种报道铺天盖地，业界聚焦于这个问题，如果按金融机构系统灾备标准衡量，即使在出现光缆被挖断的情形下，系统的运行也应该正常无误，人们开始怀疑支付宝或者蚂蚁金服的金融安全能力是否真的如宣传般那么强大。同时，大家也在想，基于云计算的IT技术架构是否真的能够经受住金融级别的考验。

这样的担忧不无道理。支付宝底层的基础云平台架构，不仅支撑着支付宝，也是浙江网商银行的基础，未来还将输出给其他金融机构。对于有意成为互联网金融基础设施服务提供商的蚂蚁金服来说，系统的安全保障能力受到了外界更加严格的审视。

当天下午，程立在办公室里感受到了一种不同于以往的压力。作为蚂蚁金服的首席技术官，他需要不断去回应各种质疑，在支付宝和蚂蚁金服这么多年，大风大浪没少经历，账目三期、“双十一”的难关都遇到过，但与以往不同的是，这次程立不再是一线解决问题的业务骨干，而是技术方面的主管领导。程立说，这一次他体会到了在账目三期项目时邵晓锋等人的压力。

像当年邵晓锋他们那样，程立尽量不去打扰一线技术人员，让他们能够专注地恢复光纤和系统，而他更多的是做解释和说明的工作，同时也在不断复盘，想以后怎么去改进。

事后程立觉得，这次事件对于蚂蚁金服来说，既特别不幸，又特别幸运。

说不幸，是因为蚂蚁金服的外接光纤其实都是双光纤的，而被挖断的这根光纤恰好是同管的，之前公司已经排查出了这个问题，还要求运营商去整改，谁知正好在这个当口，刚好挖断了这节同管的光纤，当时蚂蚁金服的“异地多活”技术又恰好做到一半，深圳机房刚刚完成了切流，还有待演练将其夯实，所以，系统恢复的时间略长了一些，如果再过一段时间发生这个事情，交易就不会中断这么长时间。

说幸运，是因为这次事故给快速成长的蚂蚁金服敲响了警钟。程立说，在这个事故中，真正对主交易的影响只有一个多小时，类似的故障支付宝几乎每年都有，但是用户对2015年的那一次事故特别在意，这件事情让公司上下都看到了蚂蚁金服对用户、对整个社会越来越重要的影响。出了这件事情以后，公司在基础设施投入的时候会更加警觉，会将事情做得更加细致和彻底。

吸取了这件事情的教训，现在蚂蚁金服的技术团队每个月都会做几次演练，通过不断演练来锤炼自身的技术能力。程立告诉我，就在我们见面的当天凌晨还有一次演练。他相信，通过这样不断的演练，一定会锤炼出真正的能力。

在蚂蚁金服的业务越来越深度进入金融领域之后，作为首席技术官的程立将对风险的敬畏摆在了更高的位阶。

早些年时，程立认为，在支付宝做技术，有两个难题是一定要解决的：第一是让系统容量可以无限增长，因为过去公司总是担心下一年系统容量能不能持续增长；第二是希望系统可持续使用，即永远不会担心系统会宕机。从2015年“双十一”大促来看，第一个问题基本解决得差不多了，系统每天处理十亿笔、百亿笔、千亿笔，只要不断往里扩展资源就可以。接下来的目标就是让系统持续可用，这也是为什么蚂蚁金服在“异地多活”的架构上进行持续的投入和演练，目的就是让蚂蚁金服成为具备这个基础能力的平台。

“我作为一个首席技术官，可以什么事情都不做，但是有关风险的事情是我的头等大事。”程立说。在他的眼中，互联网金融的本质既有互联网也有金融，两方面的基因纠缠在一起，密不可分。在蚂蚁金服的产品和服务里，所有金融该有的属性它都有，风险是逃不掉的，挑战在于怎么对金融的风险能力有更深的理解。他要思考的是，在互联网情形下，怎样去理解创新背后的风险。

只看金融业务的风险还不够，当金融和互联网产生联系时，技术的风险也随之而来。蚂蚁金服为此特别成立了技术风险部，这在互联网公司中是绝无仅有的，这个部门专门去看在技术上有哪些风险，以及如何理解技术风险与业务风险的结合。

今天的蚂蚁金服已经具有系统重要级的影响，其对风险的重视程度与日俱增，相对于传统金融市场的信用风险和流动性风险，蚂蚁金服更需要防范的是技术风险。从公司内部角度看，如果支付宝出问题，整个集团就会遇到麻烦；从公司外部角度看，支付宝有几亿用户，涉及金钱时一出事就是大事，不仅可能伤及整个支付行业，也可能对上游产业造成影响，并最终影响老百姓的生活。

“创新是一个一百年的事情，如果不稳妥，一次事故所造成的影响就会非常大，所以要有一颗敬畏之心。”程立说。

第八章　从支付到金融：余额宝诞生

科技创新是经济增长的动力，对于科技的发展首先要有热情。新事物刚出现时不一定能弄得很清楚，也不知道它动态发展的下一步，所以先要尽量采取相对友好的态度，给它们一定的空间。

——周小川

余额宝是蚂蚁金服发展历史上一款非常重要的产品，它帮助支付宝完成了从支付到金融的转型，为后来整个蚂蚁金服的金融业务发展奠定了基础，也开启了中国互联网金融的元年。

莫干山会议

2013 年初，浙江莫干山裸心谷酒店迎来了一拨从杭州来的客人。他们行色匆匆，刚住下没多久，就聚集到了酒店里的一个圆形会议室中。这些人都是支付宝的核心高管，齐聚于此是为了谋划支付宝的未来发展战略。这就是蚂蚁金服历史上有名的“莫干山会议”。

此前不久，支付宝已经确定将从一个支付公司转变成互联网金融集团，然而没人知道怎样在支付的土壤中长出一棵金融的大树，高管想通过这次业务会议来为今后的发展把脉。

莫干山为天目山之余脉，是国家级风景名胜区，在浙江省湖州市德清县境内，位于沪、宁、杭金三角的中心。新中国成立后，很多重要的会议都在这个景色宜人的避暑胜地召开，如 1982 年和 1984 年两次国家层面上的“莫干山会议”，就确立了中国经济改革的方向和路径。

那么，支付宝的“莫干山会议”会为公司带来哪些改变呢？

现任蚂蚁金服品牌和公关总监陈亮参加了这次会议。他清晰地记得，尽管冬天的莫干山天气很冷，但是高管的讨论气氛非常热烈，在彭蕾的带领下，大家畅所欲言……

高管聊得最多的是公司未来的产品和业务形态：怎样和基金公司合作推出货币市场基金产品？智能穿戴设备如何与保险结合？支付宝未来要不要做清算组织？业务是否要涉足表外理财等监管上的灰色地带？是否可以做一个针对小微企业的公募众筹产品？如何构建一个开放透明的信用体系？……类似问题在两天的会议中不断地被抛出和讨论。

那时高管还没有清晰的金融业务条线概念，大家讨论最多的是有哪些产品可以做，这些产品能在社会上解决什么样的问题。像余额宝、芝麻信用、网商银行等一个个后来被人们熟知的项目，正是在这次会议上被确定的。这次会议之所以重要，一是因为它确定了支付宝未来的发展方向，二是因为会议上讨论的大部分产品在后来变成了现实。

除了产品的形态外，会议还着重讨论了公司的组织和文化建设，在这次会议上还提出了一个有意义的目标，那就是如果有一天支付宝的年交易额超过十万亿元，公司的人数不应该超过7000人。

更为关键的是，高管在会上还思考了“生态”这个词的含义。此前，支付宝对生态的理解是，“左手是银行，右手是用户，中间是商户”，银行、用户、商户和支付宝共同构成支付宝的“生态”。但是后来意识到，这只是“小生态”的狭义概念。未来，在从支付向金融领域扩展时，支付宝生态的范围和内涵将会扩大，物流、支付、保险、软硬件提供商、媒体甚至监管都有可能成为生态的一部分。在这种情况下，对于未来业务更需要多方位、多维度考虑，未来公司的成功一定是其构建的生态体系的成功。

蚂蚁金服成立

在公司层面决定从支付向金融转型之后，2013 年 3 月，支付宝的母公司——浙江阿里巴巴电子商务有限公司，宣布将以支付宝为主体筹建小微金融服务集团，由彭蕾出任小微金服 CEO。至此，支付宝从一家第三方支付公司变成了一个互联网金融服务集团。在集团成立初期，彭蕾特别强调“服务”二字的重要性。在她看来，“服务”蕴含了公司立足于现在，面向普惠金融，服务小而美的金融需求的愿景。

2014 年 10 月，这家筹备完成的公司被正式命名为“蚂蚁金融服务集团”，简称“蚂蚁金服”。对于最终将公司名称定为蚂蚁金服，官方给出的解释是：之所以选择这个名字，是因为公司是从小微做起，也只对小微的世界感兴趣，蚂蚁金服身上承载了太多小微的梦想，喜欢与更多小伙伴同行。就像蚂蚁一样，虽然渺小，但它们齐心协力，焕发出惊人的力量，在通往目的地的道路上永不放弃。此外，“金服”二字也显示出蚂蚁金服不是一家传统的金融控股集团，“金服”二字，重在服务。蚂蚁金服希望既能服务“草根”消费者和小微企业，也能服务金融机构，并和后者共同为未来社会的金融服务提供支撑。

2013 年 2 月 25 日，在小微金服宣布筹建之前几天，支付宝在杭州西溪宾馆举行了公司年度战略会，这个会议在每年年初召开，主要议程是各个部门讨论新一年的工作目标，同时提出需要公司支持的地方。

通常来说，马云不参加这种会议。所以，当他出现在会场时，所有参会人员都感到很惊讶。在会议临近结束时，马云发言讲述自己在春节期间对小微金服未来发展的思考。他告诉大家，小微金服的使命是打造一个公正、透明、开放的金融体系。

“今天说白了，做金融业务，我们不是为了赚钱，我更看重的是在十年甚至二十年之后，在中国打造一个更开放透明的金融体系，”马云告诉大家，“如果是为了赚钱，今天，我们已经足够了。”

当时，支付宝面临的舆论压力很大，在进入金融领域之后，会不可避免地触碰金融企业的核心利益，互联网公司的“玩法”与金融机构不同，人们声称支付宝“高调”，外界对支付宝的评价是，“像互联网企业又不完全像互联网企业，像金融企业又不完全像金融企业”。

2012 年初，监管机构叫停信用卡向支付宝账户充值的行为，这让公司很多一线业务人员感到迷茫，担心自己在外界看来是不是太“高调”了，创新的步子是否迈得过大了，进退略有失据。在关键时刻，马云再次希望支付宝的员工放下包袱，不要太过拘泥于这样的挫败，继续加快创新的步伐。

“我们没有办法躲在角落里。”马云告诉支付宝员工，公司的发展不存在所谓高调和低调，唯一衡量的标准是能否实现愿景和目标。马云认为，如果小微金服要建立一个开放、透明、公正的金融体系，外界就不可避免地认为其是高调的，但这不是问题的关键，关键是公司自身要做到开放、透明、分享、责任。马云希望支付宝能从小处着手，解决一点一滴的问题，不能因为过于纠结，而将自己的手脚束缚住。

马云以当年淘宝和eBay竞争为例，来说明支付宝不是为了破坏而破坏，也不是为了打败而打败；不是为了和谁竞争，更不是为了革谁的命。支付宝真正在意的是满足用户需求。

在马云的眼中，金融的作用是解决贸易和生活中遇到的难题，因此金融应该回到服务实体经济的本质，不应异化成空对空的套利。

“现在市面上有很多很小的问题，没人管，没人做，我们去做。”马云鼓励员工去做不一样的事情，让老百姓和小微企业能够获得普惠的金融服务。他告诉员工，自己的梦想就是未来让中国的任何一位老太太都能得到和姜建清一样的金融服务。

在会上，马云给公司员工提了三个KPI的要求：一是创新能力；二是协同能力；三是“今天和明天”的能力。前两种能力很好理解，所谓“今天和明天”的能力包含两方面的内容：一是要看员工为公司的明天做了什么事情；二是即便员工为明天做了事情，今天也不能一塌糊涂，员工今天做的很多东西，要能解决当下的问题。同时，员工不能只局限于今天所要做的事情，还要为明天未雨绸缪。在考核员工时，公司将从这两个方面入手。

在讲话的最后，马云说：“成立小微金服，你们不再是支付宝，这是第一；第二，不要老想着支付业务，中国金融服务的改善空间非常大。”在马云的眼中，当时支付宝做得中规中矩，没有什么大的突破。他希望支付宝的发展能有更大的格局和视野。

如果说马云在2010年支付宝年会的讲话纠正了公司发展方向，那么这次他的出现则为支付宝从支付向金融进军吹响了集结号。出乎意料的是，在讲话快结束时，马云话锋一转，说了一句当时令很多人不解的话：“你们尽管去做，如果我们做的事情是为了客户的利益，如果要坐牢，我去。”

在2004年初，马云也讲过同样的话，那是要启动支付宝项目时。当时淘宝网虽然很热闹，但是线上交易很少，马云下决心推动淘宝的担保支付项目，因为这是构建中国电商信任体系的关键一步。正是这个决定造就了支付宝，在那天晚上从瑞士达沃斯论坛上给国内的同事打越洋电话时，马云就曾经说过：“如果要坐牢，我去。”

“做业务再怎么样也不至于去坐牢吧。”这句话让坐在台下的很多人都不解。从后来余额宝所引起的轩然大波来看，马云的这番话并非危言耸听。

马云的话给在场的高管提了个醒：与其朝三暮四，不如踏踏实实做几个项目。但在当时，马云并不知道三个月后即将诞生的余额宝。

随后不久，余额宝的横空出世，给所有人展现了一个在支付之外的金融方面的无限可能。

祖国明与周晓明的电话

2013年6月21日晚，祖国明正在北京电视台财经频道准备录一档关于余额宝的谈话类节目。就在节目开始录制之前，他的手机突然响了。

原来，当天下午4:14，央视新闻频道在一条简讯中称，余额宝基金违反了《证券投资基金销售管理办法》和《证券投资基金销售结算资金管理暂行规定》的部分规定，业务或被暂停。

同事和亲朋好友在看到新闻之后，纷纷打电话来想问个究竟。祖国明也蒙了，随后录制节目的几十分钟，他有点心不在焉。一录完节目，祖国明马上先给公司回电话，又给监管机构打电话询问事情的缘由，结果发现余额宝并没有被叫停，只是证监会要求支付宝尽快完善一些备案的手续。

原来，当天下午在证监会每周五的例行新闻发布会上，证监会新闻发言人在回答记者有关余额宝的提问时表示，“余额宝”业务中有部分基金销售支付结算账户并未向监管部门进行备案，也未向监管部门提交监督银行的监督协议，违反了《证券投资基金销售管理办法》第二十九条、第三十条和《证券投资基金销售结算资金管理暂行规定》第九条的规定。该发言人最后说，证监会已于近期要求支付宝就此次“余额宝”业务所涉及未备案的基金销售支付结算账户限期补充备案，逾期未进行备案的，将根据相关法律规定进行调查处罚。

证监会只是要求支付宝尽快完善一些余额宝备案的手续，央视新闻频道却误解为余额宝业务或被暂停，这才引起了当天的轩然大波。

作为余额宝项目组负责人的祖国明不敢怠慢。接下来的周六和周日，余额宝项目组开足马力加班，在下周一就将证监会要的材料提交上去，顺利应对了这次“备案门”危机。当时，祖国明没有想到余额宝会成功，影响会如此之大。

祖国明毕业于南开大学数学系，毕业后在北京市政府部门做过短暂的工作，后来在“联办”① 旗下的和讯网负责市场拓展和营销

① 中国证券市场设计研究中心，前身为证券交易所研究设计联合办公室，简称“联办”，成立于 1989 年 3 月 15 日，是由九家全国性非银行金融机构发起和集资成立的，并得到中国政府有关主管部门支持的非营利、民间性、会员制事业单位，实行理事会领导下的总干事负责制。

等业务。早在2006年，祖国明就曾经作为和讯网的业务负责人，和证监会基金部沟通过互联网基金销售的事宜。

在2011年春节前，祖国明以前的一位同事找到他，问他愿不愿意到淘宝工作。这位同事当时是淘宝新业务部的总监，淘宝新业务部主要开展淘宝旅行、淘宝彩票、淘宝保险等业务。他们在生活、电商方面迅速拓展的同时，也想做一些和理财有关的项目，最初的想法是做一个淘宝理财频道，相当于在淘宝上建一个“金融街”，在这里金融机构可以销售保险和理财产品。因为看重祖国明在金融领域的经验，这位总监就想邀他加盟。

祖国明没有犹豫就答应了。当时他已经年过不惑，在“联办”工作了这么多年，他也想换一个环境去发挥自己的能量，用他的话说：“再不动就动不了啦。”

2011年7月，祖国明正式入职淘宝。

到了新单位之后，祖国明给很多相熟的朋友打了电话，告知自己的工作变动，其中就包括认识了十年的老朋友周晓明。

谁知正是这个电话，为后来余额宝的诞生埋下了伏笔。

“你现在在哪儿？”祖国明问。

“去了一家基金公司。”电话那头的周晓明并没有直接说出公司的名字，但他告诉祖国明，自己还没有正式入职，等手续办完就告知去向。

周晓明的低调有他的原因。作为证券行业的“老兵”，在此之前，他刚刚经历了两次失败的创业。之后，周晓明在家消沉了半年，虽然赋闲在家，但他时刻关注市场的动态，特别是看好互联网的发展前景。祖国明在淘宝网工作的消息，让周晓明眼前一亮。2011年，淘宝网风光无限，电商的迅速发展已经成为一个社会现象。周晓明心里隐约感觉到，通过电商来销售基金一定大有希望。

就在两人通完电话的两周后，2011 年 8 月，周晓明来到天弘基金出任首席市场官。从基金公司的总经理到首席市场官，虽然已经人到中年，但是他不肯服输，准备重整旗鼓，从头再来。

这时，两个老朋友突然发现彼此间的契合度非常高：祖国明要在淘宝的理财频道上销售基金，而周晓明去天弘基金负责电商与互联网等新渠道的拓展。

两人的联系一下子热络了起来，他们在一起讨论了很多问题，例如淘宝基金要干什么，基金公司应该怎样进驻淘宝，等等。

2011 年 9 月，周晓明带队到杭州淘宝总部拜访淘宝网总经理姜鹏，两人谈了一个多小时。那次见面之后，周晓明开始积极推动天弘基金成立电子商务小组，而在此之前，天弘基金在电子商务领域还是一片空白。

回去之后，天弘基金立即推出了一款针对互联网销售的分级基金产品，但在沟通中双方发现，在淘宝上销售基金还存在一些资质上的障碍。此前，中国基金业的销售主要通过银行渠道，虽然 2011 年 6 月出台的《证券投资基金销售管理办法》明确了基金销售机构的资质要求，打破了银行的“垄断”，但是对于第三方电商平台的基金销售依然没有开闸。

而在当时，业界对于淘宝销售基金存有很多疑虑，不管是传统的银行渠道，还是刚拿到基金销售牌照不久的基金销售机构，抑或是基金公司自身，所有市场参与者都担心淘宝店铺会对自身流量产生冲击。总之，大家都把淘宝当作一个潜在的对手，担心淘宝做起来以后自己就没办法做了。

对于电商平台销售基金这个新事物，监管机构心里也没有底，证监会为此多次组织交流、调研，祖国明就发挥圈中人脉优势，率领业务团队努力去沟通。2013年5月，证监会发布了《证券投资基金销售机构通过第三方电子商务平台开展业务管理暂行规定》。又过了几个月，直到2013年10月底，淘宝网终于获得了开展业务的资格。这时，淘宝网才可以通过店铺的形式来销售基金。

但在2012年，周晓明和天弘基金通过淘宝网来销售基金的愿望暂时落空了。祖国明还记得，当时天弘基金的产品没办法在淘宝网上销售，周晓明索性在淘宝内部员工中兜售了起来，为此他还专门在支付宝进行了基金产品的宣讲，但是参加听讲的人并不多，那时很多在互联网企业工作的年轻人还不知道分级基金是做什么的。

对金融产品感到陌生是整个社会的普遍问题。当时，人们熟悉的投资产品通常是股票。基金虽然曾经在2005年和2006年股市大涨时火了一段时间，但之后随着市场行情的变化，投资者的热情也逐渐减弱了。

在周晓明继续为网销基金的事情奔波之时，祖国明在阿里巴巴内部的工作岗位也发生了变化。在阿里巴巴和蚂蚁金服，调动工作是家常便饭，因此内部有一句话叫“拥抱变化”，每当员工的工作发生变化时，这句话就常常被大家挂在嘴边，这既是服膺公司价值观的体现，也成为聊以自慰的说辞。总之，所有人都要随时做好工作调动的准备。

2012年4月，祖国明从淘宝新事业部调到了支付宝，开始负责基金团队。过后才知道，支付宝当时正在申请基金第三方支付牌照，祖国明就投入了基金支付牌照的申请过程中，当时这是他的一项重要工作。

在此之前，只有银行与证券公司能进行个人基金投资业务的三方支付。2012 年，证监会开通了基金第三方支付牌照的发放，一些第三方支付公司也可以去监管机构申请从事基金申购及赎回业务。在这项业务中，基金投资人通过第三方支付来进行相关操作和转账，接着再由第三方支付和基金公司进行信息的对接和资金的结算。

一个月之后的 2012 年 5 月，支付宝获得了基金第三方支付牌照。拿下牌照以后，祖国明和基金公司接触得就更多了。他一方面希望能给基金公司提供支付渠道；另一方面也在游说基金公司来淘宝网开店，为今后淘宝理财频道开办基金业务做准备。

二号项目

当时，支付宝虽然因快捷支付而变得顺风顺水，但受困于一个由此带来的“幸福的烦恼”：有了快捷支付后，用户虽然可以很方便地进行支付，但是很少有人往支付宝账户里充值，这就导致支付宝在银行的备付金规模在很长一段时间内没有增长。

当时，集团的战略部发出了一种声音，认为快捷支付把支付宝的账户价值做死了。

“没有钱，账户就不是账户，而是账号，这跟淘宝的账号没有任何区别。”类似的声音在公司内部不绝于耳。

当时，支付宝有用户事业部、商户事业部和金融事业部。用户事业部负责 C 端用户的业务，商户事业部负责商户的业务，而金融事业部主要和银行进行沟通。用户事业部和金融事业部为此进行了激烈的争论，用户事业部强调账户的价值受到减损，而金融事业部则竭力维护快捷支付。

负责快捷支付与银行谈判的袁雷鸣觉得，这种将责任推到快捷支付身上的观点有失偏颇。在他看来，快捷支付的开通与账户价值的下降没有直接关系，反倒是有了快捷支付，用户往账户里存钱更方便了。

为此，他还向高层现场演示，如果不用快捷支付，单纯用网银把钱充进账户需要一两分钟；如果用快捷支付，输入密码后银行账户里的钱就进入了支付宝账户余额。因此，账户没有钱并不是因为有了快捷支付，而是账户本身没有给用户带来价值。

两种声音交织在彭蕾的耳边，她一方面看到了支付成功率的显著提升，肯定了快捷支付给支付宝带来的价值；另一方面又注意到支付宝账户余额的停滞不前，觉得支付宝账户的价值还没有显现出来。

当时摆在支付宝高管面前的问题主要有两个：一是支付宝从用户体验的角度出发，希望能够提高账户的价值，而提高账户价值最简单直接的办法就是给用户在虚拟账户中的余额些许利息，但是监管机构不允许支付机构这么做，因为如果这样做，支付机构就变成了实质意义上的银行，但用户的这种需求始终存在。二是支付宝希望降低自身的备付金规模，当时，央行已经开始就支付机构的客户备付金存管办法征求意见，并准备按照支付机构的备付金银行账户利息的10%计提风险准备金。这样，支付宝出于自身财务和流动性方面的考虑，也希望用户降低虚拟账户中的资金余额，从而降低自身的备付金水平。

初来乍到的祖国明，也在和同事一起寻找一个综合的解决方案。

很快，大家就得出结论：波动小、收益稳定的货币市场基金是一个好方向。

2012 年九十月，祖国明开始和基金公司讨论如何降低支付宝的备付金水平。不同的基金公司有不同的想法，有的基金公司想让支付宝直接拿备付金去投资基金。如果这样做，支付宝替客户管理保证金的意义也就失去了，何况监管机构也规定客户备付金是不能拿去投资的，因此这个方案很快就被否定了。

这时，周晓明和天弘基金表现出了不一样的态度。首先，天弘基金的管理层非常看好互联网渠道；其次，当时天弘基金的规模还比较小，只有一百亿元左右，相比一些规模大的基金，其配合度更高，而天弘基金本身也急切地希望能通过这个项目实现“弯道超车”。他们更多地从支付宝的角度考虑问题，想的是怎么能帮助支付宝服务好用户。

双方的沟通开始逐步升温，天弘基金的团队来杭州拜访，支付宝的团队也去北京拜访。在经过多次沟通之后，一个基本的框架模式也逐渐浮出水面，即“货币基金+支付消费”的模式，从业务层面讨论，这种模式是可行的，双方的共识也逐渐达成。

这时，祖国明把整个方案跟公司做了汇报。

最后的拍板则缘于一个饭局。

2012 年 12 月 22 日，天弘基金总经理郭树强拜会当时阿里小微金融服务集团副总裁樊治铭。当晚，双方共七个人在东三环边的北京环球金融中心西塔二楼国锦轩吃饭。樊治铭是在那次会面上第一次听说天弘基金，当时天弘基金在业界排名第九十多位，在行业里没有什么名气。

席间，郭树强把项目进展情况向樊治铭做了全面的说明，谁知他讲了没几分钟，樊治铭就打断了他："郭总，不用说了，这对用户是好事，必须马上做，尽快做。"

支付宝和天弘基金的合作关系因此确立。双方确认将合作打造一款"货币基金支付"产品，支付宝希望用户拿这个产品也能在淘宝上购物。

2013 年春节以后，支付宝新财年规划出炉，公司决定正式将货币基金项目立项，因为双方的合作在 2012 年 12 月 22 日拍板，樊治铭因此将其命名为"二号项目"①，祖国明和周晓明分别作为支付宝和天弘基金方面的项目负责人，共同指导项目的开发。后来，项目组的成员还为这个项目专门取了"二"字开头的花名，如祖国明叫"二大爷"，周晓明叫"二师父"，还有"二嫂"、"二熊"，等等。所有人都在不计得失地很"二"地做事。

闭　关

"二号项目"的闭关室在杭州黄龙时代广场 B 座支付宝办公楼 14 层的春秋书院，来自支付宝、天弘基金和金证股份（天弘基金软件服务商）的项目开发人员，聚集在这个能容纳 40 人左右的会议室，闭关持续了三个月左右。在此期间，各方协调配合得很顺畅。作为项目的负责人，祖国明尽心尽力，但凡需要公司哪个部门的资源支持，他都会直接提出来，以便项目有条不紊地进行下去。

支付宝有这样一个传统，即凡是公司的重要项目，其他部门都

① 2013 年支付宝的"一号项目"是网络银行。

会全力配合支持。“二号项目”涉及不同技术层面的开发工作，有的开发人员做底层，有的做页面，有的做前端。为了加快进度，上海、成都等地的技术人员也相继被调到杭州参与开发，除了技术部门以外，“二号项目”也涉及公司内部的合规、法务、运营团队，这些外围支持团队从一开始就参与进来，他们早期的介入给项目组带来了各方意见。因此，祖国明等人在做前期规划和方案设置时就能有的放矢，中途重新改动的概率就小了很多。

但在项目开发的过程中，互联网公司和传统基金公司的思维还存在差异。

货币基金的实时消费支付是双方碰撞最多的问题。支付宝方面希望基金能够做到实时消费支付，但是对于天弘基金而言，这是从来没有碰到过的新问题。在传统基金公司看来，一个用户今天买了基金的份额，今天还要消费，这是无法想象的事情。这在很大程度上突破了传统基金的申购赎回规则，但不管怎样，双方都想把这个项目做成功。在这个大目标下，支付宝和天弘基金在细节方面没有什么纠结之处。为此，项目团队不断地讨论修改方案，大家一个接一个地讨论，优中选优。

另外，购买基金的最低门槛也是双方争论的要点。原来，投资者购买基金至少要 100 元甚至 1000 元，虽然团队也觉得门槛该降一降，但是在降多少上双方存在分歧。天弘基金希望降到 10 元，这样在计算和显示收益时更加方便、直观。而支付宝则希望直接降到 1 元，这样既体现了金融的普惠性，提升了用户体验，也更加有利于传播。对基金公司来说，这又是一次从未遇到过的挑战，中间的激烈碰撞也比较多，好在双方都本着将事情做成的目标，又一次化解了类似的问题。

在技术和产品方案落地后，项目组发现还面临另外一个大问题，即支付渠道的“瓶颈”问题。

虽然支付宝已经获得了基金第三方支付牌照，但是按照原有的基金支付管理办法，支付宝已有的渠道是不能用于基金支付的，因为基金支付要有符合要求的专用渠道，这就意味着支付宝无法使用已连接的一百五十多家银行的渠道。监管机构的意思是，这个渠道只能做电商消费和其他支付业务，无法做基金支付。如果另起炉灶去对接，渠道接入成本将会非常高。所以，怎样说服监管机构允许支付宝利用已有的渠道做支付，也是一个重大的业务创新。

证监会考虑最多的是安全，监管机构不希望因为支付的问题给投资人带来风险，支付宝需要证明公司现有的快捷支付和余额支付的安全性。在之后的几个月中，公司的风控、安全等部门不断地和监管部门沟通，反复讲支付宝的安全体系、快捷支付的安全体系，以及风险管控等问题，最后终于得到了监管部门的首肯。

2013 年 4 月，在技术、产品和监管方面的问题都基本解决之后，到了给这款产品取名字的时候，有的人提议叫“赚钱宝”，有的人提议叫“盈利宝”，但讨论了半天之后，大家感觉“盈利”、“赚钱”的名字和“货币基金+实时消费”的模式定位并不相符，支付宝希望这款货币基金产品能成为用户管理虚拟账户的工具，而不是单纯靠它来赚钱，况且货币市场基金也赚不了多少钱。一番讨论后，“余额”这两个字逐步获得了多数人的认同。大家认为，既然是余额带来的收益，干脆简单明了叫“余额宝”得了。

在上线前的十几天，彭蕾专门听取了项目组的汇报，虽然她觉得“余额宝”这个名字有点土，但是非常认同这款产品给用户带来的价值。

2013年6月13日，余额宝正式上线发布，支付宝和天弘基金首先联合举行了发布会。那时樊治铭已经隐约感到了这款产品可能带来的巨大变化。他从阿波罗登月时美国宇航员阿姆斯特朗的讲话中得到了灵感，在发布会上，他说余额宝是“金融行业的一小步，互联网行业的一大步”。

便捷的使用体验让余额宝上线首日用户就有几十万之多，过了几天，用户就突破百万，媒体的关注度越来越高。

在上线后的第四天，6月17日，天弘基金在北京大望路的JW万豪酒店举办了“余额宝”上线的新闻发布会。发布会结束后，天弘基金的公关经理告诉祖国明，当晚央视的新闻联播会播出“余额宝”上线的新闻，辛苦了好几个月的祖国明和周晓明都很兴奋，因为一个金融产品能上新闻联播的概率实在是太小了。

发布会后，两人赶紧在大望路附近找了一家有电视的小饭馆，祖国明特意让老板把频道换到中央一台，二人一边喝酒吃菜，一边看电视。

在当天新闻联播第19分30秒，余额宝的新闻在“联播快讯”栏目播出，这条短讯只有短短二十多秒：“国内首支互联网基金今天正式推出，消费者在支付宝里的余额将可以购买或者赎回货币基金，这种电商与基金业合作的全新模式，一方面可以实现网络支付平台中闲散资金的增值，另一方面可能引发银行业活期资金存款的分流。”

“好！”

祖、周二人不约而同地鼓起掌来，旁坐食客的目光一下子都转到了祖国明这一桌。

“我们是支付宝和天弘基金的，刚才播的那个项目就是我们做的。”祖国明笑着解释说，一股自豪感油然而生，几个月的辛劳在那一刻终于得到了彻底的释放。

也许正是团队的努力感动了上天，余额宝推出之际的 2013 年 6 月下旬，中国货币市场经历了一场前所未有的“钱荒”，银行间同业拆借市场的利率急剧飙升，而作为货币市场基金的余额宝，通过大量投资于协议存款的方式，年化收益率一度达到了 6%以上。高收益率如“火上浇油”般将普通用户对余额宝的热情点燃，随之而来的是媒体连篇累牍的报道。在投资者热切的关注下，余额宝的基金规模和用户数量都出现了快速增长。

正在此时，出现了前面提到的“备案门”危机。

技术升级

后来事情的发展表明，余额宝上线绝不意味着高枕无忧，接下来的挑战还有很多。

在给“二号项目”定用户目标时，公司的领导曾提出了 1000 万的用户规模。没料到过了两个星期之后，这个目标就翻了一倍，变成了 2000 万。祖国明惊出了一身冷汗，项目还没有成立，就有 2000 万的用户规模目标要去完成。没办法，硬着头皮也要上。

在余额宝上线之后，用户惊叹于余额宝高收益和高流动性的完美匹配，购买的热情突然被彻底引燃。这时，大量的银行存款开始流入余额宝。在 2013 年下半年，余额宝基金几乎每一个月的规模都能涨五六百亿元，用户规模也在快速增长。

祖国明的压力一下子消失了。然而，天弘基金的系统正经受着严峻的考验。

随着用户数目和基金规模的激增，天弘基金原有的系统已经支撑不下去了，在余额宝上线十多天后，客户就达到了100万，而当时余额宝一期系统设计能力客户只有1000万，对于天弘基金的IT部门而言，这是一项非常严峻的考验，按照十天达到100万用户的速度推算，余额宝达到1000万用户只需要三个多月的时间。

当时，余额宝一期系统落地在天津本地的机房，但前端是在阿里巴巴的平台上，双方通过两条专线进行连接，导致整个网络链路非常长，这对天弘基金的基础环境要求非常高。更重要的是，天弘基金的IT架构还是基于IOE（IBM小型机、Oracle数据库、EMC存储设备）的传统架构，这种集中式架构没有做分布式的处理，扩展能力不足，资源消耗非常大。

摆在天弘基金面前的选择有两种：一种选择是基于传统架构做横向拓展，但如果用这种方式应对“双十一”的流量高峰，可能需要几千万元甚至上亿元资金，这对天弘基金来说是难以承受的。退一步说，即使天弘基金出得起这笔钱，硬件的周期订货也要两三个月，而“双十一”已经迫在眉睫，到时肯定有很多用户使用余额宝来进行支付，天弘基金原有的架构并无法支撑。

另一种选择是“上云”。时间紧迫，“上云”成了唯一的选择。支付宝和天弘基金、金证股份三方一起花了两个月时间，将余额宝的系统搬到了阿里云上。2013年9月26日，余额宝转型为新型云直销系统。

在主要人马忙于开发云直销系统的那段时间里，天弘基金的运营总监兼技术部总经理韩海潮却留守天津，云直销系统还没有开发完成，他需要在IOE系统边24小时实时监测。这个戴着眼镜的中年男人，鼻直口阔、性格爽朗，脸上总是带着笑容。韩海潮后来在接受采访时回忆，当时三个人轮流休息，每两天睡一次觉，体力已经到了崩溃的边缘，那时他最大的愿望就是云直销系统上线以后可以多睡一会儿。①

云直销系统上线后的效果是立竿见影的。余额宝一期系统做清算时大概要八个小时，最长的一次系统清算直到下午两三点。迁到云上以后，完成一次清算仅需要40分钟左右，后来这个系统支撑了海量用户申购和赎回操作，平稳地渡过了“双十一”的流量峰值。

在余额宝云直销系统经受住2013年首个“双十一”大考验后的次日，韩海潮在微博上写道：“我们在庆祝自己家的基金完成了史上最大规模的一次单日赎回，这是基金行业绝无仅有的，也是不可思议的事情！”②

对韩海潮来说，这绝对是扬眉吐气的时刻。他在2006年加入天弘基金时，天弘基金的规模只有一个亿，在行业中不折不扣是“小弟”级别的，与公司在基金领域“卑微”的地位类似，他所在的IT部门在金融机构内部也不受重视。在一次公开的演讲中，他说：“过去IT部又叫‘挨踢’部，在金融企业中位列投资和销售部门之后，是一个三等部门。但是在云计算和大数据的时代，IT部受到越来越多的重视，大家逐渐意识到，前台人员决定业务走得有多快，而后

① 见《上海证券报》文章《天弘基金韩海潮：为余额宝千亿喝彩的裸奔男》，http://funds.hexun.com/2014-11-03/169966198.html。

② 同上。

台的人员决定业务走得有多远。”①

事实上，互联网金融对后端提出了巨大的考验。用户眼中一个简单的操作，在后台技术人员那里却很复杂。比如，上一交易日15点前转入后进行消费、本交易日15点前转入后进行消费，15点后转入进行消费，交易日15点前消费、15点后消费，非交易日的消费，以及各种组合，这些在系统中的处理逻辑都是不一样的。②

对于余额宝这款货币市场基金来说，流动性管理的挑战也很大，为了更精确地预测申购和赎回的数额，双方的数据团队每天都在监控余额宝的变化，每小时都会提供流动性数据，这样基金经理就可以根据每天的数据来预测余额宝未来规模的增长和当天流动性的需求。目前，预测和实际发生的流动性的需求的误差在1%左右。

在此之后，余额宝的发展逐步进入了快车道。后来，蚂蚁金服为了能够更好地和天弘基金进行协作，入股天弘基金，获得了51%的股权。截至2016年初，余额宝的规模稳定在7000亿元左右，进入了稳定发展的阶段。

触碰金融利益

“余额宝”的诞生掀起了一股互联网金融的旋风，它在唤醒老百姓的理财意识的同时，也让金融机构感受到了潜在的威胁。

2014年2月21日，新闻评论员钮文新在博客中呼吁取缔余额

---

① 见《天弘基金CIO韩海潮：余额宝背后的故事》，http://www.csdn.net/article/2014-12-05/2822980。

② 见《上海证券报》文章《天弘基金韩海潮：为余额宝千亿喝彩的裸奔男》，http://funds.hexun.com/2014-11-03/169966198.html。

宝。他认为，余额宝不仅会冲击银行，还会提高全社会的融资成本，威胁国家经济安全。他甚至还用了“余额宝是趴在银行身上的‘吸血鬼’”这样耸人听闻的说法。

钮文新的评论虽然极端，但也代表了部分人对余额宝的观感。当时，中国商业银行传统的赢利模式是靠存贷息差。2014 年，中国经济增速开始下滑，银行资产端的收益不断下降，但是与此同时，刚性兑付、“钱荒”等所导致的负债端支出居高不下。此时，余额宝通过投资协议存款的方式，“聚沙成塔”地将储户零散的活期存款变成了货币市场基金对于银行的协议存款，在长期存贷利差保护之下的银行对此岂能没有意见。

传统银行界人士质疑，余额宝等通过团购协议存款的方式，将储户的钱集中起来在银行体系转了一圈后，反过来再向银行要更高的价格。他们的质疑主要集中在以下几点：第一，是不是“宝宝们”推高了资金市场的价格？第二，余额宝有这么多用户，如果遇到集中赎回，会不会有流动性风险？第三，余额宝是否向消费者充分进行了风险提示？

公平地说，余额宝推高资金市场价格的看法并不成立，更多的时候，它只是资金市场价格的跟随者。在余额宝 2013 年 6 月中旬诞生前，货币市场已经出现了资金紧张的情况。用全国人大财经委副主任委员吴晓灵当时的话说，解决问题的办法，不是抑制“宝宝们”，而是要解决银行同业市场所存在的制度性问题。

在钮文新博客发表五天后的 2 月 26 日，中国银行业协会在一份新闻吹风稿中指出，在协会的一次内部讨论中，有专家建议应将余额宝这类网销货币市场基金按照一般性存款管理，缴纳存款准备金。

虽然银行业协会并非监管部门，但仍引起了不小的震动。

当时，在银行业流传着这样一句话："银行做宝宝类产品是找死，不做宝宝类产品是等死。"足见银行当时的两难境地。其实，在余额宝推出之前，银行并不是没有想过做类似余额宝这样的网销货币市场基金，一家国有银行的创新部门还曾专门提过类似建议，但是这个建议遭到了该行其他部门的反对，因为在争夺存款要挤破头的当时，谁也不想为客户的利益主动提升自己的成本。这不禁让人想起了经典的柯达胶卷的例子：最早发明数字照相技术的柯达公司，由于自身在传统胶卷产业的既得利益，不愿意做颠覆自己的创新，后来只能在竞争中落后。

在中国这个长期实施金融管制的社会中，利率和汇率都不能自由定价，甚至直到今天，金融市场的价格也要受到严格的调控。而老百姓也习惯了理财产品的匮乏和极低的收益率，习惯到甚至感觉不到这种现象的存在。余额宝的横空出世，像一条鲇鱼一样搅动了沉寂多年的水面，打开了潘多拉的魔盒，唤起了人们对理财的认知。

由余额宝带来的冲击是全方位的，它让银行再一次审视自己和第三方支付的关系：原本看不上眼、干脏活累活的"小兄弟"正在快速成长，并有可能在零售银行业务方面和自己形成正面竞争关系。

在中国经济靠出口和投资拉动的高歌猛进时代，银行靠存贷利差就可以顺利地进展，支付业务只是一个边缘性的业务。然而，随着以支付宝为代表的第三方支付机构的崛起，银行开始意识到，支付服务虽然看似不赚钱，但可以沉淀用户的数据，而有了数据就有了基于其上的金融服务。

在这种情况下，支付宝和银行间的气氛有些剑拔弩张了，银行方面开始呼吁加强对余额宝的监管。

面对舆论的压力，2014 年 3 月 4 日，时任支付宝公关总监陈亮在微博上写道："余额宝从诞生第一天就得到了监管部门的大力指导和有效监管，从诞生至今的 264 天里，共计得到各种监管 43 次，平均每六天一次。怎么监管？包含文件备案汇报、现场调研、现场检查等多种形式。从 2014 年 1 月至今，央行、证监会、国家审计署等累计来监管了 19 次。"

但事态并没有就此平息，更猛烈的暴风雨才刚开始。

2014 年 3 月 14 日上午，一份《关于暂停支付宝公司线下条码（二维码）支付等业务意见的函》迅速传播开来。其中有两条核心内容：一是暂停二维码支付业务；二是暂停虚拟信用卡。时任中央银行支付结算司副司长的周金黄在接受新华社记者采访时，确认中央银行发出过这则通知。

暂停的通知令支付宝和财付通措手不及，而与二者合作的中信银行的股价也经历了大幅波动。而央行暂时叫停两项业务，只是监管趋紧的冰山一角。

3 月 14 日晚间，《支付机构网络支付业务管理办法（征求意见稿）》突然曝光，这个规范是在支付清算协会的一次内部研讨会上讨论的工作底稿，无疑再次触动了市场脆弱的神经，其中最令支付机构不堪的一条规定是：支付公司个人支付账户转账单笔不超过 1000 元，年累计不能超过 1 万元；个人单笔消费不得超过 5000 元，月累计不能超过 1 万元。这种限额体现了监管机构的监管指向，即希望将第三方支付公司的业务限制在小额支付领域内。

一时间，舆论哗然。

在经济结构转型、三期叠加①的情况下，决策高层寄希望于中国经济能走上创新驱动型的轨道，国务院也在不断强调“简政放权”，这时央行出于安全和审慎的考虑的行政行为，就被扣上了“阻碍创新”的帽子，监管机构瞬间背负了很大的压力。

五天之后的3月19日，当时主管支付结算业务的央行副行长刘士余在总行会议室里举行的小范围媒体交流会上表示，暂停二维码业务主要是从支付安全的角度考虑，而暂停虚拟信用卡主要是因为其违反了“三亲见”② 原则。

刘士余在沟通会上说，《支付机构网络支付业务管理办法》还需要讨论、修改和完善，短时间内不会发布实施③。至于1000元的单笔转账金额，他解释称，这是由2013年支付公司单笔平均500元的支付金额得出，未来有可能修改或取消。

事实上，没有绝对的安全，也没有绝对的风险，天平的倾斜度其实取决于各自的立场，事态的发展不可避免地夹杂着金融业背后的利益博弈。二维码的发展可能颠覆线下收单的既有格局，而虚拟信用卡则会冲击现有商业银行的信用卡业务。

面对冲击，四大行抱团自救，它们相继调低支付宝快捷支付的

---

① 所谓“三期叠加”的“三期”是指增长速度换挡期、结构调整阵痛期和前期刺激政策消化期。

② 所谓“三亲见”是指，在用户申请信用卡时，业务员亲访申请人工作单位，看到申请人亲自签名，业务员亲自核实申请资料，又称“亲访、亲签、亲核”。

③ 经过2014年初的争议之后，《非银行支付机构网络支付业务管理办法》（以下简称《办法》）最终于2015年12月底公布，并于2016年7月1日起实施。最终修订的《办法》根据身份验证方式的不同，对支付机构的支付账户划分为Ⅰ类、Ⅱ类、Ⅲ类。根据三类账户的不同类别，对其余额付款金额进行了限制（分别是Ⅰ类自开户起累计1000元，Ⅱ类年累计10万元，Ⅲ类年累计20万元），但对这三类账户绑定银行卡的快捷支付和网银支付，不受上述功能和额度的限制，支付宝和财付通都对此表示欢迎。

单笔限额和日累计限额。在移动支付时代，用户通常使用快捷支付来进行消费和转账，对快捷支付的额度进行限制，在某种程度上如同掐住了第三方支付的咽喉。

马云终于坐不住了。

3 月 23 日，马云公开发文质疑："不知道谁给银行权利，可以伤害储户支配自己资金的权利，更不知道谁来监管四大'国手'联合封杀的合法性。有国际友人说，'举世未闻，匪夷所思'。"

3 月 24 日，工商银行结算与现金管理部处长王鋐就限额问题高调对外公开回应称，据银监会《关于加强电子银行信息管理工作的通知》（银监发〔2011〕86 号，以下简称 86 号文）规定，对于由第三方机构完成安全认证的电子资金转移与支付业务，应至少在首笔业务前由账户所在银行通过物理网点、电子渠道或其他有效方式直接验证客户身份，并与客户约定双方相关权利与义务。长达三年，快捷支付一直处于"违法"状态，银行为此承担了法律风险。

3 月 25 日，支付宝对上述说法予以反击，称验证方式与上述 86 号文里要求的"其他有效方式直接验证客户身份"没有冲突，同时表示，在快捷支付发展的初期，支付宝与银行的合作其实非常愉快。言外之意是，快捷支付的所谓"违法"只是一种说辞。

直来直去地表达是马云的个性，但他忽略了在金融这个高度监管的专业领域，参与者主要是国有机构，"玩法"与互联网圈迥然不同，因此这种高调直接的表态不合时宜。而与此同时，支付宝也在和银行寻求一种妥协。在双方剑拔弩张之时，马云逐一私下拜会了几大行的董事长，着力修复支付宝和这些银行之间的关系。

平心而论，支付宝能够在短时间内于线上支付领域异军突起，既有淘宝场景的关系，也借助了中国既有的金融体系。没有金融电子化的发展和支付清算体系的完善，支付宝无法“连接”各家银行。这就如同电商在中国的迅速发展离不开政府在公路、桥梁、高铁、航空等基础设施的投资，将自己摆在金融机构的对立面对自己并没有益处。

就目前来看，正是由于受2014年初的那场风波的“洗礼”，支付宝和阿里巴巴才更加成熟地走进了金融领域。

余额宝的意义

对于支付宝来说，余额宝的意义如何强调都不过分。在余额宝诞生之前，支付宝的功能还比较简单，不外乎“账户+支付”，然后绑定担保交易。但是随着余额宝的发展，支付宝的理财属性被极大地丰富了，用户可以通过支付宝钱包做余额宝、招财宝和基金的投资。支付宝钱包的金融和财富属性开始显现。另外，用户也可以通过支付宝钱包进行消费信贷，使用“蚂蚁借呗”、“蚂蚁花呗”等信贷产品。余额宝使支付宝从一个简单的“账户+支付”的功能扩展到了理财、消费金融、保险等诸多领域。

事实上，余额宝的诞生也夹杂着支付宝本身在商业上的考虑，前面已经提过，虚拟账户和快捷支付是支付宝发展过程中两个重要的节点，而余额宝的诞生也与当时二者的发展有关，在虚拟账户里资金规模快速增长之际，支付宝公司的备付金水平也逐步提升。在监管部门对支付机构备付金管理要求不断提升的前提下，备付金沉淀的规模越大，背后的监管要求也越高。所以，支付宝亟须找到一个办法来降低备付金水平。另外，快捷支付虽然发展迅速，但是它对于虚拟账户体系有一定的替代性，从这个角度看，快捷支付用得越多，支付宝的账户功能越会下降。所以，支付宝需要一方面降低备付金水平，另一方面又要保有虚拟账户对公司的好处，提升用户的忠诚度和体验性。从这个角度看，余额宝是一个能很好地解决上述问题的综合方案。

而对于中国金融业的发展而言，余额宝的意义就更为显著，它开启了中国互联网金融汹涌澎湃的大潮，其诞生的 2013 年被誉为“互联网金融元年”，从此，金融理财的观念进入了寻常百姓家，金融机构也推出了更多类似的“宝宝”类产品，利率市场化的进程被大大推进。

而对祖国明和周晓明来说，余额宝是他们的人生价值最好的体现。这两个人到中年的“老男人”，用一种不服输的精神和宝贵的创业心态，在经历了职场的坎坷和不如意之后，打出了职业生涯的一记“本垒打”。

在对祖国明进行采访时，我把一连串带有“假如”的问题抛给了他：“假如你和周晓明不认识，余额宝能否诞生？”“假如你不在支付宝而在其他公司，能否做成同样的项目？”“假如 2013 年 6 月没有‘钱荒’，余额宝能否一下子就火爆起来？”等等。这些问题其实都指向一个“元问题”，那就是余额宝这个在很多人看来是基因突变的产品，为什么会在支付宝诞生？

祖国明没有直接回答我所有的问题，而是着重强调了平台的作用。在他看来，是支付宝和阿里巴巴的平台造就了他。没有支付宝和阿里巴巴这个平台，就不会有余额宝这款产品。其实不仅是祖国明，支付宝还造就了很多人。用祖国明的话说，这个公司有一个包容的胸怀，能让员工自由地施展才华。在支付宝，很多项目的设立并没有十分复杂的流程，只要觉得大方向是对的，大家就投入来做。

余额宝这款产品后来获得了支付宝的年度CEO大奖。在上台领奖发表感言时，祖国明谈到了创业的心态，以及和天弘基金之间亲密无间的合作。最重要的是，双方都有共同的目标，那就是做出一款用户体验较好的产品。

第九章　ALL IN 无线

“ALL IN 无线”是继2003年“非典”之后，阿里巴巴遇到的最大挑战，是公司在受到强烈的外部刺激之后，产生的一种应激的“膝跳反应”，也是阿里巴巴为数不多的全员上下的热血投入。

——彭蕾

创业是一场无止境的战斗，技术不断进步，竞争永不停歇，在前方的路上总有一只“黑天鹅”在等你。作为一家诞生于个人计算机互联网时代的企业，蚂蚁金服在移动互联网时代突然到了生死攸关的时刻。

动员大会

2013 年，在一夜之间，支付宝意识到自己在移动互联网时代落后了。

2012 年 9 月，一年前“横空出世”的微信，用户数已经突破两亿，其中有一亿是日活用户，而且这个数字还在迅速增长。就在所有人都认为腾讯已经拿到了移动互联网时代的船票时，当时的阿里巴巴和支付宝竟然没有一款拿得出手的移动端产品。

若干年后，彭蕾在接受采访时，对此依然心有余悸。她不无感慨地说：“突然有一天，当智能手机已经遍布大街小巷，所有人都变成‘低头族’时，我们在手机上有什么？自己突然出了一身冷汗，就好像已经被一个全新时代抛弃了。”

彭蕾的危机感并非空穴来风。所有人都知道，每当新技术出现时，市场的竞争格局都会发生巨大的变化。从柯达胶卷到摩托罗拉，从爱立信到诺基亚，企业发展的历史已经证明，从辉煌到没落就在转瞬之间，甚至巨人倒下时还带有些许温度。此时，智能手机所带来的移动互联网时代，也必将深刻地改变企业间的竞争格局。

事实上，支付宝从2010年开始就已经在做无线方面的尝试了，但是在之后的三年里，进展非常缓慢。2012年底，支付宝的日活用户只有不到100万人，甚至在2013年八九月时，也只有几百万的活跃用户。究其原因，不外乎以下三点：一是当时的智能手机还没有像现在如此普及，用户在无线上的使用习惯还没有养成；二是支付宝自身在无线发展的思路上还存在偏差，当时的想法还是将支付宝当成一个只做支付和收单的工具；三是当时公司在这方面的资源投入不太充足。

不仅支付宝，当时整个阿里巴巴集团都没有为移动互联网时代的到来做好准备，危机感霎时间笼罩了整个公司。在马云、彭蕾等公司高管的眼中，阿里巴巴和支付宝已经到了生死存亡的关头。

2013年春节后不久，支付宝在全集团层面率先决定ALL IN无线。ALL IN在德州扑克里意味着全部下注，此时，支付宝已经别无选择，唯有背水一战。这时，曾经多次被公司委以重任的樊治铭再次临危受命，成为带领支付宝打这场无线战役的主帅。在前文中，我们不止一次谈到，阿里巴巴和支付宝每当遇到重大战略转型时，都会伴随着人事方面的调整。因为在马云看来，战略的变化必须辅以组织和人事的调整，只有这样才能将战略落到实处。当支付宝决定打无线这场“恶仗”时，彭蕾再次想到了樊治铭。

随后，支付宝就举行了全员ALL IN无线的动员大会，为了让大家对公司的无线战略充分重视，人力资源部门特别构思了整场动员大会。他们设计了一个类似于勇士出征的场景，通过擂鼓、舞旗、绑头带、领军令状等形式，烘托出一种士气高涨的氛围，当天所有参会人都感受到了形势的紧迫。

在会上，彭蕾谈到了移动互联网的发展态势，分析了当前的严峻形势。轮到樊治铭发言时，他像往常一样简单而直白："这一仗必须拿下。"

支付宝ALL IN无线动员大会一结束，公司的战略马上被层层分解，很多核心员工都参与了接下来对无线战略的具体讨论。公司将参加讨论的员工的部门打散，进行跨部门组队，这些虚拟团队先是讨论无线的战略、产品规划、客户定位、架构等问题，然后各个团队拿出自己的解决方案，最后去竞争。很快，支付宝从上到下把ALL IN无线的产品策略定了下来。

说到这里，有必要介绍一下阿里巴巴集团和支付宝的业务讨论会。每当公司做出重要决策之前，首先会有一个"共创会"。"共创会"其实就是公司高层聚在一起的务虚会。在会上，大家先进行头脑风暴，借此对未来业态以及今后公司要做的事情进行深入探讨。在流程上，通常先从宏观的大趋势上分析，然后由高管进行分组讨论，目的是让公司的战略落地，将大的战略分解成目标、任务和考核标准。

在高层"共创会"就战略、业务、产品等重要问题达成共识之后，这些比较大的命题就会层层下达，分解成具体的做法和目标，随后公司会在各个层面进行探讨和沟通。这时，公司内部的很多共创组织就派上了用场，比如"三板斧"、"百年阿里"、"百年产品"，等等。这些共创组织大部分是打破部门界限的，在不同层级的员工都将这些问题讨论清楚后，公司层面就会通过"誓师大会"、"动员大会”等对员工进行动员，让大家一鼓作气地把项目做好。

对于大型企业而言，战略不应该单纯由管理层确定，而应该由相关人员共同讨论、集思广益形成。管理学大师彼得·德鲁克在《公司的概念》一书中，提到了通用公司的例子。令他非常吃惊的是，当他第一次参加通用公司的“斯隆会议”[①]时，他发现即使是基层管理人员也能了解公司制定政策的原因，不管他们与核心管理层有多大程度的不同理解，公司领导也会鼓励他们畅所欲言，各抒己见。[②]阿里巴巴和支付宝的做法与通用公司其实并无二致。

俞峰（花名“玄德”）现在是蚂蚁金服支付事业群产品运营部研究员。他于2006年3月加入支付宝，主要做产品岗位的工作。在ALL IN无线时，他负责支付和会员两项工作。若干年后，当我问起他当时的感受时，他告诉我，像他这样的很多阿里老员工当时都是“很傻很天真”：第一，他们相信公司的判断；第二，他们觉得这个事情一定可以做成；第三，他们觉得应该让公司更多的人参与进来。

“ALL IN无线是继2003年‘非典’之后，阿里巴巴遇到的最大挑战，是公司在受到强烈的外部刺激之后，产生的一种应激的‘膝跳反应’，也是阿里巴巴为数不多的全员上下的热血投入，”在阿里巴巴的创始元老彭蕾看来，很难用逻辑去解释当时为什么会那样，“我们的基因决定了我们在面临这样的状况或者类似的状况时，就会

---

① 艾尔弗雷德·斯隆（Alfred Pritchard Sloan, Jr.，1875~1966年），曾长期担任通用汽车公司的总裁、执行长及董事长，在他加入通用汽车公司时，公司正处于严重的危机之中，风雨飘摇，人们看不到公司的未来。在他领导通用公司的几十年中，通用不但超越福特汽车公司成为世界上最大的汽车制造商，而且成为美国经济的重要标志之一。他在自传《我在通用汽车的岁月》中，回顾了通用汽车公司经历的许多重大事件，以及相应的战略和决策。

② 彼得·德鲁克. 公司的概念［M］. 北京：机械工业出版社，2009：39.

自然而然产生一种‘膝跳反应’。”

彭蕾的问题在麻省理工学院的埃德加·沙因（Edgar Schein）那里可以找到答案。埃德加·沙因指出，如果员工通过相互合作，一次次成功地完成各项任务，他们就会不断地达成共识，这一过程就是企业文化的形成机制。在形成这种机制之后，员工甚至不再思考自己做事的方式是否能够取得成功，也不再一项项清晰地做出决策，而是依靠本能和推测来选择优先事项，并根据工作程序行事。彭蕾提到的“基因”和“膝跳反应”其实正是这种企业文化的体现。①

埃德加·沙因进一步解释，这种文化以一种无法言传又带有强制性的方式，要求组织成员在遇到经常出现的问题时，使用那些已被证明广为接受的方法，在遇到不同类型的问题时，文化可以为你决定优先顺序，还可以成为一种强有力的管理工具。

在支付宝 ALL IN 无线之后，2013 年底，阿里巴巴集团层面的 ALL IN 无线动员也随即展开。在这次会议上，手淘、支付宝钱包、来往、钉钉被确认为重点研发的移动端产品。

在阿里巴巴集团层面的 ALL IN 无线大会上，阿里巴巴副总裁、参谋长曾鸣在讲完移动互联网发展的形势后，忧心忡忡地说道：“这半年来危机感越来越强，如果说去年我们开会还在讲怎么应对移动互联网，那么今年的这个时候只有拿着刺刀往前冲了。”

在会议快结束时，一场颇有仪式感的誓师大会开始了。在陆兆禧的带领下，所有男性高管都赤裸上身，在讲台上大喊大叫，这个场景就像两军对垒时一方挥舞着手臂对另一方叫阵一样。其中，站

---

① 克莱顿·克里斯坦森．商业智慧：你要如何衡量你的人生［M］//彼得·德鲁克．自我发现与重塑．北京：中信出版社，2015：11.

在陆兆禧左边的樊治铭尤为兴奋，他高声地叫喊着，满脸兴奋。高管的态度带动了在场的每一个人，大家都热血沸腾，摩拳擦掌。

的确，在2013年初的那一刻，隐藏在阿里巴巴和支付宝员工身上的雄性荷尔蒙被彻底激发了出来。我的一位朋友曾是阿里巴巴的员工，2013年初，他参加了ALL IN无线动员大会。他跟我说，公司上下当时的那种亢奋状态令他至今记忆犹新。

在移动互联网时代，没有人愿意轻易服输。

“乌合之众干干干”

为了赶时间，誓师大会之后，樊治铭一声令下，三军领命，闭关开始。

那时，支付宝北京分公司的无线团队的一百多人也全部被调到了杭州，和杭州团队一起闭关。这种情形就像樊治铭当年让支付宝BD团队在第二天就到客户身边去一样，没有人有怨言。命令一下，团队就马上行动，闭关室在黄龙时代广场B座14层关中书院会议室，在这个本不算大的空间里，密集地坐了三百多人，大家人挨人、背靠背地挤在一起。

那时，公司的工作状态是“996”：早晨9点上班，晚上9点下班，每星期只休息一天，所有人都想利用一切时间尽可能多地学习。

在闭关室的墙上，一些标语非常醒目：“乌合之众干干干”、“要么生，要么死，再不拼，生不如死”、“不疯魔不成活”，这些鼓动式的标语，不断地给员工加油。

尽管团队士气高涨，但是在做事情时，大家也会先冷静下来仔细思考下一步的策略。在产品策略上，无线团队首先将产品进行了重新梳理，突出了一些能给移动用户带来价值的重点产品。他们把PC端的一些优势产品首先移动化，同时结合无线的特点，开发了一些新的产品；在运营策略上，主要是通过一些权益，把原来在PC上的用户，逐渐引导至移动端。

吴明现在是支付宝用户体验设计部门的负责人。他于2010年6月加入阿里巴巴，于2012年12月来到支付宝。刚来支付宝不久，他就赶上了ALL IN无线的项目。当时，吴明负责客户端所有的交互和视觉体验的设计，他非常珍惜这个机会。因为在他看来，支付宝有亿万用户，影响力巨大，很多工作了很长时间的人都没有机会参与这么大的项目，能够在这么大的平台上去“折腾”，是一生难得的机会。至今，吴明依然抱有这样的想法。他始终告诉下属，要珍惜现在的机会，努力将支付宝的用户界面设计团队变成中国最优秀的团队，这样在以后至少有一个“吹牛”的资本。

在2013年ALL IN无线时，吴明产生了一种强烈证明自己的愿望，他尽最大努力把项目做好，并从中获得一种人生的成就感。但进入闭关后不久，他就感到了一种莫名的压力。一方面要做的事情太多，另一方面樊治铭对客户端设计品质和用户体验的要求非常高。吴明带领设计团队不断地讨论、调整、修改，时间紧、任务重，他和团队成员只能硬咬着牙坚持下来。

这么拼的不只吴明一个人，很多从北京来的同事长期回不了家，樊治铭就给家属写感谢信，还邀请他们在5月10日“阿里日”来杭州探亲[①]。难得来一次杭州，很多家属顾不上游山玩水，竟在酒店给闭关的家人洗起了衣服。

疲惫是当时项目组所有人的感受。在那段时间里，每个人都加班到夜里12点，甚至凌晨一两点，闭关室里随处可见行军床、枕头、毛毯，一些人索性直接睡在公司，晚上加班累了，就躺在行军床上眯一会儿，起来之后继续干活。吴明的家离公司很近，骑自行车只需20分钟，但是在那三个月的闭关期间，他有十几天都睡在公司里。

他们在和时间赛跑。所有人都知道，移动互联网时代是“抢时间窗口”，如果支付宝不能把原来在PC互联网时代积累下来的用户优势迅速转移到无线端，就很有可能满盘皆输。

樊治铭身先士卒。每天晚上，他都会和产品总监一个页面接一个页面地过，看产品的流程、页面的设计和体验，然后去评审、评估。在这个过程中，技术、产品、运营、市场以及设计师都在场，遇到问题马上拍板解决。在那段时间里，项目组的核心成员每天基本上都在重复这件事情。为了找到更好的解决方案，樊治铭经常让产品经理和技术经理现场比拼自己的想法，激烈的讨论声在整个项目室都能听见。

但是，从PC到无线的转化之路并不平坦，最大的挑战是团队对无线特性的不熟悉。曾经有一段时间，俞峰将PC端的流程和经验照搬到无线上来，但很快发现这样做不行。举一个简单的例子，PC和

① 2005年，为了纪念2003年5月“非典”时期阿里人的激情和信念，阿里巴巴公司宣布，将今后每年的5月10日定为“阿里日”。每年的这一天，公司都有庆祝活动，举行集体婚礼，并开放公司为“亲友日”，让阿里人的亲属和朋友走近阿里巴巴，感受阿里精神。

无线交互体验不一样。在 PC 机上，所有公司都希望从用户那里采集更多的信息，但是智能手机屏幕很小，如果让用户填写很多东西，体验马上就会下降。比如，在 PC 机上有图形校验码，但在智能手机上基本不需要校验码，因为有 PC 机时还会有公用电脑，但手机基本上是隐私的，如果还按照原来的思路去做，就会出现很大的问题，用户体验也会非常差。再如，不同的手机有不同的浏览器和屏幕，因此软件还有一个适配的问题要解决。

俞峰清楚地记得，仅支付宝注册界面就调整过很多次。用户在登录时，短信验证和密码输入的顺序就折腾过很多次。团队需要考虑，用户在填写验证码时，是在一个长方形的框里填方便，还是在六个正方形的格子里填方便。调出键盘时，是应该调数字键盘，还是全键盘。这些细节都需要一遍一遍地过。

在闭关的这段时间里，支付宝在无线上踩了很多坑，但是项目团队都一步步顶了下来。

2013 年 6 月的一天晚上，在支付宝大厦 14 层的闭关室里，樊治铭当着吴明等团队主管的面拿出手机，放了一段时任阿里巴巴集团 CEO 陆兆禧给他的语音留言："樊治铭，这个新版比以前那个'花里胡哨'的东西好多了……"

听了这段录音，吴明很高兴。能得到公司高层的肯定，说明一切努力都没有白费。这对付出了这么多努力的项目组成员来说是最开心的事情。

他们闭关三个月的结果，就是支付宝的 7.0 版本。

“偷袭珍珠港”

支付宝在无线端进步的同时，微信也正开始从社交向支付切入，它用一个巧妙的春节红包，给了支付宝一个下马威。

如果说微信的崛起和移动互联网时代的到来让阿里巴巴集团产生了巨大的危机感，并出现了后来的 ALL IN 无线，那么微信马年春节红包着实让支付宝有了如鲠在喉的感觉，它第一次在自己最核心的支付领域上迎来了真正意义上的对手。

历史上不乏微小创新改变大格局的事例。2014 年马年春节，微信正是凭借春节红包产品，通过熟人社交关系链，一举完成了大规模的用户绑卡。更有人评论，“微信支付在一夜之间做了支付宝八年来所做的事情”。

在微信红包推出后不久，阿里巴巴和支付宝高层就迅速意识到了问题的严重性。当时，马云提前结束春节假期回国，在随后给高管开会时，他说这是一次“偷袭珍珠港”事件。为了想出应对的办法，公司接下来开了无数次的电话会议。那年春节，支付宝的很多员工都没有过好。

“微信出红包了，我们要赶快做，这不是我们的产品吗？”类似的责问不绝于耳。在红包这个产品上栽跟头，公司上下确实心有不甘。其实，支付宝是最早做红包产品的公司，那时的红包被当作淘宝网上的一种营销工具。在商家促销时，用户可以在结算时，出示红包来抵扣相应的额度。在 2014 年马年春节之前，支付宝也正准备推出春节红包，当时支付宝红包团队的开发人员对自身的转账产品做了一些场景化的改进，希望借此开发出春节红包产品，但是因为开发资源等问题，没有来得及在春节前推出。现在看来，即使这个团队在春节前开发出红包产品，在那时也绝不是微信的对手，因为微信的红包有浓厚的社交属性，是一个跨界的创新产品，可以在微信群和好友之间发送，用户体验很好，而当时的支付宝红包没有社交的基因，春节红包的用户体验并不好。

虽然微信红包给了支付宝一记“闷棍”，但是在互联网支付领域坐惯了头把交椅的支付宝，此时还是轻视了对手。一些员工认为微信支付的用户顶多发一两毛钱、充充 Q 币等，不会对支付宝构成实质性的威胁。他们用财付通的例子安慰自己，财付通是腾讯旗下的第三方支付公司，曾和支付宝竞争多年，但是市场占有率一直远低于支付宝，当时很多支付宝的员工想当然地认为，微信支付顶多又是一个财付通。

但事实并不如人所愿。此役之后，微信支付迅速发展，凭借六亿日活用户所带来的巨大流量，这款被称为“国民应用”的软件“指哪儿打哪儿”，社交所构建的场景和扫码支付所带来的便捷，激活了大量的移动支付业务，不管从交易笔数还是交易规模来看，微信支付的竞争力都在迅速提升。中国的移动支付市场迎来了两强争霸的时代。

对于支付宝而言，这种跨界的创新并不陌生。十年前，其正是基于淘宝的场景，从电商这个边缘领域一步步跨入了金融的大门，电商场景促进了支付宝的业务扩张。2007~2008 年，中国电商产业的业务量增加得非常迅猛①，互联网的普及和老百姓消费能力的提

---

① 阿里巴巴集团公布的数据显示，2003 年淘宝网成立，全年交易额仅为 2271 万元，2004 年全年交易额就达到 10 亿元。2003 年 10 月，阿里巴巴推出支付宝，希望解决信用问题，随后迅速推动淘宝交易增长。具体来说，2005~2013 年的交易额分别是：2005 年 80 亿元、2006 年 169 亿元、2007 年 433 亿元、2008 年 999.6 亿元、2009 年 2083 亿元、2010 年 4000 亿元、2011 年 6321 亿元、2012 年 10007 亿元、2013 年 15420 亿元。由此可见，淘宝网的交易额从 2007 年开始迅速增长，之后呈现逐步放缓的趋势。

高，一时间引爆了线上电商市场，给电商的发展带来了机遇。淘宝交易量的提升，又让支付宝迅速发展。因此，微信支付这种由社交需求而来的跨界竞争，更让支付宝如芒在背。

支付宝希望在2015年羊年春节上，跟微信红包再掰一次手腕儿。2014年7月，羊年春节红包项目立项，支付宝想了很多玩法，比如趣味红包、接龙红包、游戏红包。红包团队还挖掘了很多用户可能使用的场景，比如职场红包，但是从整体效果上来看依然不如微信。反观微信一方，其在羊年春节选择与央视春晚合作，在春晚播出过程中，微信红包和观众有很多传播与互动。从效果上来看，微信再一次战胜了支付宝。

打通社交关系链

连续两年红包之战的失败，让支付宝的高层陷入了沉思。所有人都在想：问题究竟出在哪里？

这时，樊治铭和核心团队的成员开始意识到社交关系链的重要性，开始考虑是否也在支付宝上做社交。这个问题引发了公司内部的激烈争论，毕竟"来往"的失败殷鉴不远，反对派的理由很充分，在微信已经将社交需求得以很好地解决的情况下，支付宝做社交的意义何在？

樊治铭告诉手下，支付宝所做的社交不同于微信，它不是以单纯聊天为目的，而是基于支付宝的场景来满足用户自然的沟通需求。以典型的转账场景为例，按照交易习惯，在转账前，双方会核对账户信息，而在转账发生之后，收款方会告知付款方是否收到款项。如果支付宝只有转账功能，那么它只是整个交易流程的一个环节。

因为即使用户用支付宝转账，也需要用微信或短信进行沟通，这时用户很有可能将转账行为迁移到微信上去。但是如果支付宝上有用户社交关系，那么用户在给朋友转账之后，就不必使用微信来确认是否收到款项，在支付宝一个 App 上就能直接解决问题。

微信上有人与人之间的关系和互动，而支付宝是以各种场景为主，缺乏的是人与人之间的互动，如果在这方面无所作为，支付宝早些年的先发优势就很有可能被“截和”。

樊治铭认为，只有给用户提供全链路的完整体验，才能将用户留在支付宝，否则用户就有被“截和”的可能。因为微信和支付宝的用户重叠部分很大，需要将这个短板补上，所以支付宝也要做自己的关系链，并通过各种各样的场景，让用户把关系链沉淀在支付宝里，这样才能通过数据更好地服务用户。

蚂蚁金服无线事业群的产品总监朱雁春对此印象深刻。从 2015 年 3 月开始，朱雁春负责支付宝上转账、红包等所有的 C 端产品。用朱雁春的话说，2015 年初羊年春节红包的失利，给了公司和整个团队很大的启发，大家开始意识到社交基础关系链的重要性。如果没有社会关系链，C2C 之间的产品就无法做起来。

朱雁春认为，微信基于用户之间关系链的连接方式是目力所及的最好模式。于是，他和团队一起将支付宝所有 C2C 的业务，基于关系链重新梳理了一遍，打造了一个基于关系链的平台，目的是提高 C 端产品的体验，并建立支付宝自己的社交关系链。

在支付宝不断发力的同时，来自竞争对手微信的压力也越来越大。

2014 年初，“滴滴”和“快的”的打车软件补贴之战，让用户养成了扫码支付的习惯，随后不久，微信支付在线上和线下快速拓展，越来越多的小微商户开始使用微信支付进行收单。更令支付宝担心的是，随着微信支付用户规模的扩大，“双边市场理论”开始应验，更多的用户促使更多的商家接入，而更多的商家接入又使更多的用户选择微信支付，从而形成一种正向反馈效应。

舆论开始越来越不看好支付宝，一些人说微信和支付宝的竞争是不同维度的竞争，是高频打低频，是社交打金融，因此支付宝必败无疑。那时，团队的压力很大。

在工作汇报层级上，吴明直接向樊治铭汇报。在闲谈时，樊治铭时不时地会和他讲起与微信的竞争，以及这场竞争给双方心理上带来的变化。樊治铭说：“以前腾讯旗下的财付通长期处于追赶支付宝的境地，就好像有个人总想搬一把小板凳到我们家来坐，但是现在微信追赶支付宝的脚步越来越快，以后双方可能平起平坐，甚至有一天攻守互换时，变成支付宝搬一把小板凳到别人家去坐，都是有可能的，这就要调整心态。因此，双方打的是一场持久战。”

这是一场耗费精力的持久战。从支付宝 7.0 版本开始，在每一个重要版本发布之前，樊治铭都会和团队成员一起过一遍改版的细节。在这个过程中，负责具体工作的团队成员会先说改动的原因，然后由其他人来提意见，最后樊治铭讲他的看法。樊治铭既看大局，也注重细节，甚至连按钮之间的像素差距都逃不过他的眼睛。

“那杀不死我的，会使我更强。”德国哲学家弗里德里希·尼采的这句名言，在美国畅销书作家纳西姆·尼古拉斯·塔勒布的《反脆弱》一书中得到了呼应。在塔勒布看来，对个人和组织而言，适时出现的压力与危机是好事，只有这样才能维持生存与繁荣。微信对支付宝的竞争压力的意义也许正在于此。

从2013年ALL IN无线开始，支付宝客户端的迭代已经持续了三年多，闭关研发更是家常便饭，几乎每年都有。在这个漫长的过程中，一线的工程师已经非常疲惫，作为主帅的樊治铭经常要给员工“打鸡血”。

“大家再努力一把，今年弄完了，明年就轻松了。”樊治铭经常把这句话挂在嘴边。可是时间长了，大家已经“不相信”他的话了，所有人都已经适应了这种高强度的工作。

9.0版本：定位生活平台

美国畅销书作家马尔科姆·格拉德威尔在2013年的新书《大卫与歌利亚》中，谈到了弱势方与强势方竞争的策略。格拉德威尔说，想要战胜歌利亚，关键在于两点：第一，你要知道，自己的不利条件，在某些情况下可能是自己的有利条件；而巨人的所谓有利条件，在某些情况下可能是他的不利条件。第二，你绝对不能按照对手的打法去跟他玩，有时候得使用非常规手段。

同样的道理也适用于微信和支付宝之间的竞争。微信和支付宝的用户重合度非常高，很多功能都相似。用户每天只有24小时，花在你身上的时间多了，花在我身上的时间就会少。在两个超级App的激烈竞争中，支付宝迫切需要找到一条适合自己的竞争之路。

2015年6月，支付宝推出了9.0版本，这是支付宝无线发展史上具有标志性意义的版本。在新版本中，一方面，支付宝正式推出了“朋友”，引入了关系链；另一方面，支付宝生活平台的定位更加清晰。在9.0版本之前，支付宝的产品是按照一种工具类的思路去做的，提供的产品和服务也都是 B2C（企业对消费者）的。而在 9.0 版本中，公司将支付宝明确定位为生活服务平台，并尽可能地丰富场景。

这种变化直观地体现在产品上，是首页 Tab（标签）的变化：第一个 Tab 是“生活”，其中有很多偏生活场景服务的内容；第二个 Tab 是“口碑”，它是蚂蚁金服旗下主打 O2O（线上到线下）的本地生活化服务平台；第三个 Tab 是“朋友”，其中有人与人之间的互动，这也是支付宝引入社交关系链的体现；第四个 Tab 是“财富”，其中有所有与金融相关的服务。

这是支付宝针对自身的资源禀赋想到的应对之策。2015 年春节前后，马云和公司高管于新加坡召开的一次会议上达成共识，必须去做基于支付的消费场景，这次会议最重要的决定就是重启本地生活服务平台“口碑”。

“场景是我们最重要的事情。”从那以后，彭蕾在内部多个场合强调，“支付之争就是场景之争。”事到如今，很难通过一个单一的产品去绑住用户，场景在哪里，用户的支付行为就在哪里。

正是基于对场景的理解，公司确定将支付宝定位在生活服务平台。现在，蚂蚁金服和阿里巴巴集团的优势就在于消费场景和购物场景，并把生活场景、金融场景、理财场景都纳入了进来。

这种定位与市场竞争格局的变化有关。2015 年，很多垂直型电商如雨后春笋般冒了出来，这些平台做大以后，都希望有自己的第三方支付公司。所以，如果支付宝对淘宝外的商户只能提供支付服务，那么竞争的优势会越来越小。

然而，在 9.0 版本刚推出时，市场对此并不理解。一时间，支付宝抄袭微信的舆论甚嚣尘上，几乎所有的市场评论家都不看好支付宝的发展。然而，樊治铭心里清楚，做产品就要有自己的坚持。

这几年间，支付宝在无线的发展过程中没少“挨骂”。比如，在 2013 年决定 PC 端转账收费时，市场反对声很大。当时在中国互联网市场，用户对网络服务收费还很不适应，但是对于支付宝而言，一方面，收费可以覆盖转账的成本；另一方面，通过 PC 转账收费，可以加快 PC 用户向无线用户的转化。当时，团队顶住了压力，将这个事情做了下来，效果非常好。不久之后，PC 用户和无线用户的占比就由之前的 7∶3 变成了 3∶7。

做事情就如面子和里子。很多时候，坚持正确的原则，表面上输了面子，最终却可能赢了里子。尽管压力很大，支付宝的无线之路仍将继续坚定地走下去。

几年下来，ALL IN 无线成果显著。2016 年，易观国际的统计数据显示，支付宝的月活用户数已经从 2015 年的第 14 名上升到了 2016 年的第 3 名。

第十章　有灵魂的组织

在这个动荡并且充满不确定性、复杂性和模糊性的世界，人力资源问题的重要性达到了前所未有的程度。

——戴维·尤里奇

一个好的企业和优秀的企业有很大的不同，前者强调组织要拿到业务结果，后者则进一步强调在得到业务结果的过程中，也要锻造出一个活性的组织。

困 惑

“我做了 18 年的外企 HR，而这一刻我不知道怎么做 HR 了。”2012 年 10 月，曾松柏在彭蕾的办公室里，向自己的上司说出了心中的困惑。这位花名为“蔺相如”的中年人，现在是蚂蚁金服人力资源资深副总裁和总监。讲这番话时，他入职支付宝不到一年。

在中国的外企 HR 界，曾松柏有很高的知名度。他早年曾做过大学老师，后来到外企工作，在英美烟草公司、百威英国啤酒公司、麦当劳中国区都做过资深的 HR 高管。2012 年，他辞掉了麦当劳中国区 HR 总监，来到了蚂蚁金服。当时出于两个原因：一是认为互联网公司是未来的发展方向，二是想用自己在外企的“先进经验”来帮助中国的民营企业发展。

阿里巴巴和支付宝都是非常重视 HR 的公司，在阿里巴巴创业之初，马云就异乎寻常地关注人才，他总是善于从员工身上发现闪光点。马云认为，人是阿里巴巴最宝贵的资产。在这种思想的影响下，集团每年都会进行人才盘点，而每次盘点时，马云都会参加。

这一点，曾松柏在来之前就有耳闻。在考虑是否加盟时，他曾找了几本关于马云的书。他看到马云很少讲公司业绩，谈得最多的反而是组织的使命、愿景和价值观。他很认同马云提到的这些普世的价值理念，但在那时，他还没有意识到这些正是打造组织文化最根本的价值观。

事实上，对于任何一个组织而言，组织文化都是核心。蚂蚁金服之所以能走到今天，强有力的组织文化起到了关键的作用。现任赛富投资基金首席合伙人阎焱是国内非常知名的投资人，曾经代表软银出任了三年阿里巴巴的董事。他在一次公开演讲中指出，如今做互联网投资时，面临的最大难题是怎样估值一家互联网公司，原来使用的现金流折现、PE（市盈率）等估值方法都失效了，这时突然发现了社会组织理论的重要性。①

2012 年 2 月，蔺相如正式来支付宝上班。像所有刚来公司的新人一样，前半年是“蜜月期”，他一门心思地想把外企那一套“先进”的东西搬到支付宝来，解决当时公司中这样或者那样的漏洞。然而半年之后他发现，很多原本在麦当劳等快消企业行之有效的套路，在互联网公司却没有适用的场景。

老革命遇到了新问题。在接下来的两个月（2012 年 9～10 月），蔺相如看到了问题的严重性，公司新的 HR 体系并没有如他所愿运转起来。对于在新的环境和组织中开展 HR 业务，他产生了困惑，于是就有了他和彭蕾的那番话。

事实上，当时支付宝的 HR 虽然在体系化上没有外企那么“规

① 央视《开讲啦》栏目，2015 年 11 月 28 日节目，具体内容可到央视影音客户端搜索查看。

范”，但是其对组织文化的重视触到了组织建设的本质，这一点是蔺相如后来才意识到的。现在，他觉得从外企到支付宝其实是“从一家落后的传统企业，到了一家先进的互联网企业”。但是当时他完全没有意识到。

“你是集团的CPO（首席人才官），又是支付宝CEO，还那么懂HR，在你手下，是不是大树底下不长草呢？”蔺相如说出了自己的困惑，彭蕾没有给他具体的建议，只是说了一些其他的事情。

这种沉默比批评更让蔺相如感到沮丧。他隐约感到，公司可能已经对自己丧失了信心。但也正是这个时候，天生不服输的他，暗自下定决心：只要公司不炒，自己就一定要干出个样子来。

于是，他开始想办法。那段时间，他重新读了自己非常推崇的戴维·尤里奇的书《人力资源转型》，戴维·尤里奇是美国密歇根大学罗斯商学院教授，人力资源领域的管理大师。他主张，在新的形势下，人力资源部不能仅是行政支持部门，还应该是企业的策略伙伴、变革先锋、专业日常管理部门和员工的主心骨。企业要为人力资源部门制定全新的职能和纲领，让它不再把重心放在员工招聘或薪资福利这样的传统工作上，而是放在结果上。

在来支付宝之前，蔺相如还拿这本书给两千多人上过公开课。此时，重翻此书，他有了新的感悟：“以前我觉得自己理解得挺透彻的，现在回过头来看有点误人子弟的感觉。”

恰巧，这段时间蔺相如的太太在香港上了一门戴维·尤里奇的课，叫作“人力资源转型”。戴维·尤里奇在这门课上讲了他对这个领域最新的理解，蔺相如又仔细地看了太太拿回家的讲义。

在重读HR理论的同时，蔺相如也开始深入业务实践中。从

2012年9月起，他就已经开始忙碌地找各个业务的主管聊天。这些人平时工作很忙，他就晚上约。那时的蔺相如经常“猫”在各个楼层，看到哪个业务主管闲下来有时间，就主动去聊业务。一来二去，他对公司业务的了解迅速加深。

正在这时，蔺相如开始有一点感觉了。蚂蚁金服向来是一家注重业务结果的公司，在这里有一句非常著名的话：“我们为过程鼓掌，但是只为结果付薪。”结合戴维·尤里奇的观点和公司的实际，蔺相如隐约感觉到，自己所引进的那套外企HR管理方法是无效的，在互联网公司，HR也许一定要和业务结合在一起，才能帮助组织取得更好的结果。

顿　悟

留给蔺相如的时间并不多。在蚂蚁金服，即便是像蔺相如这样的公司高管，也要在相对短的时间内用实力证明自己。

蚂蚁金服在对员工的考评体系中，分设业绩和价值观两类考核。其中业绩有三档分数：3.75分（超出预期）、3.5分（符合预期）和3.25分（低于预期）。在来支付宝的第一年，蔺相如虽然并非3.25分，但是他的压力依然很大。

2013年初，公司从支付宝变成了小微金服，随之而来的就是对组织架构和人员汇报关系的调整。当时，阿里小微金服的CEO是彭蕾，在小微金服内部主要分为共享平台事业群（井贤栋任总裁）、阿里金融事业群（胡晓明[①]任总裁）、支付宝国内事业群（樊治铭任总裁）三个主要部分。公司安排蔺相如出任小微金服共享平台事业群HRG（人力资源专员），虽然他名义上还兼任小微金服的人力资源总监，然而在汇报关系方面，他需要向当时阿里巴巴集团人力资源及行政资深副总裁邓康明汇报。与此同时，其他两个事业群的HRG也是直接向邓康明汇报。

这次调整之后，蔺相如就被分配到共享事业群，协助井贤栋做了很多组织变革的工作。也正是这段工作经历，让他在公司里发生了蜕变。

2013年，公司的共享平台事业群要对安全和客服部门进行组织调整，那时支付宝的客服还是最基本的呼叫中心模式，只有很少的在线服务，如果不做出改变，那么随着业务量的增加，客服中心只能不断加人。客服中心那时已经有900人左右，再加人成本会很高，长远来看也是不可持续的。与此同时，安全部门也面临同样的问题，他们也在使用很多人工来进行安全的审核、回访、回电。

在深入了解之后，蔺相如觉得今后的发展趋势是智能机器逐步代替人工，所以一定要用技术来对安全和客服部门进行升级。为了完成这个目标，首先要进行组织调整，让更懂技术的领导来做部门主管。仔细衡量之后，蔺相如发现，虽然两个部门都需要技术升级，但是安全部门相对技术要求水平更高。于是，蔺相如决定让技术能力很强的钟繇（花名）调到安全团队担任主管，而将安全部门的主管裴元庆（花名）调到客服部门。

---

① 胡晓明，阿里巴巴集团合伙人之一，现任阿里巴巴集团资深副总裁兼阿里云总裁。在此之前，他曾经多年在支付宝和阿里金融工作，负责阿里小贷等业务条线。

当时，他俩对于自己在新岗位能否做好工作都信心不足。为了说服他们，蔺相如带他们一起到公司附近的餐厅吃饭。席间，俨然成了业务“喷子”的他，海阔天空地描述未来智能时代的远景。虽然蔺相如并不掌握业务的全部细节，但是他对大方向的把握是正确的。蔺相如反复强调一个观点，未来很多工作要由人工智能来完成，技术升级迫在眉睫。

这种理念很快就获得了认同。在组织调整完之后，蔺相如没有放松，他又跟踪了一段时间，还和团队一起开过几次会，随后又帮助这两个部门梳理了组织结构等治理层面的事情。

调整之后，意想不到的化学反应发生了，安全和客服部门在人工智能方面突飞猛进，在人员没有增加的情况下，工作效率大幅度提升。现在，蚂蚁金服的客服团队有基于语音识别、语义识别和庞大知识库的智能客服能力，而安全部门则具备了类似 CTU（人工智能大脑）的智能化安全大脑。

在这一刻，蔺相如顿悟了。他意识到，在互联网时代，HR 和业务要做到水乳交融、雌雄同体。有了这种认识上的转变，他在小微金服的职场生涯上也迎来了转机。

Hold 住场

2013 年初，阿里小微金服刚刚成立，公司的业务还处在混沌的初期。小微金服的主要业务还是支付，外加一部分阿里小贷。当时，包括彭蕾在内的公司高层，基本上把所有的时间都放在了业务上。这时，彭蕾交代蔺相如“HR 要‘兜底’”。

用“兜底”这个词，说明大家当时对 HR 的期望并不高，在公司业务大发展之际，首先要不出乱子平稳过渡。但是有了新想法的蔺相如并未停留在此。在这个目标的驱动下，他开始思索 HR 部门有哪些具体的事情可以做。

恰巧在 2013 年，支付宝开始了 ALL IN 无线战略。正如前面所提到的，对于支付宝而言，无线是一场输不起的战役。当时支付宝要搞动员大会，HR 部门负责大会的具体组织实施。在公司“生死存亡”的紧要关头，会议既要充分说明无线之战的重要性，也要尽可能调动起员工的积极性，因此场景和仪式就显得尤为重要。蔺相如想到用一个勇士出征的画面来鼓舞士气，HR 团队据此设计了一些桥段，擂鼓、授旗、绑头带，在这样的场景烘托下，员工心中的士气一下子被激发了出来。直到今天，很多支付宝的员工还对当时的情景记忆犹新。

随后，支付宝的无线团队开始了“996”的工作状态。这时主帅考虑的是产品、战略和策略，而鼓舞士气让员工把这股劲头保持下去就是 HR 分内的事情了。

蔺相如想到了“小胜即庆”这个办法。2013 年，支付宝的人力资源部搞了一个叫作“小微战绩”的小仪式，他们在公司一层大厅靠东侧的墙壁上专门竖起了一面鼓，在无线方面取得成绩的团队会在中午花 15 分钟时间搞一个小型庆祝会。在这个庆祝仪式上，大家击鼓相庆，大声告诉观众他们取得的成绩。一开始，各团队会把他们取得的成绩写在布条上，挂在鼓上。后来成绩实在太多了，鼓上挂满了，就挂在一层北面的竹子上。

除了“小微战绩”这种方式，人力资源部门还把很多标语和口号挂在办公室里。这些极具煽动性的条幅，激起了团队成员身体中的雄性荷尔蒙。

要想保持住气场，公司上下之间的沟通必须顺畅。在这场谁都不知道怎么打的混沌之战中，蔺相如要确保公司所有人都能够携手同行。为此，HR 部门做了一个名为“Open 平台”的分享活动，这个活动每个月会请一位高管和员工沟通公司的战略，这个持续一个半小时左右的沟通会通常由高管演讲。接下来是提问环节，在这个过程中员工来去自由。但即便如此，每次“Open 平台”开会，公司都会有百八十人参加，所有人都关心自己所在组织的未来发展。

在做了这么多工作后，蔺相如还要切身感受组织的状态和员工的干劲儿，那时他每个星期都会“走楼”，所谓“走楼”就是到各个楼层转转。他会经常停下来和正在加班的工程师聊聊天、抽根烟，了解一下他们的工作状态，并在需要时调动一些公司的资源来支持。他不仅自己走，还要求手下的 HRG 一起走。这样，HR 团队就能感知整个公司各个部门的工作状态。

事实上，HR 经验丰富的彭蕾也会“走楼”。作为阿里巴巴的创始人和集团的首席人才官，她对公司的情况一向很敏感。一次她发现 18 层数据团队的员工士气好像不太高，就问蔺相如原因。刚好蔺相如之前也发现了同样的问题，也曾经和数据团队的 HRG 做过沟通，了解到的原因是当时团队的激励机制并没有做好，员工感觉做事没有劲头。蔺相如把情况告诉了彭蕾，还提出了解决思路。

这些做法让公司从年初提起来的这股士气一直持续到了年底，而这一年也是小微金服的丰收年。余额宝的横空出世、无线新版本的推出，让整个公司的经营环境大为改观。到了年底，彭蕾觉得，蔺相如“Hold”（控制）住了整个场子。

从那时起，彭蕾开始表扬蔺相如。

HR 3.0

2016 年 11 月，我来到蔺相如位于支付宝大楼 22 层的办公室。办公室的一侧墙上挂着“南无阿弥陀佛”的条幅，每当繁忙时他看到这几个字就会很平静。在和我见面之前，他刚刚开完公司一个关于 Headcount 的会议。“Headcount”是指公司对人员数目的控制。现在蚂蚁金服正处于业务快速扩张期，每个部门都觉得人手不够，但公司每年招的人数是有限的，为了协调各个部门的人力，蔺相如就召集各部门主管开会讨论解决的办法。

“这个表面上是公司人数的问题，深层次反映的是业务和战略。”寒暄之后，蔺相如马上进入正题。他点了一根烟继续说道：“公司人员在不断增加，这时我们 HR 就要考虑是不是公司的业务和战略不是很聚焦，是不是我们没有集中精力做最重要的事情？就像一个人肚子上有多余脂肪一样，对身体没好处。同样，如果组织的枝杈过多，就会分散根的作用。”

见微知著。现在，蔺相如不放过一丝一毫感知组织的机会，而这敏锐的感知背后则是对 HR 业务的实践和理解。在蚂蚁金服工作的几年，蔺相如意识到，HR 业务的意义和内涵需要与时俱进。曾经当过大学老师的他很善于学习和总结，在工作之余，他还梳理了 HR 业务和思想的变迁。

在“人力资源管理”这个名词出现之前，美国用的是“人事管理”这个词。人事管理字面上的意思是对人和事的管理，它伴随着组织的出现而产生，可以追溯到非常久远的年代，组织发生变化时，组织中对人和事的管理方法也会改变。

现代意义上的人事管理伴随着工业革命而产生。第一次工业革命发生在18世纪60年代到19世纪中期，人类进入蒸汽时代，以蒸汽机的发明和使用为标志。第一次工业革命解决了体力的问题，这时组织的管理体系看重的是工具和流程。

第二次工业革命发生在19世纪下半叶到20世纪初，人类进入电气时代，它在信息革命中达到了顶峰。第二次工业革命解决了脑力的问题，还拉近了人们之间的距离，这时的组织管理讲究在把每个生产制造环节研究透的基础上，进行大规模生产协作。因此，效率和专业很重要。在这个时代，组织管理上体现的是效率和专业化。

20世纪70年代后，人力资源在组织中所起的作用越来越大，传统的人事管理已经不再适用，它从管理的观念、模式、内容、方法等方面全方位地向人力资源转变。

20世纪80年代，西方人本主义管理理念开始出现。这种理念将人作为组织的第一资源，现代人力资源管理应运而生，它与传统的人事管理的差别已经不仅仅是名词上的转变。

这个时代特征映射到HR业务上，构成了“2.0时代的HR”。根据戴维·尤里奇的理论，在工业时代，HR领域的三个支柱分别是：HRBP（人力资源业务合作伙伴）、HRCOE（人力资源专家）和HRSSC（人力资源共享服务中心），这三个支柱也是大多数公司人力资源的架构。

HRBP以业务部门的盈利目标为导向，把业务人员作为“内部客户”，职责是满足业务部门的需要，引导业务部门的工作，从而帮助业务部门更好地实现业务目标。在这个过程中，HRCOE作为

HRBP 的后盾，为其提供专业技术上的支持。HRSSC 则囊括了人力资源管理中所有事务性服务，并且将这些基础性、日常性的工作逐渐转变为流程化、标准化的管理。HRSSC 的设立让 HR 基础性工作得以集中化，让 HRBP 能够更加专注于“了解”业务、“服务”业务。

时代的变迁也清晰地在国内公司的 HR 发展中留下了痕迹。20 世纪 90 年代，HR 和业务的定位是泾渭分明的，就像两条没有相交的平行线。到了 2000 年左右，一些企业开始收购兼并，需要调整结构、梳理文化，这时 HR 和业务开始有了交集。而在互联网时代，HR 和业务完全融合在一起了，好像太极的图案，业务是阳，HR 是阴，两种颜色交织融合在一起，这时业务的结果在一定程度上可以反映出组织的状态，也就是说有什么样的组织状态就有什么样的业务结果。

“3.0 时代的 HR”则与第三次工业革命有关。第三次科技革命将为人类揭开智能时代的大幕，这个时代解放的是人的“心力”，很多专业工作将被机器所替代，这时最重要的东西不再是专业化，而是用思想来控制专业，在某种程度上，组织的使命是让人的思想和创意通过人工智能来落地。

在这种思想的指导下，目前，蚂蚁金服 HR 部门设置主要包括三部分：业务 HR、平台 HR 和共享服务中心 HR。业务 HR 包含两部分：一部分是 HRBP，与普通企业相比，蚂蚁金服的 HRBP 要承担更多的功能，这体现了 HR 与业务紧密结合的思想；另一部分是业务 OD（业务组织发展专员）和业务 OC（业务组织能力专员）。业务 HR 会渗透到业务中做很多事情，比如薪酬、招聘等。平台 HR 的职责是思考未来整个组织的变革方向，考虑用什么体制来支撑未来组织的发展，具体包括绩效、晋升、培训等制度，在思考未来的同时，还要看当下的哪些东西能更有效地被机器所替代。共享服务中心 HR 的职责是用这套研究出来的成果，承载所有对个人的服务。

现在，蔺相如喜欢把蚂蚁金服 HR 部门比喻成“成功家庭的女主人”，他要求自己和手下的 HR 团队做到“懂业务、深陪伴、心感应、搭班子、推文化”。

“心脑体水乳交融”

在 2013 年牛刀小试之后，2014 年，彭蕾又给蔺相如出了一道开放式的探索题，她要求蔺相如想办法让员工“心脑体水乳交融”。

很多在彭蕾手下工作的人都有这样的体会，跟着彭蕾干活很累，因为她的要求很高，但正是在这种高要求下，每个人的收获很大，成长很快。彭蕾对人对事的点评和观察，往往让人有醍醐灌顶的感觉。

在蚂蚁金服工作的过程中，蔺相如也渐渐总结了自己的理论。他将组织的内涵分为三层：最外层是组织架构，中间层是组织能力，最里层是组织文化。蔺相如认为，HR 最重要的任务是锻炼出一个有灵魂的组织。

蔺相如发现，自己的三层组织理论恰好能够对应上彭蕾的“心脑体水乳交融”的要求，组织文化对应的是“心”，组织能力对应的是“脑”，组织架构对应的是“体”。文化虽然是核心，但是文化不能单独存在，文化这个灵魂要附体。换句话说，只有将“心脑体”融合起来，将组织文化、组织能力和组织架构三个层次打通，组织的生命才是鲜活的，才能达到“心脑体水乳交融”的目的，即锻造组织灵魂，培养一个健康而有活力的组织文化。

然而，组织文化是一个比较虚的词语，很难说清楚它的具体内涵。蔺相如认为，在互联网企业，“战略即客户价值，文化即言行举止”，因此看一个组织的文化，最好的方式是观察组织成员的言行举止。

从这个角度切入，要打造组织的文化就要从影响员工的行为入手。通常来说，有三个方面可以影响人的行为：一是规范和制度，好比在繁忙的电梯口前拉上一条绳子，等电梯的人就会自动排队；二是价值，比如一些员工工作是为了让家人过上更好的生活，这就是家庭价值促进了他的行为；三是使命、愿景和价值观，这些东西让人产生了兴趣和热爱，特别是如果这种兴趣和热爱产生利他而非利己的效果时，更容易引发员工的认同和付出，这种对行为的影响因素是持久和根本的。

我和很多蚂蚁金服员工接触时，总会问及他们辛苦工作的动力，很多人告诉我是“梦想”和“情怀”。在他们看来，蚂蚁金服是一家由愿景驱动的公司，是一个非常难得的平台，在这里做好自己的工作就可能对社会产生看得见的影响，这对员工而言是一种无形的激励。正是因为有了员工对使命的认同，团队的凝聚力和执行力才会强。在蚂蚁金服，有很多原本看似不可能完成的任务，最终都通过坚持和努力做出来了。

从上面的分析不难看出，要想打造组织文化，就要培养员工的使命、愿景和价值观，从而影响其行为，组织成员的行为集合在一起就构成了组织的文化。很多和蚂蚁金服员工接触过的人，往往有一种这家公司员工被“洗脑”了的感觉，在当今社会，“洗脑”并不容易，这种表象的背后是公司员工对企业的使命、愿景和价值观的认同。

组织文化的灵魂是在“做什么”和“不做什么”之间做出选择。埃德加·沙因教授指出，创业公司高管团队在定义公司必须做什么以及怎么做时，必须果断而强势。如果员工通过相互合作，一次次成功地完成各项任务，那么他们就会不断达成共识。他们把这一过程称为文化的形成过程。① 比如，蚂蚁金服选择不做复杂的衍生产品，不碰 P2P 网贷，这些取舍都和企业的使命有关。

早年，阿里巴巴 B2B 团队开销售表彰会，会议的主旨是表扬一位业绩出色的销售人员。这位销售人员上台分享经验时，不小心说出收入中有灰色的部分。在一般的公司，大家遇到这种场面可能会睁一只眼闭一只眼，但是阿里巴巴不会，主管立即上台批评这位销售人员，这场表彰大会在瞬间变成了批评大会。正是通过不断的反复沟通，员工的脑子里就有了一个价值行为准则的标尺，其行为的集合继而构成了组织的文化。

锻造组织文化

在蔺相如看来，一个好的企业和优秀的企业有很大的不同，前者强调组织要能拿到业务结果，而后者则更进一步强调在拿到业务结果的过程中，要锻造出一个活性的组织。

“如果组织锻造成功，企业就有可能持续 100 年；如果这个事情没做好，一些企业虽然也能在特定时间内获得发展，但往往后劲不足。”蔺相如说。

① ［美］彼得·德鲁克. 自我发现与重塑［M］. 刘铮筝，等，译. 北京：中信出版社，2015.

以这个标准来衡量，阿里巴巴无疑是一家优秀的企业。从 B2B 到淘宝，再到阿里云和蚂蚁金服，这家公司新的业务创新点层出不穷。蚂蚁金服也是如此，从最早的支付业务，进入了广阔的金融和生活服务领域。

阿里巴巴在创业早期就是通过师傅带徒弟的方式来完成组织文化的传承，马云影响“十八罗汉”，“十八罗汉”再影响其他人，但是当组织规模不断扩张时，就需要用新的方式。为此，蚂蚁金服的 HR 团队想了很多办法。比如，他们在公司的办公室里挂一些吊牌，上面写着一些阿里的规矩，新员工一看到这些字，马上就会明白其中的含义，这种意会式的传承，往往能起到很好的效果。

现在，蚂蚁金服 HR 团队的目标是，从组织治理、组织能力和组织文化三个层面打造组织。蔺相如要求整个 HR 团队嵌入组织中，紧贴业务场景和时刻，根据业务的不同阶段、不同场景，采用不同的组织管理方式，去推动组织文化治理的建设。

在这方面，蚂蚁金服进行了很多探索，也积累了不少经验。

优秀的组织首先要有优秀的人才。在一次湖畔大学的培训课上，彭蕾讲了自己眼中的八字人才观：“聪明、皮实、乐观、自省。”“聪明”是说员工要既有智商又有情商；“皮实”是说员工要抗挫折能力强，既经得起“棒杀”，又经得起“捧杀”；“乐观”指的是在认真、全面、客观地分析当前形势后，对未来的发展有一种积极的态度；“自省”指的是善于反省自己，能够从错误中学习。目前，这八个字已渗透到 HR 培养人才的各个环节中。①

在一个组织中，新员工很容易稀释原有的组织文化，但是新员

① 见喜马拉雅 App 栏目《湖畔三板斧》。

工是组织的新鲜血液，针对新员工可能稀释组织文化的问题，HR团队也制定了周密的培训计划，目的是让新员工能认同阿里和蚂蚁的价值观，同时也为公司文化注入新的活力。

在新员工入职三个月之内，HR会先给他们上一堂课。这堂课是关于公司的一些基本规则，比如上班与休息的时间、公司的基本商业行为准则。在这三个月结束之后，会再陆续开一些班。新员工入职六个月左右，HR会对公司新员工做全面的调研问卷，发现问题后会进行一些单独的辅导。

对一些入职级别较高的“高P”（P8以上级别）员工，蚂蚁金服会开设所谓的“降落伞”班。取名“降落伞”，是希望这些员工能够平稳地落地。因为相对于应届毕业生，这些员工融入企业文化会更困难一些。

在降落伞班，会有一些新员工互相交心的内容，大家会分享共同遇到的问题和心中的困惑。在这个过程中，每隔三个月左右回炉一次，HR部门会安排老员工甚至公司高管进行答疑分享，或者安排老员工和新员工一起吃饭聊天。

除了规定动作以外，还有自选动作。HR部门会根据每批新员工入职的时间不同，组织不同的“钉钉群”，群里的人会自发地组织各种非正式的聚会，以抱团取暖的方式来适应公司的组织文化，以使新员工在公司原有的部门之外找到一种新的归属感，形成某种自组织。

对于总监级别以上的新人，HR还会做到“人盯人”，蔺相如自己会跟P11以上级别的员工做定期沟通。

对老员工而言，复盘是打造组织文化的重要手段。在蔺相如看来，蚂蚁金服的业务复盘，不仅要打穿上半身，还要打穿下半身。业务出了问题，一定是组织和人的心力出了问题，所以只谈业务并无益处。因此，蚂蚁金服的复盘讲究的是直接抵达员工的内心，很多时候，这种复盘会持续到凌晨一两点，对员工是很艰难的考验，但是效果非常好。

这种复盘每年也会在核心高管中展开，蚂蚁金服核心高管的复盘和业绩考核由彭蕾组织。这种绩效考核不是一对一的，而是采用“群 Re”（Review，审核）的方式，与“批评和自我批评”类似。彭蕾担任蚂蚁金服 CEO 时，会抽出半天的时间，和直接向她汇报的十个下属一起做“群 Re”。这种“群 Re”形式是让每个人先讲自己的问题，这在蚂蚁金服内部叫作“自残”；然后其他人轮流给她反馈，这叫作“放枪”；听完其他人的意见之后，高管做出总结；最后彭蕾告诉这名高管他做得怎样，甚至在很多时候还要当场公布这个高管的分数。实践证明，这种方式既直接又有效。①

这些努力都是蚂蚁金服 HR 团队的常规动作，对打造一个优秀的组织文化起到了积极的作用。在蔺相如看来，在一步步的努力下，蚂蚁金服作为一个组织正迎来下一个加速发展的“起势点”。

---

① 见喜马拉雅 App 栏目《湖畔三板斧》。

第十一章　安全升级

知人者智，自知者明。

——老子

从支付宝成立的那天起，合规安全就是重中之重，从1000天零资损到支付宝用户保障体系，从CTU（智能风控大脑）到账户安全险，伴随着技术的进步和经验的积累，蚂蚁金服的安全能力正在迅速稳固地提升。考虑到当下蚂蚁金服的客户数量和影响力，客户资金安全的问题更是不能有任何闪失，这是蚂蚁金服的一条生命线。今天，蚂蚁金服已经从金融合规、技术驱动和场景依托三个方面，构建了全方位的风险管理框架。

1000天零资损

葛勇荻出生于1970年，在支付宝创业初期，他在公司里的年龄仅次于陆兆禧，排在他之后的是与他同年的胡晓明。2006年，在36岁本命年时，葛勇荻从工商银行辞职，成为支付宝这家年轻的公司里最早来自金融机构的员工。今天的蚂蚁金服有很多来自金融机构的专才，但在支付宝刚成立的那几年，像葛勇荻这样来自银行的人还是凤毛麟角。

2016年3月，我来到葛勇荻的办公室。他上身穿一件黑色外套，下身穿一条牛仔裤，在他办公桌椅子背后的墙上，挂着用玻璃框镶的八个字："知人者智，自知者明。"

"知人者智，自知者明"是阿里巴巴董事局主席马云在支付宝达到1000天零资损目标时的题词，主导这个项目的葛勇荻清晰地记得，那天是2010年8月25日，马云、彭蕾等阿里巴巴高管在庆祝条幅上都签了名，彭蕾写的是“安全传奇”。后来，葛勇荻请人把马云写的这八个字用毛笔重写了一遍，装裱后挂在了自己的办公室里。

在支付宝成立之初，葛勇荻是工商银行杭州西湖支行的客户经理，专门负责淘宝和支付宝的业务。

2005年，支付宝总裁陆兆禧向葛勇荻提出，希望他考虑能来支付宝工作。当时葛勇荻并没有答应，一是他割舍不下这么多年在银行的情结，二是他觉得在银行可以更好地与支付宝展开合作。

但是陆兆禧没有放弃游说。来杭州后不久，陆兆禧就买了一套单身公寓，恰好在葛勇荻家附近。他在杭州也没有多少朋友，空闲时就会找葛勇荻聊天、喝茶。在谈话间，陆兆禧时不时地会聊起公司的业务，话里话外都透露着邀葛勇荻来支付宝工作的意思。

当时，葛勇荻对支付宝的好感不仅来自陆兆禧，由于工作的原因，他三天两头地往支付宝跑，淘宝和支付宝的文化也很吸引他。比如，支付宝是杭州当时少有的提供下午茶的公司，后来他才知道，这是因为在支付宝工作要经常加班，晚饭时间不固定，公司为了让大家加班不饿肚子而提供的福利，而这些对员工关怀的细节都给他留下了深刻的印象。葛勇荻发现，这家公司虽然每个人工作都很辛苦，但大家干起活来很开心，这和传统单位的讲究层级、比较刻板的工作氛围形成了鲜明的对比。

2005年3月，在工商银行和支付宝签署合作协议以后，工商银行就加入了与阿里巴巴的合作中来。随着支付宝业务规模的扩大，越来越多的业务需要总行去沟通协调。虽然那时葛勇荻还是支付宝的客户经理，但在分行工作的他开始觉得业务很难插手，而且当时葛勇荻在工商银行的领导并不太看好电子商务的发展，这就导致两人在业务发展理念上出现了差异。当时工商银行领导的想法是，主要通过关系来维护客户，但在葛勇荻看来，要想笼络客户，重要的是提供客户需要的业务。这种差别使葛勇荻做事情的心态和动力都发生了改变。

渐渐地，领导开始觉得葛勇荻有点“不务正业”，而葛勇荻也觉得在银行里越来越压抑，这时他来支付宝反倒很开心。当有了这种心理变化时，葛勇荻开始认真考虑陆兆禧的邀请。刚开始时，他心中的阻力也很大，毕竟自己在工商银行已经工作了 18 年，对培养了自己的平台有难以割舍的情分。身边的亲朋好友也都想不通：放着好好银行的“金饭碗”不端，跑去一家前途未卜的互联网公司干什么。

后来，葛勇荻在和陆兆禧一起吃夜宵的时候，将心中的纠结讲了出来。

陆兆禧边听边点了一根烟，沉思片刻后，他说了一席让葛勇荻印象深刻的话。“本命年，你不改变命运，命运改变你。把握主动，自己改变命运，”陆兆禧笑了笑，“这句话其实不是我说的，是马总去年跟我说的，今天我送给你。”

陆兆禧生于 1969 年，比葛勇荻大一岁。在两人这次谈话一年以前，马云决定将陆兆禧从广州调到杭州负责支付宝时也讲了一模一样的话。

说完这些后，陆兆禧开始推心置腹地站在葛勇荻的立场上进行分析：“目前摆在你面前的路有三条：一是继续待在工商银行，换一个支行，避开有矛盾的领导；二是走出工商银行，换一个银行；三是来支付宝。不管你走哪一条路，我都支持你。”

这些话说到了葛勇荻的心坎里。通过几个月的接触，葛勇荻发现，这个表面上腼腆的广东人，对人很用心，是一个重情重义、可以信赖的人。此时陆兆禧无条件支持的态度，给了纠结中的葛勇荻一颗定心丸。

将心比心，葛勇荻下定了来支付宝的决心，但他要在工商银行站好最后一班岗，将手头的工作顺利地交接。那时，阿里巴巴刚刚完成了来自雅虎的10亿美元融资，其中调回国内使用的资金有4亿美元，这笔资金全部存在工商银行，占到了当时工商银行浙江省分行全行外汇存款的3/4，葛勇荻代表工商银行与阿里巴巴谈妥了手续费等事宜。

2005年，葛勇荻和彭蕾见了一次面。在走完面试的流程后，葛勇荻就开始了在工商银行的工作交接，他逐步将手头的客户分给了下属。2006年春节过完，葛勇荻正式提交了辞职报告，于当年2月正式来支付宝报到。

前三个月，陆兆禧让葛勇荻负责与银行合作，他就和一个下属一起出去跑业务。三个月后，陆兆禧觉得，钱还是要由专业的人来管，又让葛勇荻去帮忙管钱。于是葛勇荻就去了当时的客户资金部。

支付宝最早是淘宝的财务结算部门，客户资金部的建立是支付宝搭建团队核算体系，向专业化金融公司迈进的重要一步。然而，来到客户资金部不久，葛勇荻就发觉，支付宝毕竟是一家财务而非金融起家的企业，员工绝大多数是非金融专业出身，缺少金融专业的风险意识。在银行待了这么多年，葛勇荻心里明白，和金钱打交道，一点点疏忽所带来的损失将是巨大的。

为了提升支付宝的资金风险意识，2007年，客户资金部提出了一个在当时“看似不可能完成的目标”——“安全结算365天”。

为了在一年之内做到零资损，葛勇荻和客户资金部采取了很多强化措施和手段。比如，关于系统操作的密钥都要放在保险柜里，只在使用时才允许拿出。相关的操作会有专门的小组做不定期的飞行检查，员工没有做到，就要受到处罚。靠这种严格的类似机械化的标准，团队慢慢形成了一种严谨的氛围和习惯。

在2007年，支付宝还有很多业务操作是手工进行的，这就存在人为操作失误带来资损的可能。为了避免这种情况的发生，在业务操作中就加了很多复核和检查的要求，目的就是不因人为操作失误给公司带来哪怕一分钱的损失。

在项目开始时，谁也没有想到这个目标真的能完成。但结果是，不仅完成了，还一口气保持了三年。在完成了这个目标后，支付宝进行了庆祝仪式，也就有了前文所说的条幅和马云的签字。

后来，葛勇荻和同事渐渐意识到，支付是风险和体验的平衡，如果非常注重风险控制，用户的体验可能会受到一些影响，投入的成本也会很高，员工的压力就会很大。在公司已经形成了金融专业风险意识后，支付宝修改了资损率的目标，不再追求100%的零资损。只要在可承担的风险范围内，能够兼顾客户资金的安全和用户的体验，公司依然会推动业务的进行。

目前，支付宝的资损率极低，每发生一百万笔支付，平均不到一笔会被盗，这不能不说在很大程度上得益于“零资损1000天”培养出来的素养和底气。

支付宝用户保障体系

如果说在支付宝创业之初，能达到如此低的资损率体现出了支付宝员工和自己死磕的劲头，那么在交易笔数呈几何式增长的今天，靠的就是支付宝多年积累的技术和人才。

其中，支付宝用户保障体系起到了重要的作用，而要说到用户保障体系，就不能不提到俞吴杰。2011 年，他从国际知名支付公司 PayPal 加入支付宝，现在是蚂蚁金服旗下芝麻信用首席大数据科学家。

当年，游说俞吴杰入职的是当时支付宝的风控总监 Anita。最初支付宝和俞吴杰进行接触时，他并没有多大兴趣。那时，俞吴杰在老东家 PayPal 已经工作了五年，他是同级别里年龄最小的。与支付宝相比，外企有明晰的职业生涯晋升路径和舒适的工作环境，这时如果跳槽，就意味着会失去很多。

一开始，俞吴杰告诉 Anita 自己不会加入。首先，他对支付宝不熟悉，当时俞吴杰连支付宝账户都没有；其次，他觉得外企的风控策略和重点也与国内企业有很大的不同，他并不知道支付宝能做什么。

Anita 告诉他，虽然 PayPal 和支付宝在业务上有差异，但是双方的理念是一致的，都是为消费者提供更好的服务和体验。与此同时，还要百分之百地保护用户账户的资金安全，只要在这个原则之下，不论做什么事情都会得到公司的支持。

“你在支付宝获得支持，肯定远大于一家总部在美国加州的公司。”Anita 对他说。

正是这句话让俞吴杰动了心。他想，自己在外企的工作虽然安稳，但是所有工作的成果都被老外享用，身边的朋友和国内的用户没有丝毫的感知，而加盟支付宝会有一个更大的施展舞台，这对个人和社会的价值就都不一样了。在这个平台上，即使做出一点点改进客户体验的事情，影响的用户也是数以亿计的。

抱着试试看和进一步接触了解的想法，俞吴杰开始走支付宝的面试流程。后来，彭蕾的面试让他最终下定了决心。

至今，俞吴杰还清晰地记得当时的场景。见面之后，他问了彭蕾几个问题：风险管理部门能给公司创造什么样的价值？或者说，支付宝希望风险管理部门创造哪些价值？

事实上，上述问题是所有公司高管都需要考虑的。在传统的意识里，前台业务部门是能让钱进的，是利润中心，而后台的风险部门是花钱的，是成本中心，所以风险管理部门一直不像业务部门那样受重视。其实，问题的答案早已在俞吴杰的心里，他这么问也是在体察这位支付宝女掌舵人对风险管理的认识。因为并不是每一家公司都有在风险管理方面加大投入的魄力，如果支付宝不是这样的公司，他就没有加入的意义了。

从彭蕾那里，俞吴杰得到了自己想要的信息："只要是能够给用户带来价值的，支付宝全部愿意付出。"

俞吴杰心中吃了一颗定心丸，他随后说出了自己对风险管理的看法："虽然风险管理不能给公司带来直接的经济效益，但是如果能让用户在最安全的情况下享受最便利的服务，那么公司的服务质量会有一个很大的提升，在未来竞争中会占据制高点。"

敏锐的俞吴杰隐约感觉到，这家公司可以给自己的发展空间是巨大的。这时，他终于下定了决心。

2011年3月31日，俞吴杰正式来公司报到，谁知刚到公司他就遇到了“意外”。原来，招他进来的风险总监Anita恰巧在同一天离职，一进一出之间，两人没有一天的交集，这绝对是戏剧化的一幕。“拉锯”半年之久的他总算入了职，但上司离职了。

刚来就被“晾干”了，俞吴杰谁都不认识。无奈之下他拨通了直线主管、风险管理部新任负责人云长的电话。云长听完后说：“你一定有发挥的空间。”然后就没有了下文。

当时，俞吴杰是作为专家型人才被引进的，公司不是十分着急让他出成绩，这就使他有一段熟悉公司环境的时间。这个相对宽松的环境，给了他了解支付宝风控体系的时间和机会，在PayPal多年工作的经验使他对支付宝的风控体系理解得很快。

外卡收单业务①进入了他的视野。当时，由于外卡收单的风控流程与国内不同，支付宝的外卡收单业务一直没有展开，问题主要有两个：一是支付宝没有外卡的数据沉淀，无法甄别卡片的来源和真伪；二是国外用户与国内用户习惯不同，95%以上的国外持卡人不会设置密码。这时，支付宝如果要求用户输入密码，支付成功率就会降低很多，因为只有极少部分人有密码，所以外卡收单必须进行免密支付，但是当时的支付宝既没有数据，又缺乏相关的技术，整个外卡收单业务就卡在了这个环节。

在俞吴杰看来，外卡收单的风控流程与其原先在PayPal所做的风险管理流程有很大的相似度，他觉得可以从此下手。但是那时他

---

① 当时支付宝的外卡收单业务主要指的是，用户用外币卡向商家进行在线支付，而支付宝在线提供收单服务。

初来乍到，一没团队二没名分。但他后来才知道，在支付宝这都不是问题。

在将整个事情梳理清晰之后，俞吴杰向云长汇报想法，同时还找机会跟彭蕾沟通。在得到认可之后，很快，一个由他领衔的跨部门虚拟小组组建起来，这个小组涵盖了商户收单团队、风控团队、法务团队、技术团队等各个业务和职能条线的同事。

在认真分析之后，俞吴杰和同事发现，当时凭借支付宝自身的系统、数据和经验，还不足以支撑外卡收单免密这个项目。最后，团队决定进行采购，在了解国际知名的收单风险管理服务商半年之后，这个虚拟的项目小组为支付宝选择了 Cyber Source 这个合作伙伴。从此，支付宝进入了外卡收单免密支付的时代。

事后我问俞吴杰，当时他刚到支付宝，人生地不熟，所带领的团队又是虚拟的，怎样才能把大家团结在一起完成目标呢？俞吴杰认为，其实支付宝大部分同事在工作中并没有说自己只做其中的一块，或者说这是我负责的，其他事情跟我无关；相反，大家会坐在一起，思考这个项目的目标是什么，在推进的过程中，如何把这个项目完成，或者如何把这个产品推到市场上。在达成共识后，团队成员会沟通每个人的优势在哪里，每个人最熟悉、最了解的是什么东西，当大家把这些东西贡献出来时，就会产生很强的化学反应。

俞吴杰总结，在支付宝这样一个高速发展的公司中，每一个人的工作都很忙，作为临时虚拟团队的领导，需要考虑的是，怎样让团队成员将现有的优势贡献到这个项目中，而项目完成以后，又怎样能够将这个成果反哺到每个人原有的业务上，给他们的工作带来更多的便利，如果能把这些结合起来，就能顺利地推动工作的进展。

作为这个虚拟项目组的负责人，初来乍到的俞昊杰面前是“华山一条路”，他唯一想的就是把项目做好。没有了患得患失，他反而更加专注。特别是在带一个团队时，如果领导人不笃定，这种情绪就很容易传导给团队的其他成员，团队的战斗力也就因此会大大减损，本来加起来是100%的能量可能就会缩减到80%。相反，如果领导者坚定，他就会想尽办法把各种资源整合起来，这种能量场会让所有的合作伙伴和团队成员都感受到，这时的能量场可能就会达到100%。

如果说外卡免密支付还是“小露一手”，那么支付宝用户保障体系则让支付宝的账户安全体系大大提升了，这在支付宝乃至中国第三方支付历史上都具有划时代的意义。

在2012年9月这个项目完成之前，在国内支付市场上，如果用户的第三方支付账户被盗，那真是“叫天天不应，叫地地不灵”，第三方支付公司不会负责任，银行更不会来管，卖家也不会来承担买家账户被盗刷的损失。当时，不要说支付公司的虚拟账户，甚至连用户在银行的账户都存在被盗刷的风险，遭到损失的用户想拿回钱就要经过复杂的程序。那时，没有任何一家第三方支付公司敢承诺对虚拟账户安全提供保障措施。

早在2005年，支付宝就承诺对用户因为网上交易欺诈而产生的损失进行全额赔付，也就是市场上熟知的“你敢付，我敢赔”，这个承诺客观上使支付宝用户规模大幅度扩大，然而“你敢付，我敢赔”并不包含账户被盗刷的风险。换句话说，如果用户在支付宝上的虚拟账户被盗刷，那么在用户保障体系建立之前是得不到保障的。

俞吴杰想起了自己的老东家 PayPal 的做法。如果买家的 PayPal 账户被盗，PayPal 有一个“100%非授权盗用的买家保护计划”，只要不是用户自己发出的指令，支付公司都会担保用户资金的安全性，如果发生盗用，会先行赔付。

对于 PayPal 而言，盗刷的风险通常由卖家来承担，支付公司之后可以从卖家那里求偿，只要卖家不破产、不跑路，支付公司本身就不会有损失，这也是国外支付产业的做法。但是当时在国内还没有形成一个由卖家来承担风险的机制和文化，由卖家负担损失基本上是不可能的。发生损失时，唯一可能的路径是让支付公司来承担，但这种承担不仅需要魄力，还需要能力。

俞吴杰和同事都在想，如果支付宝能提供这样一个用户保障，那么对用户、行业和社会的意义都很大，而这也会提高公司自身的核心竞争力，其他的支付公司想要再参与行业的竞争，就要提供同样的服务和保护，否则其竞争力是不足的。但是当时反对的声音不是没有，有人说中国第三方支付行业中并没有这样的要求，有人说赔付的黑洞无法估算，即使做了这些也不会有直接的经济效益。

俞吴杰清楚，这也将是支付宝区别于其他第三方支付的优势。但说起来容易做起来难，如果风险管控做不好，就要承担保护义务，公司就会损失很多钱，因此在任何表面上尽善尽美的前台用户体验背后，都是大量后台的分析工作，项目团队每天都在不停地讨论。其中有几个核心问题亟待解决：一是整个账户群体被盗用的概率有多大；二是报案的人中哪些是真实被盗的；三是如果不是真实被盗的，那么怎样去处理一系列的流程与规范。

但俞吴杰凭直觉相信，这是客户真正的需求。他将自己作为一个消费者来换位思考，在外企工作时，他用PayPal的账户体验过那种消费者被100%保障的优越感。这时他回过头来想，在网上交易中，消费者在全流程中处于弱势地位，既不清楚商家是什么样的，也无法给自己设置各种密码，或者做其他动作来保护账户的安全。为什么国内的消费者就没有办法享受这种账户100%被保护的优越感呢？

俞吴杰和同事一道道攻关。当时国内提升用户账户安全保障通常的做法是使用安全产品，比如登录密码、支付密码、U盾、手机令牌、数字证书，等等，这些安全产品肯定能够使账户更加安全，但是就像在大门上装锁一样，装一把锁安全，装两把锁可能更安全，三把锁、四把锁……当你不停地装上去以后，自己进门就会很麻烦。说到底，支付是在便捷和安全中寻找平衡。

支付宝希望尽量减少用户操作的麻烦，既然不断加锁的方式行不通，那就要另辟蹊径，从数据和用户的行为方面进行分析。当一个公司一天要处理的交易量是100笔甚至1000笔时，用一套系统、一套逻辑，或者一套模型做一些简单判断，甚至人工都可以完成对交易的核查；当公司的日交易规模达到一万笔甚至两万笔时，用模型可以解决问题；当日交易笔数达到100万级或者1000万级甚至更高时，系统的计算量就会大大增加，任何一个模型规则的背后都有大量的变量在运作，这些变量都在交易发生的毫秒级别间响应。因此，在几千万笔交易中来判断哪一笔是盗刷，无异于大海捞针。对于支付宝这样每天有几千万笔交易的公司而言，计算量是极其庞大的，机器的累加与时间的响应都是巨大的成本。

俞吴杰等人想到，如果支付宝能判断出账户操作指令是否为用户本人发出，就可以在屏蔽被盗风险的同时，减少安全产品对用户体验的干扰，这是基于用户的可信行为习惯。比如，一个用户很频繁地从一个卖家买东西，这就说明他喜欢这家店铺，对于后来的购买指令来说，无论是发自手机终端还是PC终端，其是用户本人指令的可信度是非常高的，这时就不需要对它做极其复杂的风险判断。换句话说，这就是用户的一种可信行为。正是在这种思路的指引下，俞吴杰带领风险智能团队，协同多个团队开发“支付宝用户可信习惯体系”（AUTH）。

后来，他们又发现了更多用户的可信行为。比如，一个已婚的男性用户如果每个月都给他妻子转账，经过持续一两年的长期分析，这两个账户之间的关系就是可信的。再如，一定金额以下的交易，如果用户是从同一个终端发出去的指令，安全性就会高很多。通过大量的样本分析发现，这样出现的被盗率只有0.01%。因为如果是用遗失的手机进行盗刷，那么首先要知道手机用户的密码，其次还要拿到设备，这种概率非常低。

在用户没有任何的显性感知，并且不给用户操作账户带来任何不便的情况下，通过简单的规则和不断积累的经验，支付宝逐渐能够感知这些交易的安全性，也更加了解用户，这就在降低人工审核、减少机器的运算量的同时，保障了账户的安全。

与此同时，支付宝还利用各种前沿的生物识别技术来进行判断。比如，支付宝可以通过辨别用户敲击键盘的手势来判断是否为本人操作。每个人在敲击键盘时都有自己的节奏和间隔，波峰波谷的间隔各不相同。在进行了大量研究之后，俞吴杰等人发现，即使敲击同样的密码，不同的人也有不同的节奏，而这种差距是非常大的。

这个细节对用户而言是无法感知的，但是对于判断一个行为是否是用户本人做的有非常大的价值。

有了用户可信习惯体系之后，支付宝在判断支付指令是否由客户本人发出时，需要进行手机短信校验的人数大大降低，需要进行人工观测的比例也大大下降，用户体验得到了巨大的提升。对于80%~90%甚至更高比例的交易行为，支付宝很快就能判定是否正常、是否由本人操作，而剩下的交易行为，再用专门的模型和规则去检验，这就大大减轻了系统的压力。

因此，无论是在用户体验方面，还是计算成本节约方面，用户可信习惯体系都是支付宝账户安全体系的一个巨大飞跃。2013 年，这个项目获得了公司的“夺宝奇兵”大奖。

正是有了用户可信习惯体系的支撑，在经过了较长的准备期后，2012 年，支付宝的用户保障体系项目正式开始运行。至此，支付宝在账户盗用上终于实现了“你敢付，我敢赔”。

一段时间后的数据显示，在得到赔付的用户中，有 2/3 的人和以前一样继续使用支付宝，甚至比以前更为活跃。同时，“100%盗用保障机制”也成为行业的新标准。

通过用户可信习惯体系，支付宝又将行业的安全标准提高了一个档次。现在，几乎所有的第三方支付公司，无论有没有能力，至少在做宣传时，都会说自己有盗用保护。

CTU：智能风控大脑

400 毫秒（即 0.4 秒）能干什么？我们眨一次眼，支付宝就完成了四次实时的风控流程。在一次典型的电商平台交易中，从用户登录淘宝到选择商品、确认购买，再到支付的各个环节，其背后都有蚂蚁金服的风险识别和管控操作，普通用户可能感知不到，自己的一次简单操作，后台有蚂蚁金服十次以上的风险识别。现在，蚂蚁金服后台风险识别的数量是交易笔数的十倍。

隐藏在这些交易背后的是一个7×24小时智能化交易监控系统网络，蚂蚁金服将其命名为“CTU”，看过《反恐24小时》的朋友都知道，CTU在剧中叫作“美国反恐局”，是电视剧观众虚构的一个政府部门，将CTU作为公司智能风控大脑的名字，寄托着蚂蚁金服保护用户资金安全的美好愿望。这个系统涵盖了业务数据、智能模型、人工模拟决策、对外服务应用渠道等十多个子系统，每位支付宝会员的每个支付动作都在瞬间经过CTU系统的安全识别、认证和处置。

“罗马不是一天建成的”，智能化的CTU也经历了一个逐步积累的过程。从最开始简单意义上的一对一的攻防到后来安全系统功能的不断完善，再到智能风控大脑概念的提出，以及生物识别等技术的应用，CTU不断地发展演变。

在蚂蚁金服风控体系的背后，有1500名从事风险管理的专业人员，占到公司所有员工的1/5，其中有2/3的人从事数据分析和技术研发，而与他们并肩作战的还有2000台应用服务器和320台存储服务器，这些机器专门用于风险监测、分析和处置。

蚂蚁金服的理念是实现极致的效率与风险的平衡。彭蕾和管理层一直要求安全团队提升用户体验，而智能风控大脑CTU正是这种理念的贯彻，使可信的交易通过，减少对用户的打扰，阻断可疑的交易，保障用户的资金安全，要想达到目标就需要创造性地用数据的思维辅助决策。

比如，安全团队一改过去在支付宝海量交易中寻找“骗子”的思维模式，他们首先假定交易是安全的，是用户本人操作的，在这个假定条件下，提炼出手机、电脑、IP 地址、收货地址、收货邮箱等 12 个核心条件。基于用户与这些核心条件关联的历史消费频次、消费金额等特征建立关系模型体系。比如，用户在某个手机上进行了 100 次正常购物消费，累计消费金额超过 2000 元，那么可信体系就会判断该用户在该手机上的操作是安全的。这就是支付宝用户可信习惯体系，它是促使 CTU 向智能化方向迈进的重要一步。

郑良西是蚂蚁金服专案风险部的高级经理，这位曾长期在公安系统工作的公务员，曾经一度被杭州市委组织部选调挂职萧山近江街道担任副书记，到蚂蚁金服之后，他主要负责安全管理部下的专案风险部和情报数据中心。

用郑良西的话说，风控体系最核心的任务是要知道“你是谁”，要判断账户是否为本人操作。说得专业一点，就是一个交易请求是否可信，CTU 就是隐藏在支付宝交易的背后监控整个网络的大脑。如果 CTU 判断账户是用户本人操作，就不需要有后续的验证动作。相反，如果存有疑惑，CTU 就会要求用户去通过验证。如果没有通过，系统就会自动阻断交易。

CTU 最重要的功能是用户身份的核实。它的判断主要从四个维度展开，即可信的行为、可信的位置、可信的设备、可信的关系。如果系统从这些维度判断都可信，就会认定账户的操作者是用户本人。然后再基于这个核心点，继续判断用户的资金、个人隐私、数据等是否存在风险。

具体来说，CTU 通过账户与账户之间、账户与设备之间、账户与场景之间的行为来判断具体是否为本人操作。比如，一个在网上只买衣服的人，有一天突然买了游戏点卡，这其中就可能存在风险。再如，一个平时一直在杭州的人，突然有一天半夜 12 点在广西买了个东西，这其中也可能存在风险。

广东深圳的黄先生四十多岁，平时用支付宝就是在网上买理财产品或者进行转账，使用的是苹果操作系统。2015 年 6 月 7 日中午 12 点，一个国际站点以 10086 这样的号码给他发了一条短信，说他中奖了，获得了积分，如果想兑换，就需要输入身份证和银行卡信息。黄先生按照短信提示做完之后，点击了确认。这时，他已经上当受骗，下载了木马程序。由于黄先生手机中了木马，所以修改支付宝登录密码的短信通知自动转发到了骗子那里。在当晚 11:35，骗子成功地获取了修改登录密码的验证码，然后成功地修改了黄先生的密码，可以看到黄先生账户中的余额。在凌晨 12:07，骗子在广州登录黄先生的支付宝，通过手机验证码将账户绑定银行卡，修改了支付密码。到凌晨 12:25，骗子下单购买一台价值四千多元的 iPhone5s 手机，就在他输入支付密码准备付钱时，CTU 判断这个交易失败，同时对账户进行了功能限制。由于当时是凌晨，客服并没有给用户打电话。天亮后，客服打电话跟用户确认，问他有没有到广州，昨晚这笔交易是不是本人操作的。黄先生说自己没有离开过深圳。这时客服告诉他要将手机恢复出厂设置，因为中了木马，所以登录密码、支付密码都要修改，并对黄先生进行了安全教育。

从黄先生这个案例中可见，CTU 会在秒级的时间里判定这个行为是否可信，如果不可信就立即阻止，防止给用户造成更大的损失。

要在毫秒的级别内完成判断，这对 CTU 的计算能力要求很高，其背后是蚂蚁金服在大数据和云计算方面的优势，也是其核心竞争力所在。

除了靠 CTU 在交易中进行监测之外，蚂蚁金服的风控体系也分布在事前和事后。比如在交易发生之前，风控体系会对账户的风险进行分层，新产品投入市场之前会有产品风险的评审、监控策略的评审和产品风险的应急预案。

如果在使用这些策略之后还有风险发生，那么就涉及事后的风控。风控体系会调整策略，重新部署，在小时级别内做出响应。更进一步，还会有案件的深度分析和串并，以及和警方合作实施专案打击。“我们的目标就是实现效率和风险的平衡，在这个过程中，用数据去决策，用数据来帮助业务的成长。”郑良西说。

支付宝账户安全保险

从 2005 年的“你敢付，我敢赔”，到 2012 年的“支付账户保障体系”，以及现在的蚂蚁金服智能风控大脑，支付宝对用户交易和账户的安全保障水平一直在不断提升。2014 年推出的“账户安全保险”又从另一个维度给用户的账户安全增添了一道保障。

随着业务的快速发展，支付宝的支付场景日趋丰富，特别是在移动支付发展之后，它早已摆脱了作为淘宝网担保交易工具的初始状态，开始在众多场景中应用。同时，随着余额宝的诞生，支付宝虚拟账户的金融属性大大加强，开始有理财、贷款、消费借贷等多种功能，这就和之前“账户+支付”并绑定担保交易的简单模式产生了很大的区别。客观上讲，用户对账户的安全性要求也大大提升了。

于是，一个动议开始逐渐形成，即在支付宝账户保障体系之外，能否以商业保险的方式为支付宝的账户再提供一道安全保障。

如果有这个商业保险，前面提到的“支付账户保障体系”就成为一个基础产品。也就是说，当用户进行支付时，如果这笔支付不是本人发起，属于被盗支付或者被欺诈的支付，支付宝仍然会进行赔付。在赔付之后，支付宝会对被盗的账户做保护，出于安全的考虑也会限制很多功能，用户的使用会受到限制，但是如果用户投保了账户安全险，不管账户被盗多少次，支付宝都会赔付，赔付的金额峰值是 100 万元。

梁越平是蚂蚁金服保险事业部总监。2007 年他进入阿里软件工作，阿里软件是阿里云的前身。后来他到了阿里 B2B 中国供应商工作，做企业之间的平台“诚信通”。再后来他到了阿里的安全部门工作。2013 年他来到当时的阿里小微金服做保险业务。

在经历了安全和保险两个部门之后，梁越平感到，安全和保险其实很相似：前者是利用数据分析用户的行为，如果用户行为是恶意的，就要做出风险拦截；而后者是通过数据的力量，将信用和风险商业化。本质上，两者都要依靠数据，安全是用数据把坏账堵在门外，而保险则是把数据的分析变成商业。

这个想法一提出，就在公司内部遇到了很大的阻力，反对的声音主要来自公司安全部门和公关部门。安全部门的理由是，支付宝的安全体系已经很完整，没有必要再用商业保险的方式来保证用户账户的安全；而公关部门的理由是，支付宝账户盗刷赔付的印象已经在用户心中扎根，再推出商业保险，是不是说明支付宝账户不安全，或者说赔付过高，需要用商业化的方式来解决。

这个问题让梁越平及其团队纠结了很长时间。

后来，梁越平等人认为，安全应该是两方面的结合，二者缺一不可。一方面是支付宝本身账户体系的安全，目前，支付宝的安全体系是世界领先的，这一点公司可以控制，但随着移动互联网的发展，安全产品需要不断更新，不敢说以前的安全产品就一定全部适应新的场景；另一方面是用户自身的安全意识，虽然可以通过对用户进行安全教育来解决，但是实际上效果并不理想，在使用支付宝的过程中，更多的用户关注的是支付的便捷而非安全。

能不能通过保险来教育用户提升自己账户的安全水平呢？

最初做这个产品时，梁越平等人的想法比较简单，想通过保险的商业化方式来强化用户的安全意识，所以在保费的设计上就想到让保险价格和安全防护相关。账户安全防护程度越高，价格就越便宜。他们希望借此促使用户提升账户的安全保护，但一算下来，按照这样的逻辑，保险价格定出来也很高，最高的甚至达到 50 元，这种定价模式也就走向了死胡同。

现在，支付宝的账户安全险是用 0. 88～2. 88 元保障 100 万元，这在保险界是比较“疯狂”的定价，但其保障范围很广，支付宝账户的余额、余额宝、理财资产和包括授信的资产全在这个保障范围之内。与之相对应的是，在传统的银行市场，类似的保险基本上是 1 元保 2000 元的水平。

梁越平他们是怎么做到的呢？

首先，支付宝的资损率极低，现在支付宝每发生一百万笔支付，只有不到一笔会被盗，在这样的资损率水平上，保险价格可以定得很低；其次，支付宝账户安全险这款保险不是独立存在的，它已经深入了业务风控场景中，在余额宝、招财宝等特定的理财型产品的场景中，它会融入其中跟业务共同发展。比如，用户的虚拟账户中可能有理财资金50万元，这50万元被盗的概率就会极低，当支付宝跟业务形成联防时，安全性就会更高。

梁越平他们对任何支付宝账户都采取两个维度去考量：一是被盗概率；二是假设被盗后这个账户的资损金额。

在计算被盗概率上，团队参考了与账户、用户和设备相关的三百多个指标，包括行为、环境、资产和身份等，找出与被盗最相关的变量，放到模型里去计算被盗概率，然后把这个模型跟实际被盗概率进行持续的虚拟学习，使模型成熟优化。通过模型持续去学习，进而与概率匹配，算出这些账户被盗的概率，随后将概率从低到高进行分档，这是第一个维度。

第二个维度就是先假设这个账户被盗，然后预测资损金额，通过用户的财富属性、支付资金属性以及银行卡相关数据，支付宝可以预测出，假设用户账户被盗后，大概会被盗窃多少钱，这其中也可以分出很多档次。

在完成这两个维度层面的工作之后，就可以形成一个矩阵，把风险跟保费匹配出来，目前价格的区间是0.88~2.88元，然后通过风险定价，不同的账户对应不同的价格。

这也是传统保险跟互联网保险的差异。传统保险很难做到个性化定价，受渠道的限制，它不可能针对每个用户给出一个有针对性的风险定价。互联网渠道则不一样，因为平台掌握的数据信息比较全面，所以可以针对每个用户做出个性化的定价。

对于一款保险产品而言，报案和理赔是事关用户体验的重要环节。目前，支付宝账户安全险已经支持自助报案和理赔。

在报案时，智能的判案引擎会自动判断用户被盗的笔数和金额。以前用户报案时，要告诉支付宝可能被盗了多少。现在智能的判案引擎会根据支付的特征、环境等因素的差异，自动计算出用户的损失，用户只要按确认键即可。

在理赔时，账户安全险与芝麻信用结合。比如，系统在判断用户的账户被盗以后，会去查看被盗用户的信用。如果用户信用很高，并且金额在 2000 元以内，系统会采用极速赔款的方式直接进行赔付。但如果用户被盗的金额超出一定幅度，就需要提交更多材料，如公安的报案回执、银行的回执，这些通过在线拍照上传即可。拍照上传以后，所有的赔付流程都可以在线看到，理赔体验非常好。

在账户安全险产品推出初期，团队非常小心，担心激起用户的反弹，也担心用户产生支付宝是不是不安全的怀疑。所以，在 2014 年账户安全险刚推出来时，公司定了 200 万的用户规模目标，这与动辄亿计的支付宝账户数相比可以忽略不计。但是出乎意料的是，这个产品用户规模的增长超出了梁越平等人的想象。第一年下来，用户数目就达到了 2400 万，是他们最初目标的 12 倍。2015 年用户规模达到了 1. 2 亿，远远超出了梁越平最初的想象。目前，账户安全险已经运行了两年，赔付率基本上是在一条稳定而健康的水平线上波动。

第十二章　拥抱监管：网商银行成立

我们越来越需要学习如何被监管。互联网公司虽然都像不穿鞋的野孩子，但一旦拿了牌照进入金融领域，就必须按规矩做事，所以我们要学习如何被监管。这不仅是被动地等待监管，而且更重要的是锻炼我们的宏观思考能力和主动沟通的能力和方法。

——彭蕾

在余额宝问世之后，蚂蚁金服就遇到了来自各方持续的压力。在一些人看来，互联网金融的异军突起跟监管真空和监管套利密不可分。一些人认为，互联网金融机构跟传统金融机构的监管标准并不相同，这就造成了实质上的不公平。为了拥抱监管，蚂蚁金服在国家开放民营银行牌照申请之后，主动参与其中，与其他股东一起发起设立了浙江网商银行，开始了在金融领域的深度实践。

离开体制

每当遇到困难时，浙江网商银行行长俞胜法[①]总会拿出手机，再看一遍网商银行开业典礼上的宣传视频。

这是一个关于小人物的故事：一个卖黑胶唱片的女生、一个创办设计公司的男生、一个开小面馆的阿姨、一个经营淘宝店铺卖麦芽糖的小伙子，还有一位卖农产品的大爷。他们目标坚定，勤奋工作，但都缺少将事业做大的本金。

这样的人在我们周围并不少见，他们自食其力，不甘平庸，是中国经济真正的脊梁。但是长期以来，这些小本生意人由于缺少正

① 2016年12月，蚂蚁金服任命俞胜法担任CRO（首席风险官），全面负责蚂蚁金服的风险管理，下设安全管理部、交易风险管理及客户服务中心。

规抵押物，难以得到正规金融机构的贷款服务，所以很难将业务做大做强。而他们正是网商银行的服务对象。

2015 年 6 月 25 日下午，杭州黄龙饭店正在举行浙江网商银行的开业典礼。当宣传片讲述卖黑胶唱片的女生因纠结是否向母亲借钱而噙满泪水时，坐在台下的俞胜法心中猛然一颤，身体开始前倾，肘部支撑在桌子上，双手交叉放在胸前。这时，来蚂蚁金服一年多的情景开始不断地在他的脑中浮现。

开办银行是阿里巴巴董事局主席马云创办支付宝时就有的梦想。2013 年前后，随着银监会对民营银行准入政策的放开，这个梦想在支付宝创立十年之后变得越来越清晰。与此同时，在蚂蚁金服全面进入金融领域之后，业界呼吁监管机构对其加强监管的呼声也不绝于耳。在此之际，蚂蚁金服决定主动拥抱监管。

但办银行并不是一件容易的事，除了监管方面的放行外，还要找到专业的金融管理人才，俞胜法就是因此与阿里结缘的。和马云的经历类似，早年的他也曾在高校教书。

我第一次见到俞胜法是在 2014 年 8 月 27 日。那天，他在上海香格里拉大酒店出席一场名为“小微金服微贷开放战略和海尔直投合作媒体沟通会”的活动，这是俞胜法加入阿里后首次面对记者。虽然当时他的职务还是阿里小微金融服务集团（筹）副总裁，但所有人都知道，这个身穿白色衬衫、目光炯炯的中年人即将成为阿里筹备的民营银行的首任行长。

放弃体制内的职位，在“知天命”之年来互联网企业是需要勇气的。在蚂蚁金服的多位高管中，俞胜法年龄最大。出生于 1964 年的他来阿里时已经 50 岁了，用他自己的话说，这个年龄在阿里“不是偏大，而是偏大得多了”。

俞胜法的职业生涯起步于浙江银行学校。在计划经济时代，中国人民银行在每个省都办了一所银行学校，这所学校也就成了为当地银行业输送人才的摇篮。浙江银行学校亦是如此，俞胜法最早在此教书，他的学生也遍及浙江省各个金融机构。

后来，俞胜法到了银行工作。2010 年，他出任杭州银行的行长，在任时成绩斐然，离任时杭州银行的资产规模已经达到 4000 亿元。2013 年，俞胜法奉调出任杭州市金融办的党组书记和副主任。熟悉中国金融监管体制的人都知道，地方金融办处在一个比较尴尬的境地，虽然其法定职责是对地方金融机构进行监管，但更多的时候，地方金融机构还是直接听命于地方政府。因此，俞胜法每天的主要工作就是陪领导开会，待了五个多月之后，他算了下，他有 2/3 的时间是在“陪会”，这让在企业待惯了的他很不适应。

俞胜法心里总是犯嘀咕：“如果就这样退休了，实在不甘心啊。”

这时，他和阿里巴巴的缘分正在悄然拉近。

2013 年 6 月 19 日，国务院常务会议明确了探索设立民间资本发起的自担风险的民营银行的方针。2013 年 7 月 5 日，国务院发布“国十条”①，其中第九条明确“尝试由民间资本发起设立自担风险的民营银行”。为了贯彻国务院的文件精神，2014 年 1 月 6 日下午，银监会官方网站发布的新闻稿透露，备受关注的民营银行将在 2014 年试点先行，首批试点 3~5 家，实行有限牌照。

2013 年下半年的一天，俞胜法在和阿里巴巴集团高管聊天中得

① 《国务院办公厅关于金融支持经济结构调整和转型升级的指导意见》（国办发〔2013〕67 号）。

知，阿里正计划筹办一家民营银行。当时阿里的保密工作做得很好，连在杭州市金融办任职的俞胜法都不知道。当时俞胜法就听了听，并没有深入思考。

中国的银行并不少。根据《中国银监会2014年年报》[①]，截至2014年底，中国银行业金融机构共有法人机构4091家，从业人员376万人。但是，中国缺少能够真正服务小微、服务“三农”的金融机构。阿里要办银行，就必须办出特色，这才符合高层放开民营银行准入政策的初衷。

同年底，阿里正式递交了筹建民营银行的申请材料，先前和俞胜法接触过的那位阿里高管再次找到了他，问他有没有出任这家银行行长的可能性。厌倦了机关朝九晚五工作的俞胜法，口头应承下来说可以考虑，但内心还在犹豫。

那次见面两个月之后发生的一件事情让他不得不迅速做出决定。2014年元旦，俞胜法的上司、杭州市金融办当时的主任马上要退居二线，作为金融办党组书记和副主任的他将很可能接任。俞胜法心想，如果在组织部门宣布由他继任后再提出不干就来不及了，50岁的他索性直接提交了辞呈。

从H5学起

2014年2月，俞胜法来阿里报到。公司初期安排他向胡晓明汇报，他一边跟胡晓明一起管理安全方面的事务，一边借机熟悉公司

---

① 见http://www.cbrc.gov.cn/chinese/home/docView/7E0CF3C51001425E919F739562C350BA.html。

运营，适应阿里的企业文化。

进入公司之后，俞胜法才发现，在外面看互联网企业和身处其中是大不一样的。刚来时，他觉得很新鲜，阿里内部的管理机制和运作模式对他而言都是崭新的，周围年轻人的朝气和活力也在不断感染着他。

比如，互联网企业的运营模式跟传统银行完全不一样。当时，他对完全用互联网来做运营还比较陌生，在风控、客户准入、引导，包括后续的运营和管理方面，传统银行主要是依靠个人的经验判断，靠客户经理对客户的调研，但互联网企业基本上不必跟客户见面。

基于互联网的大数据风控让俞胜法眼前一亮。一开始他也不明白为什么阿里小贷“算一下”就能给客户贷五万元、十万元，后来才了解到，互联网企业用的是大数据风控模型，在放贷的过程中，将准入政策、后续管理、催收和贷后监控等流程做了数据化的运营，这就使效率得以大大提升，而这些都是传统银行所不具备的。

新鲜感总是短暂的。时间一长，俞胜法逐渐感到身上的压力很大，最直观的变化是在工作时间上。在杭州银行工作时，虽然他也很忙，但是工作基本还是朝九晚五，作为领导的他最晚到七点就下班了。然而在支付宝，加班是家常便饭，很多员工直到晚上八九点仍在工作。为了不占用工作时间，很多会议都被放在下班以后召开。

“那时我连什么叫 H5[①] 都不知道”，这杆“金融老枪”就边干边学，向年轻人请教技术性问题，这种状态一直持续到现在。他看的更多的是技术类的东西，金融的东西反而看得少了。

2014 年年中，胡晓明调任阿里巴巴集团，俞胜法接手微贷事业群，主管阿里旗下小贷业务。与刚来时相比，俞胜法肩上的担子又加码了，但是他心里清楚，决战还没有真正到来，他来阿里的最大挑战就是网络银行的筹建。

拥抱监管

在做银行之前，阿里小贷的业务做得风生水起。阿里旗下有两家小贷公司已经展开了信用贷款的业务，然而，做银行完全是另外一回事儿。当时蚂蚁金服中金融专业出身的员工不多，大家对银行业务的理解还很片面。在他们的眼中，银行的主要业务就是吸收存款、发放贷款和转账汇款，对银行的资产负债管理、监管合规要求等领域都很陌生。为了让他们尽快熟悉银行的合规要求，俞胜法就将银行这一整套规范跟他们讲。

就拿支付宝最熟悉的账户体系来说，当时支付宝的员工都认为支付宝账户做得已经很好，只要把它复制过来就可以。但是他们后来发现，银行的账户和支付宝账户是完全不同的两个体系，在管理

① H5 是第 5 代 HTML，也指 H5 语言制作的一切数字化产品。所谓 HTML 是“超文本标记语言”的英文首字母缩写。我们上网所看到的网页多数都是由 HTML 写成的。H5 不再只是一种标记语言，它提供免插件的音视频、图像动画、本体存储以及更多酷炫而且重要的功能，并使这些应用标准化和开放化，从而使互联网也能够轻松实现类似桌面的应用体验。H5 也具有跨平台性，用 H5 搭建的站点与应用可以兼容 PC 端与移动端、Windows 与 Linux、安卓与 iOS。它可以轻易地移植到各种不同的开放平台。

和监管要求上也完全不一样，实际做起来要比他们想象的复杂得多。

蚂蚁金服起家于互联网，虽然后来“误打误撞”地进入金融领域，但是骨子里的互联网基因还是很难改变，再加上公司刚进入金融领域时，对金融界和监管都不是很熟悉，所以在理念和思考问题的方式上与金融体系有很大的差别。因此，怎样和金融监管打交道，怎样和金融业界相处，就成了蚂蚁金服当时亟待解决的问题。

2014 年，那场因余额宝引发的风波①让支付宝高层开始学习如何与金融机构打交道，他们更注意在风险与创新、专业与跨界之间把握平衡。正是意识到这一点，在 2014 年 5 月支付宝十周年庆典上，阿里小微金融服务集团（以下简称小微金服）CEO 彭蕾在确定小微金服的十六字战略方针时，前面的八个字特别提到了“稳妥创新”和“拥抱监管”。

彭蕾表示，创新是小微金服的灵魂和血脉，而在创新的同时做到稳妥则是一种能力；拥抱监管不是被动等待监管，更重要的是锻炼一种宏观思考的能力以及主动沟通的能力和方法，一种拥抱、理解监管的态度和能力。

从那以后，蚂蚁金服开始以更积极、更透明的姿态与监管机构沟通。2015 年 10 月，时任蚂蚁金服总裁的井贤栋在蚂蚁金服年度分享会上介绍说，蚂蚁金服已开始实施 0 号项目——备付金透明监管项目。这个基于大数据的监管对接平台 7×24 小时对监管部门开放，可随时了解备付金的管理情况，全程透明。现在，蚂蚁金服开始前瞻性地思考未来监管可能的要求，并未雨绸缪地进行准备。比如，公司会内部测算公司的资本充足率，也会思考今后国际上会不会对

① 参见本书第八章。

互联网金融机构出台类似重要性的系统监管举措。

在互联网金融快速发展之际，监管机构虽然在大方向上是支持创新的，但是也一再明确，既然从事的是金融业务，就一定要拿金融牌照，这也是蚂蚁金服申请网络银行牌照的重要原因。

稳妥与创新是一个动态的平衡。俞胜法一再告诫同事，在符合金融监管标准和规范经营的同时，一定不能把阿里原有的创新意识和理念磨灭掉，要把两者有机地结合在一起。

网络银行的特色是将互联网的灵活与金融的严谨性相结合，这个要求也自然而然地体现在系统的建设上。蚂蚁金服在做浙江网商银行的系统时，决定开发一个基于云计算的分布式系统，这是中国银行业首个去 IOE[①] 的、跑在云上的系统，公司高层对此非常重视，想把它作为“云上银行的样本间”，向世人展示阿里和蚂蚁金服的技术实力，但这是一条没有人走过的路。

俞胜法就和每一个业务模块的开发团队分别沟通，谈业务、谈需求。这时，他在银行领域的经验和人脉就派上了用场。一开始，蚂蚁金服没有开发银行系统方面的人才，后来几个来自银行的人入职以后，团队就有了三四个人，但是人手还不够，俞胜法就把杭州银行新系统的开发团队请来，每天晚上给阿里的同事上课，给他们讲银行系统开发的要求。

与此同时，俞胜法还把全国以及浙江省内的所有 IT 方面的监管办法和制度整理出来供团队参考，他虽然不懂技术，但对银行的业

① IOE，分别是 IBM、Oracle 和 EMC 公司。IBM 是服务器提供商，Oracle 是数据库软件提供商，EMC 是存储设备提供商，三者构成了一个从软件到硬件的企业数据库系统。由这“三驾马车”构成的数据库系统几乎占领了全球大部分商用数据库系统的市场份额。

务逻辑了如指掌，他向同事解释为什么监管要在技术上做这样的规定，阐释系统涉及的风控、运营等方面的具体要求，探讨哪些制度可以突破，哪些需要继续遵循。

就这样，俞胜法带领阿里的团队走上了艰难的创办银行之路。

在申请筹建时，网商银行明确表态不设网点，但在此之前，银监会还没有批准过没有网点的银行。新型的互联网运营，一方面带来了新的业务模式，另一方面也给监管带来了挑战。俞胜法还记得，在浙江网商银行的评审会上，负责评审的组长是当时银监会的副主席阎庆民，他最关心的就是网络银行的业务模式。

"你们凭什么连人都没见过，就给他五万元贷款？"这是俞胜法经常面对的问题。在银行业者和监管者的眼中，"三亲原则"① 是银行业经营最基本的原则，"网商银行不与客户见面，怎么就能放出贷款"？

类似的问题还很多，俞胜法不断地和监管机构进行沟通。在网商银行批准筹建的前后，他经常往返于蚂蚁金服杭州的总部和北京的监管机构。为了更好地说明问题，他让团队把筹办网络银行过程中涉及"一行三会"的监管政策全部罗列出来，逐条分析银行的互联网化运营对监管政策到底会有什么影响，当时一下子就罗列了四十多条，找到了问题的焦点之后再逐条与监管机构沟通。

比如，在拿牌照时，监管机构希望蚂蚁金服把现有的业务都放进银行里来，这样就更便于对其进行监管。但是蚂蚁金服希望银行业务是银行业务，其他业务是其他业务，这样就可以为互联网金融的发展留出一定的空间。在这个过程中，俞胜法发挥了他在金融系

---

① 即"亲见原件、亲见本人、亲见签名"。

统工作过的优势。以前的金融职业经历，让他很容易理解监管层的关切。很多话由俞胜法来讲，沟通的效率就更高一点。

当项目批筹到最后阶段时，银监会领导问俞胜法想要争取哪些政策。

面对这个突如其来的问题，俞胜法并没有太多准备，他略微思考了一下说："只要给我一个政策，那就是允许我们试，不管什么创新的策略，甚至有些可能突破你们现有的规范，只要允许我试就行。"

"只要允许我试就行"和"敢为天下先"是互联网企业的精神，也是俞胜法的人生信条。

"无微不至"的业务

2014 年 9 月 26 日，银监会做出了《关于筹建浙江网商银行股份有限公司的批复》，正式批准筹建浙江网商银行，蚂蚁金服作为发起人，认购了总股本的 30%。

在开业典礼上，浙江网商银行的股东代表、时任蚂蚁金服的 CEO 彭蕾表示，她期待浙江网商银行能在未来五年内服务 1000 万中小企业和数以亿计的普通消费者。更进一步地说，彭蕾希望网商银行的服务能为"打造诚信社会，缩小城乡差距"做出贡献。在她看来，网商银行需要坚持普惠金融的愿景，用大数据和云计算技术完成"小银行、大生态"的目标。

当时与阿里一同提出民营银行申请筹建的还包括另一家互联网巨头腾讯。2015 年 1 月 18 日，腾讯作为发起人之一的微众银行对外试营业，但是迟迟没有网商银行营业的消息。习惯将腾讯与阿里对标的媒体总是爱问俞胜法："浙江网商银行为什么'迟到'了？"

俞胜法当时根本没有空闲时间。创新的难度远比人们想象的大，资本金的限制、监管机构对远程开户的拿捏，都对网商银行的业务开展构成了制约，而基于云端的分布式新系统的开发，在短时间内不可能一蹴而就。

基于多重考虑，网商银行确定在业务上短期内延续蚂蚁小贷的业务，除了给小微客户融资外，网商银行还将满足客户现金管理和投资理财的需求。

在实际经营过程中，这些小微客户的体量之小、覆盖面之广与网商银行宣传片所描述的并无二致。

厦门市同安区军营村 29 岁的小伙子高树鸿，在村里盖了三个大猪舍，养了 600 头猪。从 2015 年下半年开始，生猪价格上涨了，他没有急于扩大规模，考虑到先购买一套标准化环保设备，处理猪舍排放的污染物，不想给山清水秀的家乡造成污染。后来高树鸿找到网商银行，在线填完资料并获得审核通过后，第二天就拿到了 10 万元贷款，顺利地买到了这套环保设备。网商银行为了鼓励、引导小伙子的生态意识和环保举措，给予他 6%的贷款贴息。

除了高树鸿外，在山东寿光从事蔬果种植的王先生想贷款改造节水滴灌设备，在浙江淳安的李先生想贷款筹备农家乐生态旅游，在河南汝州开面粉加工厂的张先生想贷款改造锅炉，等等。一批类似的网商银行农村用户，都通过"生态经济"引导专项资金获得了不同程度的贷款利率优惠。

上述"生态经济"引导专项资金是基于网商银行"旺农贷"产品。2015 年 6 月开业之初，网商银行便提出通过互联网技术为农村地区用户提供便捷高效的金融服务，是网商银行重要的发展战略。目前，“旺农贷”已经覆盖了全国25个省市区234个县市的4852个村庄，农户户均支用金额为4.7万元，这款产品很好地支持了农村地区种养殖户、小微经营者的发展。

除了“旺农贷”外，网商银行推出的产品还包括网商贷、信任付、融易收、余利宝，等等。顾名思义，网商贷是网络商家的贷款产品。而“信任付”是一款延期付款工具，使用“信任付”，买家可以“先拿货，后付款”，这是一款主要针对买家的产品。与“信任付”相对应的是“融易收”，“融易收”是一种新型的收款工具，由于企业在采购、结算过程中往往有账期，供货商可以利用“融易收”从网商银行提前获取80%左右的现款，是一种类似于汇票的信用支付工具。

目前，网商银行经营的客户并不局限于淘宝、天猫等阿里系平台，而是拓展到线下，这与很多人以往的印象不同。在线上，网商银行可以调用淘宝、天猫、支付宝等平台留下的大数据进行分析，但是在线下，网商银行同样有自己的经营诀窍，它们和诸如口碑、美团等平台合作，输出自己的风控技术，服务更多的小微企业。

针对小微企业资金流动性强、钱少、随借随还的特点，网商银行还推出了完全T+0的“余利宝”。“余利宝”的推出，使小微企业主可以随时随地赎回资金，符合小微企业现金管理的特点。目前“余利宝”收益是百分之二点多，与“余额宝”相当。

尽管“一周岁”的网商银行还未成熟，但是网商银行行长俞胜法表示，面对小微企业和农村地区用户的金融需求，网商银行是“迟来的先行者”。所谓“迟来”，是指在网商银行之前，很多金融机构已经在切实推进金融的普惠，考虑到了小微企业的融资难问题，且用户的需求远远没有被满足；所谓“先行”，指的是网商银行尝试用移动互联网、大数据风控、金融云计算等技术，去解决小微企业的融资难、融资贵问题，以及农村金融服务相对匮乏的难题。未来，俞胜法希望有更多的金融机构、互联网企业与网商银行一起推动小微企业金融、农村普惠金融向前走。

数据显示，截至2016年6月末，网商银行运用大数据风控、互联网技术等能力，通过平台化、生态化的运营模式，共计服务了170万家小微企业，贷款资金余额达到230亿元。

第十三章　让信用等于财富

今天在中国社会，信用体系对所有的普通人意义重大，它是社会的基础设施，它可以让我们更加平等地去享受更美好的生活，这就是芝麻信用的意义。它可以让我们每个人更有尊严，可以让这个社会的坏人没有地方可去，让好人畅通无阻。我们要带着我们的心，让芝麻信用成为每个人的人生中最重要的财富。

——彭蕾

“让信用等于财富”一直是蚂蚁金服的梦想。从支付宝成立的第一天开始，他们就在用担保交易的方式解决线上交易的信任问题，这可以算是1.0版的信任机制。而当互联网发展到今天，蚂蚁金服又通过旗下的芝麻信用来向个人和企业提供征信服务，这是信任机制的2.0版本。现在他们正在通过大数据、云计算和人工智能技术，来对主体进行信用判断。这种信用评价的能力，一方面会提高公司在金融领域的竞争力，另一方面也能为整个社会创造良好的信用环境。

初 心

2015年1月4日，胡滔离开招商银行入职芝麻信用，出任这家蚂蚁金服旗下的征信公司的总经理。这位在招商银行工作了十几年的金融精英美丽而干练，利落的短发下有一双睿智的大眼睛。我第一次见到胡滔是在2012年9月招商银行和HTC联合举办的移动支付发布会上，那时她是招商银行零售银行部副总经理，在发布会上负责产品演示，她平静而优雅的风度令人印象深刻。

在胡滔位于支付宝大楼二层的办公室里，放着一张由芝麻信用员工集体创作的蜡笔画。画面上的几种简单元素，云彩、雨滴、微风、老鹰、牧马和苹果树，勾勒出一幅恬静的田园风光。

这幅简单的水彩画其实具有丰富的寓意。雨滴被画成芝麻信用

Logo 的形状，代表芝麻信用希望在社会中发挥润物细无声的作用；在雨水的滋润下，牧马和苹果树生机勃勃，代表征信给社会带来的积极作用；画面右上方的老鹰代表监管机构。胡滔认为，征信行业的发展需要审慎和不偏不倚的监管，这正和老鹰居高临下俯瞰整个生态的形象颇为相似。

选择将这张画放在自己的办公室，胡滔就是为了鞭策自己和同事，时刻提醒芝麻信用的使命和愿景。

通过技术和商业来构建诚信社会一直是她的梦想，也是她来芝麻信用的初心。在银行工作了十几年的她，深知金融机构支持小微企业的痛点。由于银行没有成本低的判断用户信用风险的方法，线下的尽职调查成本很高，金融机构通过信贷来支持小微企业往往有心无力，解决问题需要找到一个新的办法。

解决信任的问题，不仅是她作为金融业者的想法，也是她作为母亲的心愿。从女儿出生以来，胡滔一直在想如何教育女儿，想来想去，她觉得首先要让女儿做一个诚信的人。在胡滔的眼中，诚信既是每一个人必备的品质，也是弘扬社会文明风气的基石。

正是这种想法将她吸引到了芝麻信用。然而，来芝麻信用工作，意味着要离开深圳“北上”杭州，为了经常见到在深圳的丈夫和女儿，她每周都要辛苦地往返两地。但胡滔觉得这是值得的，因为在这里她可以实现自己的梦想，那就是给社会带来美好的改变。

大数据征信为这一切的实现打开了一扇大门。

大数据征信

“征信”的英文单词是 Credit Reporting 或者 Credit Sharing，可以

理解为信用报告或者信用分享。这种报告和分享的需求最早来自放贷机构，机构在放贷之前需要了解借款人的信用状况，征信中心就是这样一个信息交流和共享的平台。

从 1992 年到 2006 年，在央行的主导下，中国逐渐建立起全国统一的企业和个人征信系统，基本覆盖了所有征信机构以及每一个有信用活动的企业和个人。目前，这个征信系统已经成为我国重要的金融基础设施，但央行个人征信中心在数据的覆盖面上也有不足。比如，目前个人征信中心的数据主要是放贷数据，那些没有贷款记录的人，征信中心并没有数据，这就给基于数据的互联网征信带来了发展机遇。

大数据、云计算和人工智能等技术的发展深刻地改变了征信业，技术的进步使征信从原本放贷机构之间信息报送和共享的范畴中跳了出来，一跃成为五彩斑斓的生活场景。在当今中国的征信市场，芝麻信用等互联网公司背景的征信机构将大数据征信作为抓手，希望利用电商、社交、金融交易等广泛的数据来源，开启“大数据征信”的崭新时代。

与此同时，中国征信市场的准入政策的放开，为芝麻信用这样的民营征信机构打开了参与这个市场的大门。

2013 年，国务院发布了《征信业管理条例》(以下简称《条例》)。《条例》的公布为中国征信业的发展奠定了法治基础。《条例》对从事个人征信业务的机构和企业征信业务的机构规定了不同的设立条件，前者采用审批制，后者采用备案制。

就在胡滔入职的第二天，即 2015 年 1 月 5 日，芝麻信用就收到了央行正式批筹的文件。胡滔的同事说，这是她入职带来的好运。

同样也正是在当天下午，一堂针对在京记者的征信小课在北京东三环环球财富中心蚂蚁金服的办公室里举行，芝麻信用首席数据科学家俞吴杰是授课讲师之一，那也是他大学毕业后时隔十年第一次回到北京。对胡滔和俞吴杰而言，此时接到央行正式批筹的文件具有特殊的意义。

央行网站发布的《关于做好个人征信业务准备工作的通知》（以下简称《通知》）中，要求芝麻信用等八家公司做好个人征信业务的准备工作。事实上，蚂蚁金服关于征信业务的研究和探讨早在2012年就开始了。此前，小贷业务在这方面积累了丰富的数据运营和风控的经验。

与传统征信机构不同的是，芝麻信用是一家通过数据来判断信用的技术公司，致力于通过云计算、机器学习等技术客观呈现个人的信用状况。在芝麻信用一百三十多人的团队中，数据和技术团队占比超过2/3。目前，其团队主要由数据科学家、国外征信公司华人精英，以及本土培养的数据技术与风险管理人才三部分构成。其中不乏在国外知名征信机构工作十余年的资深数据科学家、风控和数据分析专家。①

胡滔将芝麻信用的核心能力概括为三点。一是具有充分的数据源。二是在数据源完善的情况下的建模能力，即在海量的数据中利用算法找到核心变量，揭示规律的本质。前两点可以归纳为大数据的能力。三是云计算的能力。云计算一方面提供了更为强大、灵活、

① 如资深数据科学家赵星是康涅狄格大学运筹学博士，曾任FICO首席科学家，在KAGGLE全球数据科学家中排名前十。数据分析总监徐贻芳是美国西北大学MBA，曾任Capital One高级副总裁，有十几年风控和数据分析行业经验。

可拓展的计算能力；另一方面使芝麻信用能够在云端更便利地与合作机构交互。

目前，芝麻信用有数十家数据合作伙伴。其中，正面数据有教育部的学历、学籍，各地的水电煤、社保、公积金、税务缴纳等；负面数据包括最高法“老赖”、法院涉及经济纠纷的判案裁决、合作伙伴反馈的违约信息等。可以说，实时、多维的数据是评分科学、客观、公正的关键。

在有了数据之后，芝麻信用的大数据科学家会通过逻辑回归、决策树、随机森林等模型算法，对各维度数据进行综合处理和评估，并从用户信用历史、行为偏好、履约能力、身份特质、人脉关系五个维度呈现个人信用状况。比如，要考察一个既有家庭责任感又经常进行爱心捐助的人的信用水平，就要靠这两个因子进行组合验证运算，而更多的情况下，变量不止两两组合。因此，在算法的背后还有强大的运算能力作为支撑。

芝麻分

时间不等人。互联网公司讲究的是“唯快不破”。谁在最短的时间内占据业务的高地，谁就树立了短时间难以被撼动的优势。在2015年1月5日的《通知》发布之后不久，芝麻信用就迅速展开了对外公测的准备工作。

1月28日，中国公民首个个人信用评分“芝麻信用分”推出，这款在芝麻信用内部被誉为芝麻信用“皇冠上的明珠”的信用评分，在推出的第一天就有了应用场景。神州租车成为与芝麻信用合作的第一个商户，芝麻信用分在650分以上的用户，可以在神州租车免押金租车。

事实上，“芝麻信用分”只是芝麻信用整体业务的冰山一角。芝麻信用希望通过输出其技术能力，一方面，为合作机构提供征信服务；另一方面，可以借助阿里在大数据和云计算方面的优势，与更多的合作伙伴在数据共创的基础上挖掘数据中所包含的信息，并针对每一个行业提供具体的解决方案。目前，芝麻信用已经在消费金融、融资租赁、信用卡、P2P、酒店、租房、出行、婚恋、分类信息、学生服务、公共事业服务等近百个场景为用户和商户提供信用服务。

2016 年 7 月，芝麻信用在各个场景的合作伙伴已超过 200 家，在这些数据中，90%和蚂蚁金服、阿里巴巴并没有关系。芝麻信用希望对所有合作伙伴一视同仁，提供同样的产品和服务。一位银行信用卡中心的副总经理表示，芝麻信用和该银行合作以来，帮助银行升级了传统的风控模式，使其能更好地评估、量化客户的信用风险，这就优化了不同风险客户的经营策略，从而将信用卡的信贷审批准确率提高了 8%，逾期率降低了 18%，获客成本节省了 20%。

但在芝麻信用业务突飞猛进的同时，一个现实的问题也随之而来。在传统征信人看来，大数据只是工具，生活领域的行为数据对征信的作用尚待验证。换句话说，一个人在生活场景中的行为与其在金融场景的还款行为是否具有一致性？生活场景数据是否能判断一个人的还款能力和还款意愿？

芝麻信用首席数据科学家俞吴杰说，在公测之前，芝麻信用对这个问题也没有底。但后来的实践表明，生活场景数据和金融场景数据具有非常强的一致性。比如，在租车领域有不良表现的用户，在金融领域也通常会有逾期问题。在他看来，虽然征信机构做的是对用户在经济信用上的风险识别，但最终的本质还是刻画人性。

截至 2016 年初，芝麻信用在信用租车行业累计给用户省下的押金数已经达到 10 亿元，有数十万芝麻信用评分（“芝麻分”）在 650 分以上的用户享受了免押金租车服务。同样的事情也发生在租房市场。芝麻分在 600 分及以上的用户，就有机会在我爱我家旗下的相寓租房享受押金减免、房租月付的待遇。如果用户的信用足够好，芝麻分达到 750 分以上，还可以享受押金全免待遇。

而在金融领域，截至 2016 年 7 月，芝麻信用已经帮助一千余万用户通过网络渠道获得了银行、消费金融等机构的授信，总额超过 280 亿元，且这些信贷总体违约率不到 1%。

在金融领域实现应用的同时，芝麻信用正在促进信用社会文化的建立。比如，在和最高法进行数据共享后，芝麻信用在惩戒“失信被执行人”（俗称“老赖”）上就起到了“奇效”。数据显示，截至 2015 年 12 月 17 日，芝麻信用通过其信用平台，共限制失信被执行人购买机票、租车、贷款等超过 13 万人次，五千三百多名失信被执行人因此还清债务，其中一千五百多名失信被执行人属于长达三四年一直逃避执行的“老赖”。

现在，一些看似遥不可及的目标正在因芝麻信用的努力而成为可能，在这些微小而美好的变化逐步累积起来的同时，“让信用等于财富”的愿景终将一步步实现。

“因为信任，所以简单。”

第十四章　农村金融

中国问题的最终解决还在于农民问题从根本上解决。

——李克强（2016 年 3 月 16 日，

在十二届全国人大四次会议上答记者问）

在中国，农村金融一直是“老大难”的问题。有效需求的缺失、农民集体土地所有权流转的障碍，都是农村金融发展的阻碍。2016年，蚂蚁金服将“农村金融”列为集团的三大战略之一，打算利用互联网、大数据、云计算技术，通过服务生态的办法来服务农户，从而在农产品的生产和经营上为农户提供一体化的金融解决方案。

服务生态

在负责蚂蚁金服农村金融事业部不到一年的时间里，袁雷鸣跑遍了中国所有的大型农业企业，他想用不断的沟通和拜访在短时间内找到一条适合蚂蚁金服的农村金融发展之路。

在中国，谁都知道农村金融不好做，连续几年的“中央一号文件”中均辟出单独段落来强调这个领域的重要性。2016 年初，当蚂蚁金服完成 B 轮融资时，公司的管理层随即宣布将国际化、农村金融和绿色金融作为未来的重要发展战略。对于一家互联网起家的公司而言，要做最接地气的农村金融，其中一定蕴含着巨大的跨越和挑战。

中国的粮食生产已经实现了十几年的连续增长，2015 年全国粮食产量达到 6. 2 亿吨，但同时还要进口大量谷物，这暴露出粮食的供给侧存在严重的结构性问题。随着国内消费升级的不断深入，消费者对于高质量农产品的需求越来越大，国内现有的农业生产体系无法满足需求，推进农村供给侧结构性改革已经刻不容缓。在2016年12月20日闭幕的中央农村工作会议上，中央提出的农业领域最重要的任务就是推进农业供给侧改革，将农业结构“调好、调顺、调优”。

事实上，蚂蚁金服对农村金融并不陌生，服务于“三农”（农业产业、农村地区、农民群体）一直是其兄弟公司阿里巴巴的战略重点。2014年，阿里巴巴开始实施“千村万县”工程，当时的计划是在全国1000个县10万个村推广农村电商。

做电商一定要配套金融等支付服务，也正是在那时，蚂蚁金服进入了农村金融这一领域。多年来，蚂蚁金服已经为“三农”用户提供了支付、理财、贷款、保险等多方面的产品和金融服务。2015年，蚂蚁金服在支付、保险、信贷三大业务中，所服务的三农用户数分别达到1.4亿、1.2亿、2000万。

展望未来，公司高层和袁雷鸣都认为，在农村金融方面，蚂蚁金服还有更多的事情可以做。

农村金融难在以下几点：首先，中国农村经济组织形式大多仍是以家庭为单位的小农经济，这种小农经济需要密集的劳动力投入，对资本和技术的要求并不高，所以农村金融的业务需求并不旺盛。其次，没有办法解决信用抵押品的问题，由于国家政策不允许农村集体土地所有权的流转，所以农民缺少适格抵押物，没有办法获得抵押贷款。最后，农民是一个缺乏信用记录的群体，很多人没有被央行征信系统覆盖，缺少能够证明自己信用的数据，这样连信用贷款也难以获得。

难做不等于不能做。蚂蚁金服的基因里有一种特殊的能力，总是能够让贫瘠的土地成为一片绿洲，将原本看似不具备商业条件的项目做成。在阿里巴巴和淘宝创立伊始，中国的电商企业很多，但是后来大多失败了，很重要的原因就是这些企业给自己的畏难情绪找借口，比如有些人说线上交易缺乏信任机制，有些人说没有在线支付工具。在遇到同样的问题时，马云没有退缩，阿里巴巴和支付宝更多地选择“没有条件，创造条件也要上”。久而久之，这种克服困难的能力以及解决问题的担当，在员工的不断实践中逐步固化下来，形成了一种独特的企业文化。这样的企业文化基因，在很多开创性的产品和项目上都有所体现。农村金融也是如此，表面上的困难总会有，但当技术发展到今天，办法总比问题多。

“农村金融的风吹了十几年甚至二十年，但是真正的时间窗口在近一两年才打开。”在袁雷鸣看来，农村金融根本连“蓝海”都算不上，充其量只是一片贫瘠的“荒漠”，要将“荒漠”变成“绿洲”，蚂蚁金服需要结合自身优势禀赋，与产业链各方合作，共同寻找农村金融的解决方案。

信贷撬动农业供应链

内蒙古科尔沁牛业董事长李和用了近 20 年，将科尔沁牛业发展成全国最大的有机牛肉生产企业，但企业家总不会安于现状，在国内牛肉市场供不应求的情况下，李和想把生产规模再扩大一些。

现在科尔沁公司已经有五万亩耕地，还有四个养殖场。最初李和想靠科尔沁“单打独斗”来扩大规模，但是后来发现，当养殖规模如此之大时，如果不能跟当地的农民和资源结合起来，生产规模就一定会遇到“瓶颈”。

科尔沁于是将50%的订单给了农民，让农民按照科尔沁的标准来养牛，很多养殖户已经和科尔沁展开了长期合作，一些养殖户现在养50头西门塔尔牛，未来可能想养100头甚至200头，但养殖户建棚舍、育种、饲养都需要资金投入。

可资金从哪里来呢？龙头企业自有资金有限，传统银行出于期限和风险的考虑，在涉农贷款方面一直非常谨慎，这就给新金融惠农模式带来了机会。

在中国农村，农业贷款非常困难。因为缺乏抵押物，所以农民靠手头的牲畜很难拿到贷款。除了获得贷款困难，涉农贷款的风险一直没有很好的办法把控。这导致农村金融的供给一直不足，这是贷款供给侧的问题；在需求侧，中国传统的小农经济也抑制了农户的金融需求。

诺贝尔经济学奖获得者舒尔茨曾经提出，改造传统农业的关键是为农业引入新的资源要素。2016年中央农村工作会议上也提到，推进农业供给侧结构性改革，要激活市场、激活要素、激活主体。

正是看到了这一点，蚂蚁金服希望通过信贷的方式撬动农业产业链，打通农村金融的关键环节。

以科尔沁牛业为例。首先，科尔沁牛业跟借款的养殖户签订收购合同，保证将养殖户养的牛全部收购，这就使养殖户和科尔沁牛业形成了直接的供需关系，在一定程度上确保了养殖户的还款来源。其次，养殖户基于自己的偿还风险，为了确保贷款的履约，向中华联合财产保险股份有限公司（以下简称中华保险）购买履约保证保险，相当于为自己的贷款加了一道“安全锁”。最后，在具备了上述两个条件之后，经过网商银行和中华保险的协商，蚂蚁金服同意向养殖户提供贷款。

在放贷过程中，“钱”会打到养殖户的支付宝账户，但是这笔“钱”是取不出来的，它实际上是养殖户购买农资、农具的一个额度，只能在农村淘宝平台上购买农资农具，例如架子牛、牛犊、饲料、兽药等生产资料，这就将“融钱”变成了“融物”，最大限度地避免了贷款的道德风险。

如果说定向支付是在养殖户一端加上了一道风险防控的锁，那么天猫的销售回款回流则从农业龙头企业一端为养殖户的还款加了一层保障。

科尔沁牛业在天猫开的旗舰店，2016 年“双十一”一天的销售额就达 2208 万元，一年在天猫的销售额超过两亿元，而蚂蚁金服给科尔沁下游养殖户的贷款从每户几十万元到几百万元不等，相对于这个销售额来说较小。除了客户自养肉牛作为第一还款来源外，科尔沁在天猫的零售端收入，可以在农户突发性缺失还款能力时提供一些现金流补偿，降低风险发生的概率。在打通从初级生产到终端销售整个链条之后，蚂蚁金服涉农贷款的风险防控能力将上升到一个新的台阶。事实上，定向支付和天猫的销售回款的现金流补偿，正是蚂蚁金服有别于传统银行的一种尝试。

这就是蚂蚁金服推出的农产品供应链金融解决方案。从此前农村金融的数据化产品，到撬动更多生态合作伙伴的供应链模式，蚂蚁金服的农村金融在循序渐进中快速发展，而农产品供应链金融解决方案的推出，也是蚂蚁金服发展农村金融未来的重点。

中国人民大学农村经济与金融研究所常务副所长马九杰指出，蚂蚁金服的农村金融模式主要依托的是价值链上的核心企业，有了“互联网+价值链”的整合，资金流、物流、信息流得以三流合一，基于交易形成的价值链的金融服务创新是互联网金融今后发展的一个方向。

在袁雷鸣看来，做农村金融光有满腔热情还不够，只靠单打独斗也不行，要想真正服务好农民，就要彻底地了解清楚他们的产销流程，解决他们的“痛点”，策略上要尽可能地联络合作伙伴，让大家一起去提升“三农”服务的软环境，而蚂蚁金服扮演一个沟通协调的角色，目的是与生态伙伴一起，提供一体化农村金融的解决方案。

目前，蚂蚁金服已经初步摸清了三大模式：一是蚂蚁金服的数据化金融平台模式；二是依靠“村淘”、中和农信等的“线上+线下”熟人模式；三是供应链金融模式。而科尔沁的养殖户所享受的正是第三种模式。

大中台战略

农村金融说到底是为农业生产服务的，打通了农村的产供销各个环节，才能有的放矢地提供金融服务，阿里系对于农村和农业的服务是全方位的，阿里系的电商、金融和物流平台分别从信息流、资金流和物流三个方面切入。农村电商由阿里电商集团负责；农资、农产品的销售通过天猫进行；而蚂蚁金服的作用是整合金融资源，提供一整套金融服务；菜鸟物流则提供物流服务。

这是大的图景，如果单从金融来看，蚂蚁金服期望与合作伙伴一起打造农村金融的软环境。用袁雷鸣的话说，就是把一颗颗珍珠穿起来，消除中间由信息不对称所带来的交易成本。蚂蚁金服将与正大集团、中粮集团、温氏集团等农业巨头合作，将这些公司的小闭环与整个农业金融的大生态联系在一起。

在外部合作的同时，公司内部的事情也需要理顺。2016 年初，蚂蚁金服成立农村金融事业部。过去蚂蚁金服的事业部按照纵向条线来划分，比如有支付、融资、财富、保险等条线，而农村金融事业部的职责是协调各个条线的资源，共同为农村金融提供一整套金融解决方案。

目前，阿里巴巴和蚂蚁金服都在推进“中台战略”，所谓“中台战略”就是业务前端要小，中后台要强大。就像美国的特种作战部队，前方作战的单元七个人就是一个编制，而后方可以调动航母的远程火力，调动卫星的侦察资源，一个班的作战效率就相当于过去的一个军。总之，前端会变得更小、更灵活，而中后台则为前端业务提供一个云端的服务。

农村金融事业部就是这种组织架构下很典型的案例，目前农村金融事业部人员编制很小，只有十几个人，但是中后台可以整合蚂蚁金服的各个业务条线，并使用公司底层的数据和技术平台，这样就使一个小规模的业务前端也能发挥大作用。

讲到这里，有必要阐述一下组织能力的问题。蚂蚁金服在未来的发展中，一定会闯入很多新的领域，农村金融就是一个例子。那么，这家以技术驱动的互联网公司是否具备进行这些新业务探索的组织能力呢？或者，蚂蚁金服应该怎样调整组织结构，才能把握这些机会，从而应对这些挑战呢？

在这里，可以借用克里斯坦森和奥弗多尔夫所提供的分析框架，他们在《应对颠覆式创新所带来的挑战》一文中指出，判断组织的创新能力可以从三个标准入手，即资源（包括人力、设备、技术、资金等有形资源，以及产品设计、信息、品牌供应商、分销商与客户等相对无形的资源）、流程（指员工互动、合作、交流、做出决定，以将资源转化为价值更高的产品和服务的模式）和价值标准（一系列决定优先次序的准则，以帮助员工判断订单是否具有吸引力、客户是否重要，以及有关新产品的构想是否诱人等）。如果新业务和公司旧有业务需要同样的资源、流程和价值标准，那么公司的组织能力就完全可以胜任。然而在更多情况下，创新的业务领域与原有业务在这三者上是不同的，需要调整组织来灵活应对。

克里斯坦森和奥弗多尔夫认为，组织流程和价值标准并不像组织资源那样具有灵活性和适应性。因此，公司无论是进行持续性创新还是颠覆性创新都需要更新组织的能力，特别是要有新的流程和价值标准，而管理者必须为这些新能力的培养创造相应的组织空间。

但这并不意味着一切要推倒重来。对很多公司而言，其原有的资源、流程和价值标准与公司现有的业务具有很高的契合度。因此，当新的业务机遇出现时，绝不应该完全推倒原有的东西。否则，公司原有的业务将会随之倾覆，更好的办法是在适应既有业务的组织能力外，衍生出一种适应新业务的组织能力。

具体来说，可以通过以下三种方式来实现：一是在公司内部创造新的组织结构，用于开发新流程；二是从现有组织中衍生出独立组织，用于开发能解决新问题的新流程和价值标准；三是并购一家流程和价值标准与新任务匹配的公司。

克里斯坦森和奥弗多尔夫接着为管理者提出了具体的判断标准。资源不是一个特别重要的决定因素，因为他们将目光主要放在流程和价值标准这两个维度上，在组织中，这两者的惯性更大，更不容易被改变，而这又是组织创新能力的关键性因素。

按照创新业务“适合与不适合原组织流程”和“是否适合组织价值观”，克里斯坦森和奥弗多尔夫将创新业务定性为四种不同的情况：一是适合流程，不适合价值观；二是适合流程，适合价值观；三是不适合流程，适合价值观；四是不适合流程，不适合价值观。在此分类的基础上，分别给出了不同的组织结构调整的建议。

如果借用这个分析框架来分析蚂蚁金服的农村金融事业部，那么农村金融业务属于“不适合流程，适合价值观”。说农村金融适合价值观，主要是因为它本身就是蚂蚁金服的战略，而且与公司一贯倡导的普惠金融理念相符。事实上，在蚂蚁金服这个强调价值观的企业，基本上所有的业务首先是要符合价值观。在这种情况下，根据克里斯坦森和奥弗多尔夫的建议，这种新组织应在原有组织的架构中，区别之处在于流程的不同。根据二人的理论，如果新业务的流程和原有流程适合，那么在现有组织中组建轻量级的或功能型团队即可；如果新业务的流程和原有流程不适合，那么应在现有组织中组织重量级团队。

理论是完美的，现实中总有灰色地带。因此，是否组成重量级或者轻量级团队其实没有严格的界限。但是至少在蚂蚁金服，新业务和原有业务的价值观是相同的，所以它们应该在一个组织的框架内而不需要拆分。

理解这些之后，再来分析蚂蚁金服的大中台战略时就会发现，创新业务的不同决定了创新部门必须灵活地应对。在这个快速变化的时代，创新业务层出不穷，其与既有业务流程千差万别，难以用“一刀切”的方式解决。因此，通过一个大中台战略，在保证公司价值观和基础能力稳定的情况下，允许前端灵活地感受业务和创新的需求、快速地调整流程，不失为一种符合互联网时代的灵活的组织架构。

第十五章　全球化

我们的国际事业部，今天一切刚刚开始，还只是到了入海口，远远没有浮现在海面上。今天我们尽管已经跟着合作伙伴走到了全球那么多的地方，但我也希望我们继续探索，服务好当地消费者、当地创业者和小型企业。

——彭蕾

中国企业“走出去”一般有两种模式：一是造船出海，二是买船出海。前者是指打造自己的国际化队伍和载体，如海尔、华为；后者是通过并购，把先进的体系、技术买回来为己所用，如联想。蚂蚁金服则代表一种新模式——给船出海，即将自己的技术和能力开放输出，为海外企业所用。本质上，蚂蚁金服这一全球化模式也是一种利他全球化，即通过帮助生态伙伴服务用户和小微企业，促进普惠金融在全球开花结果。

“三板斧”

在印度工作了七年多的陈彦，突然发现自己对印度同事的了解远不如想象中那么深入。

2016 年 2 月 23 日晚，杭州黄龙国际中心，蚂蚁金服印度 Paytm（印度最大的移动支付和商务平台）项目负责人陈彦，正带领从印度赶来的同事经历着蚂蚁金服有名的“三板斧”的考验。

“三板斧”是蚂蚁金服的业务共创会的简称。每隔一段时间，蚂蚁金服的业务骨干就会经历这样一场严酷的头脑风暴。每次“三板斧”时，HR 会先将参加的员工进行分组，选出组长和副组长，由组长带领组员就特定问题展开讨论，得出的结果会接受公司高层和其他组“严苛”的质疑和 PK。这个通常持续三天三夜的业务共创会，因对员工脑力和体力的严酷考验而闻名。在陈彦参加的这次“三板斧”里，他是组长，印度 Paytm 高级副总裁 Kiran Vasireddy 是副组长，而组员基本都是印度 Paytm 副总裁级别的高管。

这是“三板斧”第二天的晚上。

此刻，时针指向了 2 月 24 日的凌晨。从 24 日早上 9 点开始，漫长的讨论已经过去了 15 个小时。一个个细如发丝的问题，像藤蔓一样裹住了参加讨论的每个人。刚开始的时候，组员还试图抽丝剥茧地耐心寻找答案，可随着时间的推移，每个人都极度疲惫，烦躁的情绪开始蔓延。

就在所有人筋疲力尽之际，Kiran Vasireddy 突然爆发了：“我不干了，这个讨论我不参加了。”他摇着头大吼道，郁积的不满像火山喷发般奔涌而出。

面对这突如其来的反对，陈彦有点儿蒙，但他还是下意识地做出了反驳：“不行，今天必须讨论出结果。”

“我们很累，要休息，这样做没有意义。”Kiran Vasireddy 是印度 Paytm 杭州之行的领队，他的抱怨马上引来了印度下属的附和。顷刻间，陈彦的组员开始“倒戈”，二十几个人围在一起，跟随 Kiran Vasireddy 你一言我一语地向陈彦发难。

“不能走，就剩最后一口气了，再憋一下就出来了。”陈彦力劝组员留下。

在阿里巴巴和蚂蚁金服，“三板斧”的目的是要让员工在“极限状态”中得到感悟。这种状态之所以重要，是因为它能促进大家放下戒备心，真实沟通，这种将人逼到极限状态的讨论，每次都会让团队成员有“急中生智”和“脱胎换骨”的领悟。

陈彦的经验是，越到深更半夜，越能产生有价值的思想。晚上12点之后是自由的时间，大家可以回去休息，但往往凌晨四点甚至六点，还有人在讨论。他在参与过的每一次“三板斧”中，都会看到有人掉眼泪，都会感觉到巨大的进步，这样的讨论对团队在短期内将业务打穿、打透很有帮助。

正是看到了这些好处，蚂蚁金服才有让印度 Paytm 的高管来参加的大胆决定。为了准备这个活动，陈彦花了半年时间。临行之前，他和 Paytm 的创始人、股东和高管都打了招呼，当时印度方所有人都觉得主意很不错，可是不曾想到，真正到了现场，还是出现了这样的冲突。

双方的争吵持续了半个小时，最后所有人不欢而散。

当晚，陈彦一夜未眠。

2006 年，工作了两年多的陈彦，加入一家中资的通信公司之后来到印度。在老东家工作的六年里，陈彦参与了印度无线通信网的搭建。但不管是在老东家还是在蚂蚁金服，他从没有跟印度人发生过任何形式的冲突，也正是因为这样，这次激烈的争吵更是让他难以释怀。

事后，陈彦和 HR 就这次“三板斧”进行了深入讨论，也和蚂蚁金服的高层多次复盘。

这件事情给了陈彦两个提醒：一是蚂蚁金服和 Paytm 有不同的组织文化，一起工作时要彼此包容，特别是要尊重当地人的工作方式，绝不能把阿里巴巴的工作方式不做任何改变地强加于人；二是如果想让 Paytm 高层真正相信两个组织在一起能够产生化学反应，就必须让印度的团队亲身感受，不能只靠说教。

“这也证明我们国际化战略的正确性，我们没有当地人的优势，不可能比本土团队做得更好，我们就是提供弹药和思路。”陈彦说。

投　资

Paytm 全称是“Pay Through Mobile”，是印度最大的移动互联网公司之一 One97 Communications 旗下的消费者品牌。2010 年成立之初，Paytm 只是一个手机预付网站。2014 年，Paytm 进入了印度的互联网金融领域，推出电子钱包，并给消费者提供电商服务。

说起 Paytm 和蚂蚁金服的结缘，就不得不谈到 2014 年 10 月那场会面。

2014 年 10 月，杭州迎来了一年中最好的季节。在来来往往的外国客人中，有一位戴着眼镜、身材高胖的印度人，他叫 Vijay Shekhar Sharma，是 One97 Communications 公司的创始人，在印度是炙手可热的连续创业者。One97 Communications 的股东包括赛富基金，后者觉得 Paytm 的商业模式和支付宝很像，就给马云发邮件引荐 Vijay 来杭州“聊聊”。

面对马云、彭蕾、井贤栋等人，Vijay 简单地谈论了公司的情况，也讲了创业的初心和愿景。事后人们笑称，“这是印度‘支付宝’和中国支付宝之间的对话”。

Vijay 出生在印度北部小城阿里戈尔的一个普通家庭，父亲是学校的老师。像许多印度年轻人一样，他也曾渴望去美国留学，但是高额的学费成了他继续深造的障碍。虽然父亲为筹集学费想尽了办法，但是依然贷不到款。1997 年，尚在大学就读的他成立了网站 Indiasite. net，并在两年后以 100 万美元售出。2005 年，Vijay 创办了

One97 Communications，在印度做市场推广、支付和电子商务等业务。

和很多发展中国家一样，印度也存在严重的金融压抑情况。以银行卡市场为例，截至目前，在印度市场上，大约有 3 亿张借记卡、2000 万张信用卡，但是能够使用这些卡片的终端只有 120 万台。

金融压抑使有限的金融资源难以下沉，客观上加重了本来就存在的贫富不均。在印度的很多城市，一条马路两边可能就是天壤之别。而在很多农村地区生活的人，甚至连银行都没有见过。

需要有人在这块金融贫瘠的土地上，用科技的方法将移动支付普及开来，让普惠金融落地生根。Vijay 想做的就是这样一个基于移动终端的工具。在他的心里，有了这个工具，辛苦的打工仔就有一个能够安放资金的账户，既不用担心打零工时收到假钱，也能在第一时间转账给家人。

他一边讲，对面的彭蕾和井贤栋一边露出会心的微笑。虽然杭州和德里有万里之隔，但是 Paytm 的初心他们都听得懂。

"我们要做印度最大的移动支付平台。" Vijay 讲出了 Paytm 的目标。他此行就是为了寻求与蚂蚁金服在资本和技术上的合作。

从移动支付的发展阶段来看，今天的印度就是昨天的中国。蚂蚁金服在支付领域已经有十几年的经验，这是 Paytm 发展中的一笔宝贵财富。就在这次会面前一个月，阿里巴巴集团刚刚在美国完成了创纪录的 IPO。马云和他的创业伙伴一起用商业上的成功，向世界诠释了中国创业者的梦想和坚持。而 2011 年就来过中国的 Vijay，一直关注并学习阿里巴巴，他一直想将阿里的成功经验复制到印度。

对蚂蚁金服而言，Paytm 是其国际化战略中完美的投资标的。双方的业务模式非常相似，更为重要的是，Paytm 的对象是印度这个具有 13 亿人口的国家。在蚂蚁金服 B 轮融资的新闻稿中，总裁井贤栋就把国际化与绿色金融、农村金融一起，列为未来公司的三大战略之一。

二者有惊人的契合。

在杭州的那次会面后，Vijay 就回到印度，开始等待来自杭州的消息。

2015 年 1 月 28 日，蚂蚁金服负责投资的副总裁韩歆毅到访印度。Vijay 知道，作为信使的韩歆毅将给他带来有关投资的最新消息。两人见面后，韩歆毅故意卖起了关子。

“一个好消息和一个坏消息，先听哪一个？”

“坏消息吧。”Vijay 眨了眨眼。

“阿里巴巴不投资。”

听完这句话，Vijay 刚要张开的嘴，好像突然被塞进了东西。

片刻沉默之后，他问：“那好消息呢？”

“蚂蚁金服投资。”

2015 年初，蚂蚁金服对 Paytm 进行了第一轮投资。2015 年 9 月，蚂蚁金服与阿里巴巴一起向 Paytm 进行了第二轮投资。两轮注资加上一系列在业务上的深度交流和合作，使 Paytm 正式成为蚂蚁金服的战略合作伙伴。从那时起，双方的合作进入了快车道。

此后，蚂蚁金服有一支至少 20 人的跨部门团队每周飞赴印度德里卫星城诺伊达的 Paytm 总部，从系统架构改造到风控体系搭建，再到数据能力，全方位地帮助 Paytm 提升平台能力。从技术、风控、产品到运营等各个环节，该团队都和 Paytm 团队一起展开日常工作。

同时，Paytm 也不断派出大量人员到杭州的蚂蚁金服总部，从业务内容到企业文化进行全面的学习。例如，蚂蚁金服刚刚参股时，Paytm 的风控架构只有十多条规则，经常面对网络欺诈而束手无措，系统日常也只能承载一两百万笔交易。经过一年的发展，Paytm 系统从百万级的处理能力，发展成可以承载亿级处理能力的架构，风险率从当初的百分之几降到了万分之一。

变化可谓“立竿见影。”

2015 年初，Paytm 刚开始跟蚂蚁金服合作时，用户数是在两千万人左右。仅仅一年半之后，其用户数已经翻了六倍，截至目前，Paytm 的用户已经达到了 1.4 亿，市场占有率比其他对手总和的三倍还要多，来自线下的场景支付迅速达到了日均交易量的 50%。

O2O

从数字上看，蚂蚁金服投资 Paytm 在短时间内取得了巨大的成功，但就像“三板斧”那样，这一切成果并非一帆风顺。比如，在来中国实地考察之前，Paytm 的高管对用二维码来做 O2O 并不是那么确信。

在 2015 年初，Paytm 和当时印度所有的支付公司一样，基本上做的都是线上支付和生活缴费，公司里没有人意识到二维码可能带来的巨大商机。

而在拓展线下场景方面，蚂蚁金服无疑领先一步，经历了国内的 O2O 大战，蚂蚁金服深知这个市场的重要性，中方的高层希望让印度方意识到 O2O 对 Paytm 的重要意义。有了“三板斧”的经验教训，陈彦意识到，要想说服印度方就要讲究技巧，让他们亲身感受要比生硬地灌输有用得多。

一个月后，这些印度的高管又一次来到中国。这次没有人谈工作，他们先是被请到支付宝的办公大楼，在这里近距离观察蚂蚁金服员工工作，随后又被带到杭州的大街小巷，在这里看扫码支付的便捷性和普及率。当印度方高管在杭州德力西大厦一层亲眼所见早餐摊在一分钟内完成了30个人的扫码支付时，陈彦从他们的脸上看到了赞叹和佩服。

这样的沟通不计其数，甚至在2016年8月1日，Vijay在来杭州的时候，还与支付宝“口碑”业务负责人范驰探讨过O2O的发展之路。

Renu Satti是Paytm公司O2O业务的负责人，几次杭州之行都让她印象颇深。用她的话说，更多的O2O场景会提高用户打开Paytm钱包的频率，这对提升用户的黏性、增加用户数目都有益处，而用户的增多又让更多的商户愿意使用Paytm，这样就可以形成一个良性循环。

在这种思路的指引下，Paytm开始迅速拓展线下场景。2016年4月，Paytm上线了第一个O2O的场景——电影票。目前，电影、健康、外卖、购物、交通、旅游、酒店、机票都是Paytm重点发展的O2O领域。Paytm的目标是打造印度最大的线下支付网络，并在2016年底之前，让线下收单的商户数从目前的45万家上升到120万家。

在拓展电影院这个场景时，Paytm因地制宜地既汲取了“口碑”的经验，又根据印度当地市场的情况做了商业模式的优化，比如在线上购票、线下观影的过程中，不单单是O2O这么简单，还增加了更多营销上的元素。再如，印度的移动网络信号很差，所以在 O2O 时就要考虑一方接收不到信号的情况。为此，Paytm 考虑到了用户有网、商户无网，用户无网、商户有网，用户无网、商户无网等情形，并分别想出了解决方案。

而在拓展大学生用户、开发校园场景上，二者很相似。2016 年 8 月 20 日，在德里附近一所名为沙尔达的大学里，Paytm 的几名 BD 的员工正在为即将到来的大学生返校日做准备，他们已经在学校里的咖啡馆、小卖部、食堂设置了 Paytm 的二维码，以逐渐让这所学校里的所有学生都能够习惯用 Paytm 进行支付。为了推进这个计划，他们找这所大学的学生干部帮忙，在做完这个学校后，还会快速扩展到其他学校。

现在的德里街头，出租车、载人三轮机动车、加油站、商场等场景都有 Paytm 的标志。打车服务软件“优步”也使用 Paytm 作为支付平台，而在班加罗尔等 IT 人员较多的城市，Paytm 的使用率就更高了。

当时，Paytm 给高管制定了两个 KPI 目标：一是用户数，在 2020 年之前，达到 5 亿规模；二是交易笔数，在 2016 年底之前，每天平均交易笔数达到 500 万笔。而在未来，Paytm 的目标是成为一家基于数据运营的科技金融公司。

Paytm 有一个广告语叫作“Paytm Karo”。Karo 在印度语中的意思是“无处不在”，因此广告语的意思就是“Paytm 无处不在”。而 Paytm 公司的高管则希望 Paytm 的商标在印度能成为电子钱包的代名词，让客户一想到电子钱包就马上想到 Paytm。

一次，Paytm 的一位高管到班加罗尔出差，当他向商户问及

Paytm 的普及率时，得到了这样的回答："在班加罗尔，谁不用 Paytm 啊！"

当印度遇到中国

印度和中国是两个总被人放在一起比较的国家。当下，商业的力量正将两国紧密相连。

经历了三十多年改革开放的发展。特别是近几年移动互联网的快速发展，中国在某些领域已经处于世界领先地位。在访问中，Vijay 特别提到 2016 年 8 月 3 日《纽约时报》刊载的一篇题为《现在，轮到硅谷"山寨"中国企业》的文章，这篇文章的作者认为，"中国的科技行业——尤其是移动业务——在某些方面已经领先于美国。一些西方科技公司，甚至包括某些大公司，正从中国企业那里寻求创意"。

现在，Paytm 的员工都在积极争取到杭州学习的机会，在他们眼中，去蚂蚁金服学习就好像上了一次科技金融的 MBA 课程。陈彦说："Vijay 现在去硅谷是讲课，去杭州是学习。"事实上，近年来，中国在数字普惠金融领域的快速发展，也得到了国际社会的普遍认可。在 2016 年的杭州 G20（二十国集团）峰会上，就参考中国的实践制定了《G20 数字普惠金融高级原则》。

与此同时，印度的经济也在迅速发展。随着改革总理莫迪的上台，印度经济展现出良好的增长势头。在增长速度方面，印度在 2014/2015 财政年度的 GDP（国内生产总值）增长率达 7.3%，超越中国成为世界主要经济体中成长最快的经济体。根据 IMF（国际货币基金组织）公布的全球购买力平价数据，印度是世界第三大经济体。以美元作为货币单位的 GDP 计算，印度是世界第七大经济体，并且一直保持高速增长。因此，许多专家均预测，至 2050 年，印度将会成为仅次于中国和美国之后的经济体，并且与美国经济总量相等。

因此，当中国的技术和资本遇到印度广阔的市场时，这种化学反应的效果可能是惊人的。

就蚂蚁金服和 Paytm 来说，二者在资本、底层技术、商业模式、企业文化等方面都有深度的合作，这种协同效应是巨大的双赢。未来，双方计划将支付网络打通，这就意味着支付宝的用户去印度可以刷 Paytm 的二维码，Paytm 的用户到中国乃至全世界都可以刷支付宝的二维码，两国的人口数相加占世界人口总数的近 40%，这其中无疑蕴含了巨大的商机。

印度贫困人口的消费升级也将展现出巨大的需求潜力。比如，目前，Paytm 用户中有一半生活在印度前十大城市里，还有一半来自二线及以下城市和农村地区。就近期趋势来看，二线及以下城市和农村地区用户数字增幅极快，体现了较好的成长性。

早些年，进入印度的中资公司主要是从事基础设施建设的国有企业，以及像华为、中兴这样的通信运营商。而近几年，中国的手机厂商和互联网企业也开始迅速进入印度市场。比如，小米、中兴的手机在印度卖得都很好。再如，阿里巴巴除了投资 Paytm 外，旗下的 UC 浏览器在印度市场的占有率也是最高的。

在陈彦的眼中，现在印度移动互联网的高速发展，和之前几年印度通信网络的发展势头相似，二者的增长都是爆炸式的。像蚂蚁金服这样的互联网企业，一定会有很多事情可以做。

一次，陈彦在和蚂蚁金服总裁井贤栋聊天时，无意间谈到了自己在印度的经历，他半开玩笑地说：“在中国的通信公司，我曾经服务了两亿印度手机用户，而这次在蚂蚁金服的工作，未来也将服务近两亿的移动支付用户。”

“两亿不行，要五亿。”井贤栋不假思索地说。

Paytm 的“彭蕾”

在采访 Paytm 公司时，我遇到了 Paytm 一位有趣的女高管 Reun Satti，她和彭蕾有相似的经历，她也是 HR 出身，后来开始负责业务条线，几年做下来成绩斐然。

当我听完 Reun Satti 的自我介绍后，第一时间就想到了彭蕾，脑子里随后蹦出了一个问题：HR 的工作和女性的身份是否给领导力带来了帮助？或者说，为什么 HR 出身的女性适合做领导？

带着这个疑问，我认真地听 Reun Satti 讲述她刚做业务条线负责人时的经历。她告诉我，六年的 HR 经历，使她对公司里的员工非常熟悉，这为她之后在业务条线的工作提供了很大的便利。然而，这还不是她后来成功的充分条件。

Paytm 的老板 Vijay Shekhar Sharma 让她转岗去负责业务条线时，公司也有很多问题，她采取的方法就是不停地和不同部门的人沟通。Reun Satti 习惯于提问，通常在一个问题之后能接着问出五个问题。通过不停的提问，她很快就知道员工心中的想法和不同部门的真实立场。这样一圈谈下来，她发现了很多问题。用她的话说，“谈了才知道海底里到底深藏了哪些资源”。比如，她发现很多人并不知道公司整体的目标到底是什么，导致做事情的出发点自然出于部门利益。

如果大家都这么做，公司看起来就像是一盘散沙。

找到问题之后，Reun Satti 发现，一些公司的“顽疾”或多或少是由人们对事物的理解角度不同造成的，解决起来并没有想象中那么难。Reun Satti 接着和各部门的员工谈心，告诉他们公司的目标是什么，询问他们各自所面临的“瓶颈”，以及从公司层面可以帮助部门和员工做哪些事情。通过几轮反复沟通，不同部门之间的共识逐渐达成。在这个过程中，Reun Satti 告诉大家要求同存异，一起共同为公司的整体目标而努力。

可见，Reun Satti 与彭蕾有诸多相似之处。

的确，彭蕾在刚来到支付宝的时候，也是通过不断地跟公司上下沟通，让大家明白公司“提高支付成功率”的目标，并让所有人对此达成共识。从这个意义上说，这种做法具有普遍方法论的意义。

阐述了这么多之后，再回到我在这篇文章之前提出的问题：为什么 HR 出身的女性适合做公司的一把手？这个问题的提出并非出于一时的兴趣。其实，我们可以从中总结出企业管理的一般经验。

根据哈佛商学院松下幸之助教席组织行为学教授约翰·科特的观点，现代组织的一个根本特征是相互依存，任何员工都不会拥有绝对的自主权，大多数人通过工作、技术、管理系统、组织层级与其他人联系在一起，组织寻求变革时，这些联系就会成为挑战，除非所有人都协调一致朝同一个方向前进，否则就有可能如多米诺骨牌般一个接一个地倒下。

因此，领导者和管理者让员工协调一致，其中很重要的是要克服沟通方面的挑战，并努力让员工理解公司全新的愿景和蓝图。从组织层面上看，就组织目标进行沟通、协调，并达成共识，是组织发展中至关重要的一环。

在这方面，彭蕾和 Reun Satti 都做得非常好。一般人认为，女人比男人更懂得如何安抚他人，更容易走进他人的内心，更能够从不同角度看待事物，这让她们在沟通和达成共识方面比男性更具有优势，这种优势有助于她们形成领导力。

10 年服务 20 亿人

5 个亿是印度市场的目标，如果放眼全球，蚂蚁金服希望未来 10 年能够服务 20 亿用户，其中 60%用户来自海外。

2016 年 11 月，蚂蚁金服与泰国领先的支付企业 Ascend Money 签订战略合作协议。蚂蚁金服将对 Ascend Money 展开战略投资，并通过输出技术和经验把蚂蚁金服的普惠金融模式复制到泰国，未来五年有望服务泰国一半以上的网民。

除资本层面外，双方将在产品技术、业务模式、市场运营等方面展开深度合作。Ascend Money 将参照蚂蚁金服的业务模式，拓展线下支付、小贷等应用服务场景，让泰国民众可以用手机实现购物、餐饮消费、打车及公共缴费，享受出门不带钱包的无现金生活的便利性。同时，Ascend Money 也会接入支付宝“全球收全球付”支付系统，让泰国民众可以用手机买到全球的物品。

这是继印度和韩国之后，蚂蚁金服的普惠金融模式再次输出海外。蚂蚁金服国际事业部总裁道格拉斯 · 费根表示，蚂蚁金服推进的全球化是一种利他式的全球化，他希望蚂蚁全球化的每个脚印都能让海外用户和小微企业获益，为 e-WTP[①] 建设提供重要支撑。

目前，以支付宝为代表的移动支付产业，成为国内少有的整体对外进行技术和模式输出的产业。此前，业界公认的是，中国的互联网行业虽然位居全球第二，但在应用层面和基础技术层面与发达国家仍然存在差距。但是移动支付行业则不同，它不仅实现了产业规模的全球第一、应用模式的全球领先，在技术上也是当之无愧的全球第一。以支付宝为例，它创造的一系列互联网金融的技术能力成为全球的标杆。

这些领先的应用模式和技术能力，吸引了众多国家的关注。很多国外企业直接找上门寻求技术指导和合作。基于在中国探索的成功经验，蚂蚁金服以战略合作和资本合作等形式，与外国当地领先企业开展合作进行能力输出。在这个过程中，蚂蚁金服全球化坚持“利他”理念，通过输出技术和经验，帮助生态伙伴发展，从而推动普惠金融在全球发展。

---

① e-WTP，全称 Electronic World Trade Platform，电子世界贸易平台。

第十六章　未　来

我们很难想象我们可以如此信任一个陌生人，但是我们让它在12年间发生了。

——彭蕾

创业是一场没有终点的赛跑。尽管蚂蚁金服已经走过了十几年的创业历程，但是前方依然有很多挑战，尤其是当这家互联网起家的公司进入金融领域之后，更要直面互联网和金融两种不同文化所带来的冲突和张力。蚂蚁金服决定秉承初心，以更开放的心态，建立一个专注小微企业和消费者的新金融服务体系。

开　放

2016 年 5 月 23 日，杭州莫干山郡安里君澜酒店，蚂蚁金服的高管业务务虚会正在这个绿树环绕、风景优美的地方举行，这是时隔三年后，蚂蚁金服的核心高管再次齐聚莫干山。

2015 年，蚂蚁金服打了网商银行、芝麻信用、蚂蚁聚宝、口碑、金融云“五场仗”，各个业务线上发展得都比较平稳。而在过去的三年里，蚂蚁金服正按照上一次莫干山会议所描述的蓝图，从一家以支付业务为主的公司快速进化成一家互联网金融集团。然而即便如此，面对日益激烈的市场竞争，公司高管仍不敢懈怠，他们想再次明确蚂蚁金服新的定位。

回顾支付宝和蚂蚁金服的发展历程可以看到：从 2004 年成立开始，支付宝第一个三年，以服务淘宝等阿里系公司为主，初步建立了网上的信任体系；第二个三年，支付宝是全社会的支付宝，开始服务更多的线上商家，为消费者提供了更多不同场景的支付服务；第三个三年，支付宝实现了全面的移动化，建立了一个全球服务人数最多的移动支付体系；第四个三年，以支付宝为基础，升级到蚂蚁金服集团，坚持以用户为中心，坚持开放，和所有合作伙伴一起为用户提供支付、理财、信用、保险，以及小微企业融资等服务。

未来的路要怎么走？

创业是一场永无止境的长跑。在我采访的很多蚂蚁金服高管中，不止一个人告诉我，他们脑子里总装着这个不断变化的市场，很多人即使在休假期间也无法完全放松。而蚂蚁金服的普通员工每天工作得经常累到只想睡觉。

但这依旧不是未来成功的必要条件。新的时代意味着新的组织形式和商业模式。公司平台化、社群经济化，都有可能成为未来超越资本组合的新的合作模式，在这样大范围的协作中，任何一家公司凭借一己之力都很难毕其功于一役。在这样的大背景下，国内外的很多高科技公司都在加速自身的开放过程，它们把技术能力、数据能力、服务能力，甚至源代码都开放出来，在向社会提供服务的同时，也努力搭建自身的平台生态。

蚂蚁金服要怎么开放？

在梳理公司的业务时，公司的高管发现，现在蚂蚁金服各项业务的类型要么是面向消费者的（比如，余额宝、蚂蚁借呗、蚂蚁花呗），要么是面向企业的（比如，蚂蚁小贷、企业征信），唯独缺少向企业端赋能、让企业服务消费者的产品。这个企业的内涵很宽泛，可以是金融企业，也可以是实体企业；可以是大企业，也可以是小企业，都可以利用蚂蚁金服的平台能力去服务好自己的客户。

这是一种“利他”的思想。正如马云所说，在DT（数据处理技术）时代，帮助别人就是帮助自己。从这个角度来看，虚拟经济与实体经济、互联网金融与传统金融的关系将不是颠覆，而是合作与共赢。现在，中国线下的实体生活消费市场的体量数倍于线上的电商市场。然而，绝大多数实体商家的互联网能力还很弱，需要技术和流量上的帮助与支持。与此同时，中国金融机构的IT能力也有待升级。因此，谁能更好地服务实体经济，更好地解决中小企业的“痛点”，谁就可能进一步确立自己的领先优势。对蚂蚁金服这样一家平台型企业而言，这是一次重要的机会，也是一个巨大的挑战。

这就需要更加开放包容的心态。2016年5月的莫干山会议达成了一个重要的共识：蚂蚁金服将“进一步开放”定为战略重点，而且开放的步子要比现在迈得更大。

2016年10月，马云在杭州云栖大会上提出了五个新概念，即“新零售、新制造、新金融、新技术、新资源”，并把这五个“新”称为新时代的“五通一平”。在马云眼中，这将为中国和世界带来新气象。

“新金融”是其中关键的一环。马云将“新金融”细化为三个方面：第一个“新”是专注于小微企业和消费者；第二个“新”是用技术的方式、用大数据的能力，去构建一个更加透明、开放、平等的金融服务体系；第三个“新”是基于新的金融体系而产生的大数据信用体系。

这也是马云对蚂蚁金服的期望。

张　力

然而，未来之路注定不会平坦，在向金融领域扩张的过程中，蚂蚁金服还面临很多挑战。

2016 年底，蚂蚁金服相继发生了两件引起人们广泛关注的事情：一是支付宝生活圈里出现大尺度照片（即“圈子事件”）；二是招财宝平台上侨兴集团的产品违约事件。这对蚂蚁金服的品牌和商誉造成了一定的负面影响。

“圈子事件”发生后，舆论一片哗然，这牵涉一个问题：在其他互联网公司都在用类似的“套路”来获取流量时，支付宝可不可以做？不久，彭蕾以内部信的方式表达了歉意和反省。“这是我到支付宝七年以来，最难过的时刻，”她说，“错了就是错了，感恩所有刺耳戳心的声音。”

“圈子事件”刚过去不到一个月，蚂蚁金服旗下第三方理财销售平台招财宝上出现了产品违约事件。招财宝向投资者拆分销售了侨兴集团的私募债产品，该款产品到期时出现逾期违约。虽然整个交易过程有浙商财险的履约保证保险，侨兴集团董事长吴瑞林提供的不可撤销的、无限连带责任保证担保，以及广发银行出具给浙商财险的反担保函，但是等债券真的兑付不了时，这些担保措施一开始都没有起作用，后来，浙商财险承诺支付预付赔款。虽然招财宝作为一个理财产品销售平台不需要为产品兜底，但是向普通消费者出售风险很高的私募债产品，的确有待商榷。

也许有人会问，蚂蚁金服怎么了？

为了更好地理解这个问题，必须看一下蚂蚁金服的基因。蚂蚁金服的前身是支付宝，支付宝的前身是淘宝，这家公司的基因里带有浓郁的互联网文化，这种文化与金融文化天生存在一种张力，前者讲究的是灵动、快速，后者看重的是厚重、沉稳。当蚂蚁金服从支付领域跨入金融领域之后，这种跨界的行为客观上使公司兼具两种文化的属性，这两种文化天然的张力也自然而然地附加在这家公司身上。

比如，在2013年蚂蚁金服刚刚涉足金融领域时，公司里真正学金融出身的人还很少，他们对金融还谈不上特别了解。随着蚂蚁金服全面进入金融领域之后，公司内部开始出现一种疑问："蚂蚁金服到底是一家互联网公司还是金融公司?"

现任蚂蚁金服首席风险官俞胜法曾经跟我说，他在刚到蚂蚁金服时，一方面会给蚂蚁金服的员工讲授金融方面的专业知识，另一方面也会提醒他们不要因为公司进入金融领域而失去了互联网公司创新的活力。

俞胜法的这番话说明，蚂蚁金服高管始终清晰地意识到这个问题，但是在企业经营的过程中，真正拿捏这种平衡非常困难。

从2013年余额宝横空出世开始，这种张力就始终存在于这家公司。老苗说："两种文化就好比在一条线上的两个极端，中间这一刀切在哪儿，我们要费尽心思去想。"

事实上，蚂蚁金服内部对此也讨论了很久，后来的定论是蚂蚁金服仍然是一家科技驱动的互联网公司。而彭蕾的表态则是，不管未来怎么变化，蚂蚁金服永远具备创新的基因。

结论的得出并不意外。蚂蚁金服之所以能在金融领域取得今天的成绩，正是得益于支付宝在电商支付领域的跨界创新。蚂蚁金服团队明白，要想弯道超车，革新中国的金融体系，就必须跨界，必须使用新技术，具体来说就是利用移动互联网、大数据和云计算等新技术来推动金融的变革。

互联网文化既代表着“新”，也代表着“快”，互联网讲究的是“赢者通吃”、“唯快不破”，资本的期待和残酷的竞争，导致落后别人一秒就有可能失去竞争卡位，这与金融行业恰好相反。金融行业的本质决定了其相对保守的文化，金融行业的复杂性在于金融活动是一种跨期交易安排，对社会生活的影响（外部性）巨大，而这种影响在短期内难以发现，金融风险具有隐蔽性、滞后性等特征，因此金融行业在开展业务时特别强调审慎。

在了解这些背景之后，就能更好地理解“圈子”和“招财宝”这两件事。

先说前者。在互联网企业的套路里，这种靠打擦边球获取流量的方法较常见，可是当这个操作放到一个具有很多金融功能的产品时，在外人看来就不太严肃了。与此同时，这与蚂蚁金服一直标榜的企业价值观也并不相符。事后，彭蕾在内部信中也提到价值观的问题。然而正如之前所指出的，这种矛盾和张力其实是内生在蚂蚁金服这家跨界企业本身的。

再看后者。在销售产品的时候，蚂蚁金服从合同上穷尽所有可能，以保证所销售的产品不会违约。然而违约还是出现了，这充分说明了金融风险的隐蔽性和滞后性。

招财宝成立于2014年4月，正是蚂蚁金服在余额宝上取得巨大成功之际，有余额宝这样的标杆产品，招财宝团队难免也会有一种将规模快速做大的冲动，从而在一定程度上忽视了投资者适格性和基于周期的审慎风险的考虑。

在可以预见的将来，这种张力仍会存在，调和、克服这种张力，形成一种“正反合”式的螺旋形上升，将是蚂蚁金服在金融领域继续走下去的关键。在这个过程中，优秀的组织文化，特别是信任、自省和改进的能力，将有助于蚂蚁金服完成这种蜕变。

2016年底，蚂蚁金服马上进行了反思，公司高层在战略会上展开了激烈的讨论。众所周知，蚂蚁金服的复盘是非常复杂的，很多反思直指人的内心。在这么多问题集中爆发之际，这次战略会议的激烈性和重要性不亚于2010年的骆驼大会。很多蚂蚁金服的老员工反映，这次会议又让他们找到了昔日的感觉。

在一系列反思之后，蚂蚁金服确立了“不做社交”这一重要战略。“不做社交”不是抛弃已有的社交关系链，而是不刻意追求社交领域的结果，将更多资源放在蚂蚁金服最擅长的地方，那就是与支付和金融密切相关的创新。

倪行军在接受媒体采访时透露，在管理层的复盘中，支付宝重新强调了自己的优势，即对商业和金融的理解力和洞察力。事实上，商业和金融上的许多创新都始于支付宝，例如担保交易和快捷支付等。因此，蚂蚁金服未来将继续巩固自己的优势，夯实支付创新这个基础，在产品逻辑上力图更好地把握商业和金融之间的关系。

同时，高层的战略会还明确了公司的两条原则，即“管理层面三不要”和“业务层面三要三不要”。

“管理层面三不要”，即不要议而不决、决而不行、只决一半（要充分讨论）；不贴标签，不轻易画等号；倾听完整，不随意打断，达成共识，不能只靠说服。

“业务层面三要三不要”，即要把选择权交给用户和客户（要让用户和客户有打钩和打叉的权利，不能反复打扰）；要做别人不想做、不能做、做不好而不得不做的事情（不绝人之路，要共赢共生）；要让数据成为决策的主要依据（不靠拍脑袋做决定）；不要以牺牲信任感和安全感为条件（信任感和安全感是最大的体验）；不要使用上帝视角（永远要相信别人比我们聪明）；不要没有取舍。

可以预见，这些原则将成为蚂蚁金服管理层和业务层发展的重要指导，将这些原则用朗朗上口的话语提出来，有非常重要的作用。这将有助于公司上下将其内化到自身行为之中，从而形成组织共同的行为。

与此同时，蚂蚁金服已经用最快的速度做出了组织调整。2016年12月，蚂蚁金服的一些业务线总裁开启轮岗，包括调任黄浩负责微贷及消费者金融事业群，调任樊治铭负责财富事业群，支付宝事业群则将尝试新的组织管理模式——班委制。由井贤栋担任班长，曾松柏与倪行军担任副班长，班委成员包括邹亮、袁雷鸣、陶莹。班委制经过俞永福在UC和张勇在天猫的应用之后，在保持复杂组织的创新和活力上，以及在给年轻人更多成长机会上都得到了非常好的验证。

这是蚂蚁金服面向未来的一次重要的组织调整。在老苗看来，班委制可以避免一个人做决策的弊端。一个人做决策，信息面不全，或者说观察事物或产品的维度较单一。大家共同商议，可以更好、更完整地去观察和描述一件事情，最后得出的结论可能准确度会更高一些。此外，决策之后要去执行，若有一个人理解偏差了，协同就会出问题。在班委制下，班委首先是基于共识去做决策，在这样的背景下去执行，效果和效率都会越来越好。[①]

传 承

在班委制确定的两个月之前，年轻的蚂蚁金服迎来了一次 CEO 交接。

2016 年 10 月 8 日，蚂蚁金服宣布，自 2016 年 10 月 16 日起，蚂蚁金服集团董事长兼 CEO 彭蕾将 CEO 的接力棒交给总裁井贤栋。未来，彭蕾将以蚂蚁金服集团董事长的身份，专注于公司长期发展、全球化战略、人才培养和文化建设传承，而井贤栋作为 CEO 将全面带领团队负责公司业务、战略推进和落实。

从 2010 年临危受命开始，彭蕾已经在支付宝和蚂蚁金服工作了多年，马云称彭蕾和她的团队是“几乎所有金融创新领域的拓荒者”，他们实现了十多年前马云初建支付宝时的梦想：让普通人和小企业享受与大企业一样的金融服务；建立起基于互联网的信用体系，“让诚信等于财富”。令马云没有想到的是，蚂蚁金服激发了中国金融体系的创新浪潮，并且深刻地影响了全球金融体系向更加透明、公平、开放和诚信的方向发展。

马云在公司内部邮件中表达了对蚂蚁金服的赞许。他说，自己引以为傲的不是蚂蚁金服得到多少利润、拥有多大市场，而是其参与了时代的变革，并培养了一支即使在全球也遥遥领先的超前人才队伍。马云感慨地写道：“绵绵不绝的人才自信，让我们敢于放手，

---

① 周天，《漩涡中的支付宝，危机感是什么，又如何反思自己》，http://36kr.com/p/5061919.html.

给年轻人更大的责任、舞台和挑战。”

判断一个企业是否优秀，关键看其在完成业绩的同时，是否打造了一个活性的组织。现在，蚂蚁金服正稳步推进人才的培养和交接工作。蚂蚁金服人力资源部门的统计数据显示，蚂蚁金服员工平均年龄为30.7岁，公司近70%的管理层为“80后”。此外，公司超过6%的员工拥有海外教育背景和工作经验，其中不少是从华尔街、硅谷回来的顶尖人才。应该说，过去十几年的组织管理经验和现在的丰厚人才储备，将有望支持其实现“要做一家生存102年的企业”的目标。

井贤栋接任彭蕾出任CEO，就是这种新老交替的体现。井贤栋于2007年加入阿里，从支付宝的财务总监到阿里小微金服共享事业群总裁，再到蚂蚁金服的首席运营官、总裁，他始终兢兢业业地为蚂蚁金服打造一个坚实的大后方。马云评价井贤栋，“他在阿里近十年的时间里不断给我们带来惊喜”。彭蕾认为“井贤栋是自己无与伦比的最佳搭档”。

2016年10月12日，蚂蚁金服在杭州黄龙体育中心举行了两周年的年会。面对八千多名蚂蚁金服员工，彭蕾和井贤栋用一个深情的拥抱将年会的气氛推到了制高点。

在彭蕾的演讲中，她谈的最多的还是企业的使命、愿景和价值观。当然，她也提到了担保交易，提到了支付宝给淘宝买家和卖家带来的信任……

“我们很难想象我们可以如此信任一个陌生人，但是我们让它在12年间发生了。”彭蕾说。

附 录

蚂蚁金服大事记

2003 年 10 月 18 日，第一笔担保交易成功。

2004 年 12 月 8 日，支付宝正式成立。

2004 年 12 月 29 日，支付宝网站会员、账户体系上线。

2005 年 2 月，支付宝推出“你敢付，我敢赔”。

2005 年 5 月，支付宝向互联网电商开放担保交易与支付接口，成为真正独立的第三方支付平台。

2005 年 5 月，支付宝电话服务对外开放。

2005 年 12 月 26 日，支付宝“在线提问系统”上线，用户可以通过网上客服及搜索技术解决问题。

2007 年 7 月，支付宝落地深圳、上海、北京、成都。

2008 年，支付宝推出“因为信任，所以简单”。

2008 年 9 月 21 日，支付宝注册用户突破 1 亿人。

2008 年 10 月，支付宝公共事业缴费上线。

2009年5月，支付宝推出第一版无线客户端。

2010年3月，骆驼大会回归初心。

2010年5月，阿里信用贷款发布。

2010年8月，管理“三板斧”第一期开始。

2010年8月25日，“1000天零资损”目标实现。

2010年11月，启动三代“云支付”架构构想。

2010年12月，快捷支付推出。

2011年2月，云客服正式成立。

2011年5月26日，拿到《支付业务许可证》。

2012年11月，成立国际事业部。

2013年1月，特服号95188正式上线。

2013年6月，无线推出支付宝钱包7.0版本。

2013年6月，余额宝诞生。

2013年8月，可信体系发布。

2013年9月，进军O2O市场。

2014年2月，推出“财富线”概念。

2014年4月，推出招财宝。

2014年9月，网商银行获批。

2014年10月，蚂蚁金服成立。

2014年11月7日，金融云正式推出。

2014年11月11日，仅全球移动支付交易笔数就达到1.97亿笔，支付峰值3.8万笔/秒。

2016年10月，蚂蚁金服完成首次CEO的更替，井贤栋接替彭蕾出任蚂蚁金服CEO，彭蕾出任蚂蚁金服董事长。

后记

“最近在研究什么问题?”2015年初春的一个晚上，在北京市朝阳门丰联广场东侧的马路上，当中信出版集团副总编乔卫兵老师这样问我时，我脑子里第一时间闪过了“蚂蚁金服”四个字。

那时，我还是《财经》杂志资本和金融组的记者，正在撰写一篇有关蚂蚁金服融资的报道。乔老师的话激起了我埋藏已久的创作冲动，我为什么不写一本介绍蚂蚁金服的书呢?

现在，蚂蚁金服已是全球估值最高的科技金融企业，支付宝、余额宝等产品更为人们所耳熟能详，可是还没有人详细叙述过这家企业的过往，国内公众对这家公司的了解非常有限。比如，现在很多人还是只知支付宝、阿里巴巴，而不知蚂蚁金服。

写书一直是我的愿望。为了离这个梦想更近，我在潜意识中不自觉地靠近媒体和出版行业。2010年，我从英国路伟律师事务所北京代表处辞职，转行到媒体工作，先后供职于《每日经济新闻》、《第一财经日报》、《财经》杂志。2013年7月，我创办了微信公众号“央行观察”。由于爱书，在运营公众号的同时，我还办了多场读书会。在 2015 年初春和乔老师见面之前，我刚将好友付学军的书稿①引荐给了他。

对企业的传记作者而言，“进门”是第一步，只有采访到权威的高层人士，才有可能写出好作品。在这里我要感谢蚂蚁金服品牌和公众沟通部总经理陈亮，当我毛遂自荐提出采访申请时，他选择相信我的能力和决心，慷慨地答应了我的要求，开放了蚂蚁金服的高层采访资源。同时，我也要感谢蚂蚁金服品牌和公众沟通部总监朱红军和专家刘琦琳，他们在过去的一年中帮我协调安排了多次关键采访。

更难能可贵的是，在本书写作的过程中，蚂蚁金服十分尊重我的思考和判断，没有对采访和写作进行任何干预和影响。所以，我是在用自己的眼睛看这家公司，以第三方的视角把最真实的感受告诉读者。

写作是一个漫长的过程，对心力、体力、脑力都是极大的考验。从选题立项到出版，已经过去了近两年。在此期间，我几乎没有节假日，多次赴杭州采访，阅读了很多相关书籍，目的就是提高认知框架，使自己能真正用心读懂公司，并尽可能真实有趣地把它写出来。

在过去的 2016 年，我完成了书稿的写作。这一年对我而言是悲喜交加的一年。2016 年 4 月，女儿呱呱坠地。一个多月后，母亲因病离世。这让我深刻地体会到了爱的伟大和生命的短暂，能在短暂的一生中做一件自己想做的事情，是莫大的幸运，感谢上天的眷顾。

我在写作过程中得到了以下师友的鼓励、支持和建议，在此一

① 付学军所著《教你炒股票之缠论新解》于 2015 年由中信出版社出版。

并表示感谢。他们是陈崇北、AceGear 尚隐联合创始人陈云娜、阿里金融云总经理徐敏、阳光保险助理总裁苏文力、网易人间栏目资深编辑侯思铭、中国邮政储蓄银行债券融资处处长朱微亮、中国人民银行研究局牛慕鸿博士、百世店加运营总监孟奇、彩贝壳创始人胡宸宇、注册国际投资分析师付学军、我的好友董翔，等等。另外，我还要感谢引领我入行的媒体前辈，他们是管陶咨询总经理刘雪梅、零壹财经创始人兼 CEO 柏亮、乔晓会、《财经》杂志执行主编何刚、《财经》杂志主编助理袁满等。

感谢本书的策划编辑乔卫兵，他专业的思考和敏锐的洞察力，使本书能够立项出版。感谢本书的责任编辑李亚婷，她的耐心和细致为本书增色不少。同时也感谢本书的营销编辑朱小兰和刘洁等人，她们让更多人知道了这本书。

最后，感谢母亲李艾芳对我的爱和教育。感谢我的妻子许婧，她用特有的智慧和包容，给了我无与伦比的爱。

由 曦

2017 年 3 月